经济学视角看
晋江

徐夕湘◎著

江西人民出版社
Jiangxi People's Publishing House
全国百佳出版社

图书在版编目（CIP）数据

经济学视角看晋江 / 徐夕湘著. —南昌：江西人民出版社，
2023.7（2023.12重印）

ISBN 978-7-210-14155-6

Ⅰ.①经… Ⅱ.①徐… Ⅲ.①区域经济发展—晋江市—文集
Ⅳ.①F127.574-53

中国版本图书馆CIP数据核字（2022）第181855号

经济学视角看晋江
JINGJIXUE SHIJIAO KAN JINJIANG

徐夕湘 著

责 任 编 辑：蒲　浩
装 帧 设 计：上　尚

江西人民出版社　出版发行
Jiangxi People's Publishing House
全国百佳出版社

地　　　　址：江西省南昌市三经路 47 号附 1 号（邮编 330006）
网　　　　址：www.jxpph.com
电 子 信 箱：jxpph@tom.com
编辑部电话：0791-86898965
发行部电话：0791-86898815
承　印　　厂：北京虎彩文化传播有限公司
经　　　销：各地新华书店

开　　　本：720 毫米 ×1000 毫米　1/16
印　　　张：16.875
插　　　页：1
字　　　数：270 千字
版　　　次：2023 年 7 月第 1 版
印　　　次：2023 年 12 月第 2 次印刷
书　　　号：ISBN 978-7-210-14155-6
定　　　价：39.80 元
赣版权登字-01-2022-447

荣誉证书

徐夕湘 同志：

在2001年度创先争优活动中被评为

优秀共产党员

中共奉新县直属机关委员会

二〇〇一年六月

中共奉新县直属机关委员会优秀共产党员

100

庆祝中国共产党成立100周年

The 100th Anniversary of the Founding of
The Communist Party of China

授予：徐夕湘同志

优秀共产党员

中共晋江市委

二〇二一年六月

中共晋江市委授予徐夕湘同志"优秀共产党员"称号

序 一

　　徐夕湘老师于 2011 年至 2012 年来到南昌大学做访问学者，师从于我。那年开课正好是 SPSS 课程，她是一位党校教师，学的是经济专业，而这门课程主要内容是定量方法，对于她来说是个比较陌生的领域，充满了挑战。但以她不肯服输的个性，具有"爱拼才赢"的闽南特色，在不长的时间里她学会了该课程的主要知识和基本操作。同时，在我指导的硕士生、博士生等学生的帮助和协助下，她完成了三篇定量方面的学术论文（三篇论文皆收入本书），因而具备了较强的定性与定量分析能力，真是难能可贵！

　　晋江是全国百强县，是福建的领头雁，其经济与社会发展的经验对全国具有较好的借鉴和指导意义。本书大多数文章都是研究晋江经济和社会方面的问题，她潜心研究的这些相关成果集成于本书能够面世，对于高校、党校等师生具有很好的启发意义与参考价值。

何宜庆

2022 年于南昌大学

　　（何宜庆，博士、教授、博士生导师，南昌大学金融证券研究所所长，江西省高等学校中青年学科带头人，兼任中国现场统计研究会理事，江西省系统工程学会理事，江西省能源学会理事。）

序　二

徐夕湘老师是我认识多年的老同事，认识她还是在 2015 年，我承接了晋江市委党校委托课题"晋江优势产能走出去研究"，考虑到徐老师长期关注晋江经济发展，故邀请她一起参与课题研究。之后陆续在教学科研方面和她有了更多的交集与合作。徐老师投身党校教学、科研、决策咨询工作兢兢业业，不像当下某些老师有"躺平"的想法，给我的感觉似乎是一位有用不完精力的老师。前两周她请我给她的学术成果结集出版写个序言，我欣然接受。

认真拜读了徐老师准备结集出版的论文，又到网络上搜索了一下徐老师的学术介绍，为徐老师的刻苦钻研学术精神及丰富的学术成果所感动。徐老师的学术成果如果与一个高等学府的学术大咖相比，可能并不那么出众，但是，当你考虑到她的基层党校（县级党校）教员身份，考虑到基层党校教师发表论文之艰难，今天她能有这么丰厚的、有一定思考、一定分量的学术成果，一定是付出了巨大的心血，实属不易。徐老师一定能深刻体会"宝剑锋从磨砺出，梅花香自苦寒来"的精髓。

让我感到高兴的是，徐老师在学术研究中，能做到研究对象、研究问题聚焦，体现"踏石留印、抓铁有痕"。她的大部分研究都是聚焦经济问题，对晋江市经济发展的研究，主要聚焦晋江市最有活力的市场主体——民营企业，如晋江民营企业融资难问题、晋江上市公司家族式治理模式、晋江市境外上市公司股权融资财务困境、晋江实体经济高质量发展……同时，她也对晋江市县域经济发展倾注了关注，如晋江市新型城镇化建设的金融政策研究、晋江市县域新型城镇化建设的财政支持研究、晋江县域实体经济高质量发展、推进乡村振兴的"晋江经验"……总体上来看，她的研究非常有时代感与现实意义，提出的对策对晋江经济、民营经济发展都有一定的指导意义。

如今，徐老师已是功成名遂，衷心希望徐老师能够保持教学科研学人的"初心"，持续关注晋江县域经济、晋江民营经济的发展，继续笔耕不辍，奉献出更多更好的科研成果，总结出更多"晋江经验"的新时代创新做法，永葆一颗年轻的心，继续为我们展现"莫道桑榆晚，为霞尚满天"的风采。

陈　新

2022 年 5 月 5 日

（陈新，教授，中共福建省委党校经济学教研部副主任，省《资本论》研究会副会长。主要研究方向：习近平经济思想及福建经济发展。）

目 录

一、研究论文

二、课题设计

三、资政报告

附录：报刊文章

一、研究论文

>>>>>>>>

晋江民营企业融资难现状及解决途径①

[摘 要] 本文就晋江民营企业融资难问题的成因作了较全面的分析，并结合晋江的具体情况，运用相关理论探讨在集群效应下构建协同模式来解决融资难问题。

[关键词] 民营企业 融资问题 企业信用 集群效应

融资难问题始终伴随着我国民营企业的成长。在民营经济十分活跃的晋江，这一问题表现得尤为突出。晋江民营企业在经历了近二十年的快速发展，目前不少企业已经进入企业转型的发展阶段，面临着新的投资和二次创业的选择。如果融资难问题继续得不到有效的解决，将极大地制约晋江民营经济的持续发展。

一、晋江民营企业融资难的现状及成因分析

（一）晋江民营企业融资的现状

民间融资是晋江民营企业融资的主渠道，银行贷款等外源性融资在民营企业的资金来源中所发挥的作用有限（贾男，2004）。2006 年晋江经济普查对大型民营企业当前的资金来源进行了实地调研和问卷调查，并随机抽取了 35 家，结果见图 1：

---

① 本文原载《福建省社会主义学院学报》（2008 年第 4 期，总第 69 期）。作者：徐夕湘、高伟生。

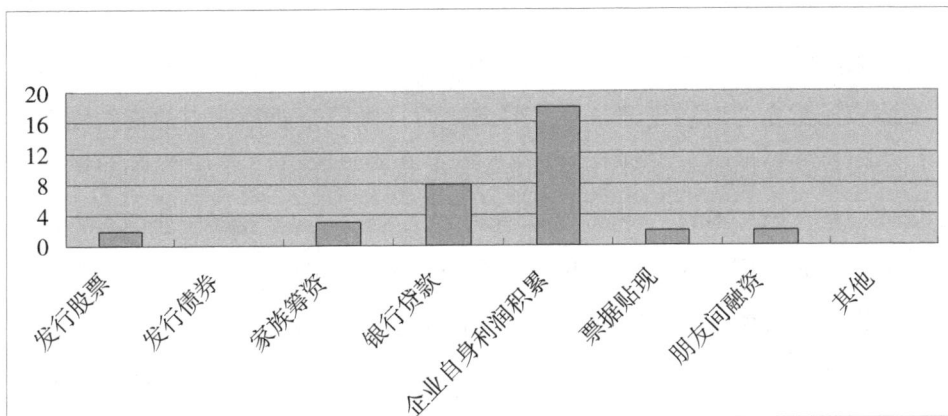

图 1　晋江民营企业当前资金来源

由图 1 可知，通过企业自身积累、朋友借贷等内部资金来源的企业有 22 家，占到样本企业的 63%，依靠外源性融资渠道的有 13 家，占 37%，由于随机抽取的主体是大型企业，如果考虑大量的中小企业，这一份额更低。这表明企业自身利润积累在晋江民营企业资金来源中占有重要地位，当企业自身积累不足时，通过家族筹资和朋友间借贷等民间融资形式缓解企业资金不足是大部分民营企业家不得不依靠的融资渠道，银行贷款等外源性融资渠道[①] 成为融资的主渠道还只是民营企业的"一厢情愿"，在相当长的一段时间内还很难实现。因此，民间融资成为晋江民营企业融资的主渠道，民间借贷的现象十分活跃。

（二）融资难的原因分析

为什么银行贷款等外源性融资渠道不能成为民营企业融资的主渠道？本文认为这是民营企业自身内部因素和银行等外部因素相互作用的结果。

首先，外部因素不利于民营企业融资。这主要体现在以下三个方面：

（1）银行的管理体制无法适应民营企业灵活多变的要求。近年来国有商业银行调整战略，改革体制，要求两头抓，既抓大又抓小（大指大企业、大

①　民营企业的外源性融资渠道主要有三：一是银行的间接融资，即银行贷款；二是通过股票市场和债券市场进行直接融资；三是采用民间借贷、内部集资等手段在民间直接融资。

项目，小指个人消费贷款），而且采取抽回基层审批权和信贷责任制等一系列措施以降低风险。这些改革造成民营企业外部融资审批难、成本高、时间长，不适应民营企业对融资需求急的要求，而且民营企业频而少的贷款极大地增加了银行的管理成本，对银行来说大企业贷款是在搞"批发"，而对民营企业贷款则是在搞"零售"。同时在所有制上，晋江民营企业属于非国有企业，而商业银行属于国有企业，有些银行受传统观念和行政干预的影响，对民营企业特别是私营企业采取歧视性政策（张耀莲，2004）。

（2）上市和发行债券实现企业直接融资受限。由于资本市场融资制度的限制，我国股票市场上民营企业身影比较少见。我国的《公司法》规定，股票上市公司的股本总额不得少于5000万元且经营范围要符合国家产业政策等等。晋江的民营企业规模都偏小，与《公司法》规定的条件相去甚远，因此被拒之门外。而上市和发行债券这两种融资方式是一个系统的社会工程，不可能一朝一夕或简易的一方改变就能实现。

（3）其他创新融资渠道很难实现。二板市场（即创业板）在国内呼声四起已有数年，至今未见起色，晋江民营企业极强的家族式管理体制，使这种融资渠道的实现变得异常艰难。租赁融资也是目前国内比较提倡的一种融资渠道，但真正在民营企业融资中运用得比较少。虽然从理论上分析，租赁融资是一种十分理想的融资方式，民营企业可以通过租用、转租和回租等方式实现融资。但实践中，晋江民营企业一般很难组建这类企业，因为建立租赁公司所需要的资金成本巨大，而且资金流转速度慢，利润相对较低。晋江民营企业以中小企业为主，短时期内在自身缓慢积累还未达到一定程度和自身流动资金短缺的情况下，采用租赁融资扩大生产无疑是加重自身资本运转的紧张，造成恶性融资循环。

其次，民营企业自身因素导致难以获得外源性融资渠道。晋江民营企业以家族式运作模式为主，规模较小，财务制度不健全，相比于大型企业，信用度较低，抗风险能力弱，自身管理机制比较差，所有这些内部因素使得追求自身利益最大化的商业银行，在考虑投资风险时对民营企业的贷款较之国有企业来说要严格得多，一些金融机构甚至根本没有把对个体私营的民营企业的贷款业务纳入自己的业务范围（张力，2004）。结合2006年的经济普查，可以看出金融机构对 35 家民营企业惜贷的原因，见图 2 ：

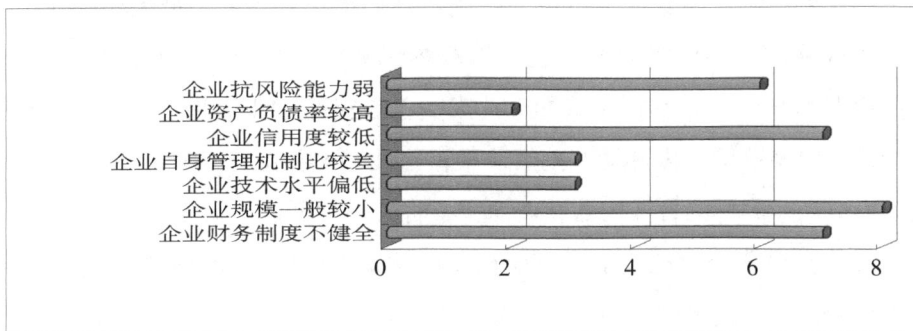

图 2　晋江民营企业融资难的内部因素

　　由图 2 可知，规模较小、财务制度不健全、信用度较低、抗风险能力弱是影响民营企业融资的主要内因。同时，由于信息不对称，民营企业比商业银行更加了解自己的人员、机器、资金运作等状况，也就是说在商业银行贷款之前，民营企业从自身利益考虑，会极其主动地表现出守信的承诺，而一旦商业银行作出贷款后，民营企业采取什么行动完全取决于一人的决策（晋江民营企业一般是家长式的管理），主观性强，因此较之大型企业，民营企业更易引发道德风险和逆向选择，这直接导致了商业银行对民营企业惜贷。

　　再次，社会公共服务部门亟须改善。晋江目前还缺乏有效的为民营企业融资的社会公共服务体系，如完善的消息提供平台和高效公正的社会中介机构，特别是为民营企业提供的财产评估、登记、公证等业务的中介机构办理手续仍十分烦冗，对资产的抵押登记和评估费用高，随意性大；很多中介机构操作不够规范；政府政策的多变也是影响民营企业信用的重要因素。由于政府政策多变，民营企业对未来的贴现系数小，企业行为短期化，不会从长远考虑，从而呈现出投资的随意性与非持续性，加大企业的投资风险和失信的心理动机。

二、集群效应对解决晋江民营企业融资难的初步探讨

　　由上面对晋江民营企业融资难的现状及成因的分析可知，企业内部因素和银行等外部因素是造成企业融资难的主要原因。希望通过外部因素的改善

来解决企业的融资问题是企业实现长远发展的保证，但是外部因素的改善是一个漫长的过程，本文认为可以通过利用产业集群产生的集群效应构建一个协同模式来解决融资难问题。通过集群效应优化企业分工，加强互助合作，形成内在的契约关系和自我认同等约束关系，提高企业信用，规范企业制度和管理，以集群团体内部的互助解决融资难问题（祁渊，2004），我们相信对初步形成产业集群的晋江民营企业而言，将是一种可行的融资方式。

1. 晋江民营企业产业集群效应初显成效，为优化整合企业资源，建立产业集群的协同模式提供了前提条件。

晋江民营经济已初步形成了四大产业集群，分别是晋江南部的"中国纺织产业基地"，晋江东部的"中国鞋都"，晋江西部的"中国石材之乡"，伞业集群集中在东石镇。以"中国鞋都"的集群来看，皮革、炬胶、吹塑、EVA、电脑制绣、织标等各种与鞋有关的生产形成了环环相扣的产业链，大至制鞋的机器设备，小至鞋钉鞋扣，制鞋需要的各种设备及原材料应有尽有，货色齐全。这种以比较优势为基础而构筑的区域特色经济，有利于各种生产要素的集聚和联合，实现生产力和产业分工的合理布局，也提升了晋江的经济综合实力和核心竞争力。但是，晋江鞋类的产业集群仍然是一种粗放型的发展模式，内部并未形成合理、有效的分工合作，集群存在的问题有：（1）缺乏核心龙头企业，无法对区内的其他企业形成强大的牵引效应。（2）产业链不完整，相关配套不足，无法获取产业集群的外部规模效应。（3）对集群的认识不足，重复建设严重，恶性竞争激烈。（4）无法形成对解决融资难问题所需的内在认同感和互助合作机制。因此这种集群的形成还只是一种初始的自然模式。所谓初始的自然模式就是指众多的中小企业由于特定的地理、资源、家庭关系及文化历史背景等条件而在同一区域或相邻区域所形成的自然聚集。这种初始的自然聚集可以通过一定的安排提升为协同模式，即通过集群内部的自我消化和建立完善的社会公共服务体系而达到解决融资难的问题。

2. 建立集群的协同模式是民营企业进行融资的有效途径。

集群的协同模式的定义是：众多的中小企业通过优化整合并围绕一个共同的利益目标而在一定区域内集聚，依托科研机构，共享公共服务资源，分工协作并形成内在的契约关系和自我认同感。基于协同模式的集群效应的作用机制见图 3。

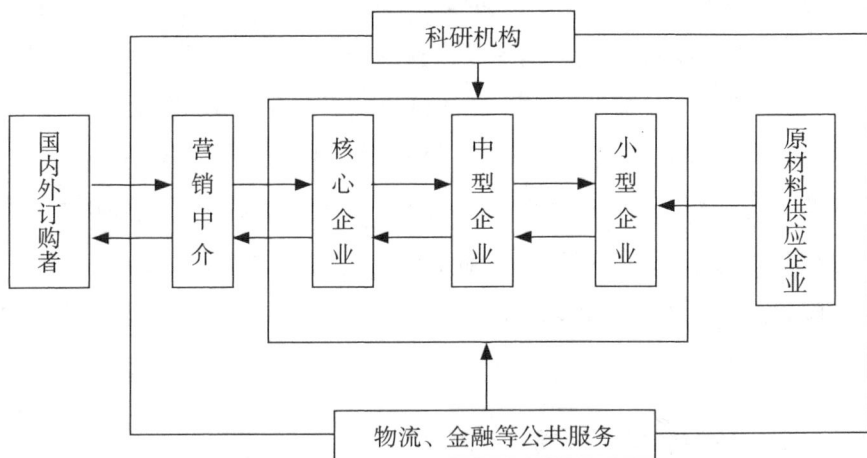

图 3　民营企业集群的协同模式

由图 3 可知，营销中介、核心企业、中小企业、科研机构、原材料供应企业和物流、金融等公共服务形成了一个相对稳定的集群体，任何一个环节的破坏都将损坏到这个集群体中其他协作体的利益。因此，它们会积极维护集体利益和监督其他企业的运作，确保自身利益的实现，在维护集体利益的外在压力和实现个人利益的内在动力的共同作用下，企业间的信用和互助精神将得到极大的提高。因此，如果在这个集群体内出现某一企业资金一时的短缺，就可以让上游企业或下游企业暂为其提供赊账或担保贷款，从而确保整个利益的实现。而且集群内部密切合作，信息流通迅速、互信程度高，通过集群效应可提升企业综合竞争力。这些都可以解决金融机构对民营企业信用不足和投资风险大的问题。民营企业融资具有急、频、短的特点，也可以通过集群内部团体的赊账和借贷得到很好的解决。在协同模式里集群内已经建立了一定的生产关系，通过签署加工协议解决内耗问题，而且企业之间可用最快的方式通知上下游企业进行生产。面对瞬息万变的市场需要，这一快捷反应能力，使集群体具有独特的竞争优势。由于集群效应产生的外部规模经济，企业生产成本显著降低，这也是缓和企业资金短缺的一个途径。集群内集中了大批的供应商，可使原料及备件的库存降到最低，同时通过专门的营销机构与顾客保持联系，节约交易成本。企业间联系密切，信息在集群内传播加速，资源实现互补，互相形成的内在契约关系和认同感降低了信用成本。由于分工的细化，企业之间形成合理的分工格局，投资的重复建设降低，资金使用效率提高，这极大满足了晋江目前民营企业发展的需要。

这种在协同模式下的集群效应，通过利益的捆绑，形成企业优化分工，互信互助，共享资源，提升竞争力，运用上下游企业的预付式赊账方式及企业互保与良好的业绩达到解决融资难的问题。因而我们认为晋江在建立工业园区时应尝试构建这种模式来解决民营企业"融资难"问题，提升晋江民营企业的市场竞争力。

三、政府对构建协同模式的作用

晋江民营经济要形成协同模式，并健康有序地运转，政府的引导和出台相关配套法规政策是关键。政府要站在全局的高度总体规划全市的工业园区，要注重培养园区内龙头企业和整个民营经济的龙头企业，充分发挥区内产业集聚和区间产业互动作用，在全市范围内形成完整配套的产业链；推动鞋业、服装、工艺、石材、茶业等有关企业成立行业自律组织，搭建信息、信誉、技术标准的共享平台；改善投资硬环境，构建服务型软环境；加快物流行业建设，降低企业成本；出台相关法规，维护业主之间的"信用与承诺"。在协同模式中一个最大的特色就是企业之间形成内在的契约关系，它产生了类似于"商业信用"的"延缓性支付"，使业主之间以赊账的方式来计付加工费，同时，企业间资金方面的互助支持和互相担保，也是解决融资难的途径。但这种基于利益和人情道德观念而形成的信用与承诺无论如何都是脆弱的，一旦某一企业出现败德行为而破坏了原有集群建立起的秩序，可能导致全体企业成员由于突然降临的资金短缺而使生产经营活动陷于瘫痪。因此，政府要利用现有的法律体系来强化原有的契约关系，使大数额、流动性强的资本交易契约化，帮助集群内部成员制定"延缓性支付"的合约，强化企业间约定俗成的"默契"，提高惩罚力度。同时要充分运用"破产法"等法律，及时对破产企业进行清盘偿债，防止产生"连锁反应"。

【参考文献】

[1]祁渊:《解决民营企业融资难的一个视角——构建信用评级体系》,《财经问题研究》,2004 年第 3 期。

[2]贾男:《民营企业外源性融资问题分析》,《经济问题探索》,2004 年第 2 期。

[3]张耀莲:《论民营企业融资难的制度性障碍及疏导》,《市场周刊(财经论坛)》,2004 年第 3 期。

[4]张力:《民营企业融资的制度障碍及对策》,《经济问题》,2004 年第 4 期。

泉州上市企业发展的优势分析

——与苏州上市公司的比较 ①

[**摘　要**] 基于苏州上市企业的比较，文章认为"泉州板块"的发展是成功利用了基于比较优势的低成本竞争，是民营企业家成功利用市场发展民营经济的内生变迁结果。但从长期来看，随着劳动力成本的增加，要保持"泉州板块"的长期发展必须由成本竞争转向技术竞争。这就要求上市企业要形成核心竞争力和政府做好"引路人"的角色。

[**关键词**] 比较优势　成本竞争　技术竞争　泉州上市企业

最近一段时间以来，企业上市成为泉州民营企业家与政府官员之间，乃至学者与普通大众之间讨论的焦点话题。话题的核心问题是：在资本市场日益发达的今天，泉州的民营企业家为什么能上市、为了什么上市以及上市后企业如何实现可持续发展？很明显，对这个问题的回答，不引入发展战略可能是无法解释的。为此本文通过与苏州上市公司的比较，引入比较优势与内生变迁的概念，通过对泉州民营企业发展战略的分析使人们了解泉州上市民营企业当前经济发展的道路以及民营企业上市后的可持续发展问题。

一、比较优势战略的实施

在开放经济的条件下，一个地区要参与市场竞争，有两种不同的方式：一种方式是成本竞争，即根据比较优势理论，从地区的资源禀赋结构出发，

①　基金项目：福建省社科基金 2008—2009 年一般项目（项目编号：2008B050）；泉州市社科基金 2008—2009 年规划项目（项目编号：2008ZC07）。本文原载《中共福建省委党校学报》（2009 年第 5 期）。作者：徐夕湘。

提供本地区充足生产要素生产的产品，以低成本生产优势来提高竞争力；另一种方式是技术竞争，即通过自主的技术创新来提高竞争力（Lucas，1988）。林毅夫、任若思（2007）在总结东亚经济奇迹时指出：发展战略的选择是否和资源禀赋的比较优势一致，是决定经济体制模式进而决定经济发展绩效的根本原因。东亚经济奇迹的成功归结为基于自身资源禀赋的比较优势战略的实施，亚洲金融危机也是亚洲各国实施违背自身资源禀赋的赶超战略的后果。因此基于比较优势的成本竞争是内生的，是可持续的。而技术竞争需要更多的资金投入，需要更长的时间进入生产过程，更需要一个更加复杂、同时更加高级的社会结构和组织系统来支持（华民，2007）。但是从长期来看，一个地区的禀赋结构和外部需求会发生变化，比较优势最终会趋于消失，要保持经济的长期发展，就必须依靠自主的技术创新来创造新的比较优势，或者是通过创新活动的常规化直接转向技术竞争。因此，技术竞争是成本竞争的动态调整。

为此我们认为"泉州板块"当前的发展是成功利用了基于比较优势的成本竞争，是民营企业家成功利用市场发展民营经济的结果，但是从长期来看，随着劳动力成本的增加和各个地区优惠政策的出台，要保持"泉州板块"的长期发展必须转向技术竞争，即形成企业的核心竞争力。基于以上的逻辑结构，以苏州上市企业为参照，我们先从上市行业分布比较分析上市企业的发展战略和发展方向（见表1、表2）。

表 1　泉州 34 家上市企业的行业分布情况

项目	体育用品	纺织服装	印染织造	化纤织造	农林开发	循环经济	电子	食品	陶瓷	制鞋	卫生巾	保龄球	非金属矿物	家私	箱包	房地产	酒饮料	综合类
数量	6	4	3	3	3	2	2	1	1	1	1	1	1	1	1	1	1	1

资料来源：泉州市统计局。

表 2　苏州 31 家上市企业行业分布情况

项目	通信设备制造业	普通机械制造业	纺织业	建工建材业	有色金属及设备制造业	化学纤维制造业	汽车及配件制造业	石油和天然气开采业	羽绒制品	彩涂彩钢镀锌	太阳能产品	交通运输仓储	电子元件制造业	商业经纪与代理业	房地产	保健品	综合类
数量	5	5	3	2	2	2	2	1	1	1	1	1	1	1	1	1	1

资料来源：苏州市统计局。

由表 1 可知，泉州 34 家上市企业中，占首位的是体育行业，份额为17.6%，远远大于其他的行业，这说明体育用品是"泉州板块"的主力军，这主要得益于晋江体育产业的发展，同时份额前几位的行业分别为纺织服装、印染织造、化纤织造、农林开发，份额为 11.8%、8.8%、8.8%、8.8%，这得益于石狮、晋江纺织服装产业的发展。体育用品和纺织服装产业二者的总份额达到 52.9%，成为"泉州板块"的主导产业，而这些产业也正是泉州的比较优势产业，比如下属市——晋江形成了以体育产业集群为标志的县域发展道路，是"中国鞋都""中国纺织名城""中国伞都""中国运动服装名城""中国体育产业基地"等，因此"泉州板块"的出现是泉州产业比较优势战略发展的结果。

由表 2 可知，苏州 31 家上市企业中，占首位的是通信设备制造业和普通机械制造业（各占 16.1%），这反映了制造业成为苏州上市企业的主力军，而其他一些主要的行业有纺织业（9.6%），建工建材业、有色金属及设备制造业、化学纤维制造业和汽车及设备制造业（各占 6.5%）。"苏州板块"的特色是制造业，这是从苏州地区的主导产业而言的。传统的苏南模式曾是政府导向型经济发展模式的样板，而政府导向型经济多表现为国有企业投资于重工业，这和东北老工业基地的发展模式相似。传统的投资是基于中央政府的经济政策,而不是地区的比较优势,重工业的建立如果是基于地区的比较优势有可能获得发展,如果违背当地的资源禀赋结构,经济的发展有可能转化为比较劣势,由于苏南地区并不具备重工业的发展条件,导致经济发展缓慢(新望,2005)。

泉州和苏州两者进行比较具有三大特征:(1)泉州上市产业基本上是轻工业,苏州基本上是重工业;(2)泉州上市产业是基于地区比较优势策略发展的结果,苏州是基于中央政府经济政策的结果;(3)泉州上市企业的主体是民营企业家,苏州是国有企业。

二、内生变迁过程

泉州民营企业为什么能上市是民营企业家基于地区比较优势发展战略的结果。但是这种低成本的竞争方式随着劳动力成本的增加、原材料价格的上涨以及要素价格的调整,优势逐步消失,此时由成本竞争上升到技术创新竞争是泉州民营企业实现长期发展的保证。这也是泉州企业为什么上市的根本原因。通过完善企业治理结构,达到企业上市要求,民营企业实现了向现代企业制度的重要转折。企业上市后受到宏观经济的影响和外部世界的冲击,会逐步修正原有制度的不足,引入更先进的制度结构,达到完善企业制度的目的。同时通过上市吸收社会闲散资金,投资自身品牌建设,形成企业的核心竞争力。这是民营企业发展经济的内生过程,是上市后企业内部硬约束和外部监管作用的结果。因此,上市给民营企业提供了向技术创新竞争的内生变迁过程,这在民营企业选择上市地点上尤为明显(见表3)。

表 3　泉州、苏州上市公司的上市地点分布

上市地点	香港	新加坡	中小企业版	上海A股	深圳A股	德国法兰克福	美国纳斯达克
泉州	16	9	4	3	1	1	0
苏州	3	4	0	8	14	0	2

资料来源:泉州市统计局和苏州市统计局。

由表3可知，泉州34家上市企业香港主板上市占47.1%，新加坡主板上市占26.5%，中小企业板上市占11.8%，上海A股上市占8.8%，深圳A股上市占2.9%，法兰克福主板上市占2.9%，境外上市占了76.5%，因而泉州上市企业融资主要来自境外。苏州31家上市企业深圳上市占45.2%，上海上市占25.8%，新加坡上市占12.9%，香港上市占9.7%，美国上市占6.5%，境内上市达到71%，因而苏州上市企业融资主要来自境内。

为什么泉州企业主要在境外上市，苏州企业主要在境内上市？苏州的上市企业主要是国有企业，中国的股市设立的初始目标就是为国有企业摆脱困境，因而在境内上市对国有企业有"天时地利人和"的优势，在境内上市是国有企业的最优选择。而民营企业为什么在境外上市，有以下几个原因：① 由于海外华侨的关系，泉州企业大多是"洋帽子"（假外资或出口转内销的外资，名为三资企业，实际上是民营企业）（黄松琛，2007），"洋帽子"企业可以有效地规避目前国家对境外上市的监管和并购的限制，节省在境外设立壳公司的重组成本，并享受各种境内外税收优惠。②境外成熟市场积极吸引境内优秀民企上市。泉州拟在境外上市的企业早在三五年前就与境外中介机构签订了境外上市意向，完成红筹设立法律手续及审计。国内市场给民营企业上市的机会不多、门槛高、不确定性大是导致大量企业境外上市的重要原因。③境外中介多年努力的积累。境外中介包括投资银行、律师、审计师及风险投资或私募基金，机制灵活，团队协调能力强，不仅能够帮助企业理顺产权，改制上市，还通过引入战略投资者提升公司价值和规范运作水平，充分发挥风险和收益共享机制。④境外投资者，特别是香港市场对内地自有品牌消费类行业公司定价和估值较高，极大降低了企业融资成本。

泉州民营企业在自身的发展过程中，一直面临着资金约束的问题，主要依靠侨资、三资和自有资金，由于其民营企业的性质，银行的借贷成为企业向技术创新竞争转化的重要约束条件，而苏州地区的国有企业可以便利地得到银行贷款。因此，通过境外上市可以把民营企业和国有企业摆在同一起跑线上。

表 4　泉州苏州两市上市公司融资额（单位：元）

融资额	10 亿以上	2 亿~ 10 亿	1 亿~ 2 亿	0.5 亿~ 1 亿	0.1 亿~ 0.5 亿
泉州	3	16	6	5	4
苏州	1	20	8	2	0

资料来源：泉州市统计局和苏州市统计局。

由表 4 可知，融资额超过 10 亿元的泉州有 3 家，占上市企业的 8.8%，苏州 1 家占 3.2%，2 亿元到 10 亿元的泉州有 16 家占 47%，苏州有 20 家占 64.5%，1 亿元到 2 亿元之间泉州 6 家占 17.6%，苏州 8 家占 25.8%。通过在境外上市，泉州民营企业基本上达到了境内资本市场上市的国有企业同等的融资水平。

三、结论及政策建议

通过与苏州上市企业的比较，我们得知：泉州民营企业的上市是比较优势发展的结果，而上市的目的是实现由比较优势向创新竞争优势的转化。那么如何实现转化或者说在上市后如何实现可持续发展成为我们重点考虑的问题。笔者从当前"泉州板块"企业的发展和政府的职能两个方面，提出以下建议：

1. 核心竞争力的形成是泉州公司迫切需要解决的问题。

上市公司的盈利能力是反映上市公司价值的重要方面，而企业获取利润的能力主要是看其主营业务，主营业务的利润是上市公司持久盈利的保证。从行业分布来看，泉州上市公司的主导产业占首位的是体育产业。传统劳动密集型产业是泉州的比较优势，因而从自身的比较优势出发，泉州企业得到了发展，然而随着成本优势的逐步丧失，向技术创新优势转化成为长远发展的必然。但是如果体育产业摆脱不了劳动密集型的产业方式，有"双边缘化"倾向，即一个方面，以低技术含量、低附加值的加工环节为主而在全球生产网络中处于边缘位置；另一方面，在自主技术和自有品牌上处于落后地位，在国内生产体系中也处于边缘位置。

我们要走出"企业的核心产品就是核心竞争力"的误区。一个企业有了某项核心产品，并不代表它有了核心竞争力，一旦企业的核心产品生命周期到了衰退期，企业就会面临衰败甚至倒闭的危险；另外，企业暂时的局部的成功因素未必是企业的核心竞争力。过去促使企业成功的因素未必能保证企业继续获得成功。因此，泉州企业要形成核心竞争力，必须在已有产业的基础上建立起动态比较优势，把劳动密集型的优势转化为技术密集型和资本密集型的长远发展保障，在产业生产中抓住研发设计，保障产品的质量水平，重视企业的人才队伍建立，留住高技术人才；同时加大对国际市场的开发，建立营销网络，使国内品牌成为国际品牌，提高自身品牌的内涵；对于缺乏核心竞争力的公司，上市后，最明智的做法莫过于企业间资源互补性的资产重组，这是实现产业升级乃至转型的理性选择。

2. 政府做好"公共服务者"和"信息提供者"的角色。

在民营经济发展初期，政府采取尽量少干预的措施，充当民营企业"保护者"的角色，这是因为那时民营企业规模小，自身能够适应市场的需要，依靠自身的活力能够较快地得到发展。但是当企业发展到一定阶段，对经济发展的质量指标比如基础设施、信息服务、人才需求、产业发展、经济环境等比较重视，这些指标对企业经济的长远发展十分重要，而这些又是民营企业靠自身实力难以办到的，此时政府应做好"公共服务者"的角色，更加关注地区整个宏观经济的建设：提供优惠的政策，吸收高科技人才，并能够给他们发展的空间，留住人才，让他们的才华得到施展的空间；重视基础设施建设，既要建立便捷的交通运输网络，又要关注地区的环境建设。同时对准备上市的企业，提供上市的知识指导，建立广泛的知识信息平台，积极推广上市企业成功的经验，加强与上市企业的交流，了解企业上市面临的机遇及困难，等等。这些归结为一句：政府做好"公共服务者"和"信息提供者"的角色。这也是泉州民营企业得到发展的一个重要经验。晋江模式或者说泉州模式一个重要的特征就是我们的政府知道市场与政府的边界在哪里，并且遵守各自相关的规则。举一个例子来说明：为什么政府不要求民营企业在境内上市？因为民营企业知道在境内上市和在境外上市的成本收益关系。近年来由于国内市场制度完善及发行效率的提高，国内本土市场的优势明显一些，国内 A 股市场估价较高，即使是同一家 A+H 股公司股票，A 股也比 H 股平均有 30％的溢价。目前中小企业板平均市盈率（一级或二级）也是境外市场的 2—3 倍，而发行及维护上市成本仅为境外市场的 1/3。中小企业板高市盈率、低成本及本土市场的吸引力，对于泉州的中小企业，特别是净利润少于 1 亿且主要市场和品牌在国内的企业，很有吸引力，不少准备上市的企业都瞄准国内中小板。选择在哪上市是企业自发的选择过程，只要国内资本市场完善，对民营企业估值合理，民营企业自然会在国内上市。当然在这个过程中，政府提供的信息很重要。政府做好"公共服务者"和"信息提供者"的角色对泉州板块整体的发展有很大作用。

【参考文献】

[1]Lucas, R. E., Jr.（1988）.On the Mechanics of Economic Development. *Journal of Monetary Economics 22*, 3–42.

[2]林毅夫、任若恩：《东亚经济增长模式相关争论的再探讨》，《经济研究》，2007 年第 8 期。

[3]华民：《比较优势、自主创新、经济增长和收入分配》，《复旦学报（社会科学版）》，2007 年第 5 期。

[4]新望：《苏南模式的终结》，生活·读书·新知三联书店 2005 年版。

[5]黄松琛：《晋江突破——洋帽子企业的回归之路》，《深交所》，2007 年第 8 期。

基于交易费用视角分析家族式治理模式的优势

——以晋江上市公司为案例 ①

[摘　要]当民营企业从发展期进入成熟期时，家族式治理结构有没有优势？优势在哪里？本文引入交易费用概念分析家族式治理模式的优势，通过对晋江民营上市公司发展动力的分析，使人们了解晋江上市公司当前经济发展的动力以及可持续发展动力的问题。

[关键词]晋江板块　家族式治理　交易费用分析

家族式企业治理结构模式要不要继续保持下去，始终是民营企业家与政府官员之间，乃至学者与普通大众之间讨论的焦点话题。在现代企业制度趋于成熟的今天，民营上市公司的家族式治理模式还有没有优势？优势在哪里？家族式治理模式能否实现上市公司的可持续发展？对这些问题的回答，不引入交易费用可能是无法解释的。为此本文通过晋江部分上市公司家族式治理模式的调查与分析，引入交易费用的概念，通过对晋江民营上市公司发展动力的分析使人们了解晋江上市公司当前经济发展的动力以及可持续发展动力问题。

一、关于交易费用理论的现实意义

新制度经济学的核心思想是，制度对于经济运行的绩效是至关重要的，制度结构对行为具有非常重要的影响。新古典经济学重点分析配置效率，而

①　基金项目：福建省社科基金 2008—2009 年一般项目（项目编号：2008B050）；泉州市社科基金 2008—2009 年（2008A—ZC07）。本文原载《中央社会主义学院学报》（2009 年第 3 期）。作者：徐夕湘、陈燕华、郑惠敏。

将制度安排仅仅视为满足帕累托最优所需的"替代方式"，假设决策制定者具有一致的、稳定的偏好，一个"完全理性"的个体有能力预测到可能发生的所有事情，并可能在各种可行的行为中进行评价和作出最佳选择，所有这一切都可以在一眨眼的时间内完成，不存在任何成本。新制度经济学强调人是不同的，每个人均具有不同的以及变化的偏好、目标、目的和想法，认为个体能够观察到自身利益，并且他们是在现有的约束条件（现存的制度结构）下追逐自身利益，实现效用最大化。假设决策制定者的偏好是不完全的"有限理性"。"有限理性"即事前作出的规定无法应对事后的发生的事件，也不可能预期所有事件的发生。这就意味着经济交易和管理无法完全由市场合约来组织，因为合约不可能达到面面俱到地对机会主义进行约束，因此要实现最大化的目标就会带来昂贵的成本。另外，在现实经济中并非所有的人都是值得信赖的，一些人可能会不诚实，他们会隐瞒偏好、扭曲事实或者故意混淆视听，"会发生"利用欺骗的手段进行自利的机会主义行为，而要将机会主义和非机会主义区分开来也需要昂贵的费用。以上是从理论上分析科层和经济组织运行所要花费的高费用，从中国民营企业发展现状看也存在着由规模扩张带来的交易费用高涨的情况。

众所周知，在改革开放中，中国的民营企业得以高速发展的主要原因之一，就是通过密集的低成本劳动力优势来扩张企业规模。而如今随着企业规模的增大、管理难度的增加，企业对工人的监督愈发困难，内部官僚机构的弊端也越来越严重。企业内部的交易费用呈非线性增长，即边际交易费用在递增。当企业内交易费用（边际）增长到和市场交易费用（边际）相等时，企业规模就不再增大，这也就决定了企业的边界。这就是民营企业难以做强做大的原因之一。新古典经济学理论分析忽略了一个重要的概念——交易费用，只局限于成本收益以及资源配置分析，而没有在契约安排、组织或制度经济学及各种经济体制运行方面作深入研究。其实任何经济组织的存在和运转都必须支付成本，而成本的大小取决于内部的结构和机制。民营上市公司应该选择哪种治理模式来避免"规模不经济"并保持长久发展，是企业家们需要迫切思考的问题。引入交易费用概念，有利于引导民营上市公司在交易费用约束下选择组织和制度安排，对目前渡过金融危机稳住企业运转保持可持续发展具有现实指导意义。

二、以晋江板块为案例分析家族式治理结构的优势

（一）晋江板块的基本情况

自 1998 年恒安集团在香港成功上市发行 H 股以来，到 2009 年止晋江已有 13 家民营企业上市，初步形成了晋江板块雏形。这 13 家企业给晋江 3000 多家民营企业树立了企业经营的榜样（见表 1）。

表 1　晋江上市公司情况表

公司名称	股票类型	上市日期	上市注册地	融资规模（亿）
恒安国际	香港主板	1998 年 12 月 8 号	开曼群岛	8 亿港元
凤竹纺织	上海主板	2004 年 4 月 1 日	百慕大	3.0193
七匹狼	深交所中小企业板	2004 年 8 月 6 日	晋江	7.8625
蜡笔小新	新加坡主板	2005 年 8 月 26 日	晋江	1.0329
浔兴股份	深交所中小企业板	2006 年 12 月 22 日	晋江	2.7505
福联面料	新加坡主板	2007 年 4 月 26 号	百慕大	1.2293
安踏体育	香港主板	2007 年 7 月 10 号	百慕大	30.74
中体国际	新加坡主板	2007 年 7 月 18 日	百慕大	3.9698
福兴股份	新加坡主板	2007 年 9 月 24 日	新加坡	4.0102
梅花伞	深交所中小企业板	2007 年 9 月 25 日	晋江	1.0641
鳄莱特	新加坡主板	2008 年 4 月 17 日	新加坡	2.5187
泰山科技	新加坡主板	2008 年 6 月 4 日	百慕大	2.8193
华源纤维	韩国主板	2008 年 12 月 4 日	香港	0.96

说明：在境外上市的企业融资额参照发行日的汇率进行换算（除恒安国际按港元计算，其余都是人民币计算）。

从表 1 可知，从 1998 年至 2008 年十年间，晋江有 13 家企业在境内外上市，IPO 融资都非常可观。时值金融危机、股市低迷的困境下，2008 年度 13

家上市企业产值达 128.37 亿元，增长 25%，税收入库 8.61 亿元（晋江市统计局，2008）。晋江板块为何能在危机中做稳做强做大？家族式治理结构的低交易费用是原因之一。

（二）晋江家族式治理模式实证分析

晋江板块，在内部管理上具有浓厚的家族企业特征，家族人员参与管理是其一大特色。有人提出家族式治理模式已经落伍，不利于企业发展，应该改变这种管理模式建立现代企业制度。通过调研，我们一致认为：晋江板块的成功就在于高度重视内部治理结构的安排，因为随着企业规模的扩大和交易空间的延伸，运行成本会越来越大，如何从内部进行资源整合节约交易费用是企业家首先考虑的措施。基于以上逻辑结构，我们从晋江部分上市公司家族成员参与管理的职位情况来分析探究民营上市公司家族式治理模式的优势（见表 2）。

表 2　晋江部分上市公司家族成员参与管理的职位情况

家族企业	总裁	集团董事长	房地产董事长	总经理	副总经理	行政部总监	销售总监	营销中心经理	财务部副总监	研发副总裁	配件副总裁	服装副总裁	行政副总裁	部门经理	出纳
恒安国际	√					√	√		√						
凤竹纺织				√			√	√							
七匹狼		√		√											
蜡笔小新	√			√				√							

续表

家族企业	总裁	集团董事长	房地产董事长	总经理	副总经理	行政部总监	销售总监	营销中心经理	财务部副总监	研发副总裁	配件副总裁	服装副总裁	行政副总裁	部门经理	出纳
浔兴股份			√	√											
安踏体育				√	√										√
梅花伞				√										√	
特步										√	√	√	√		

资料来源：以上 8 家上市公司年度报告，"√"表示家族成员所任的职务。

从表 2 可知，晋江 8 家上市公司中有 6 家总经理职务由家族成员担任，占 65%；有 3 家销售总监职务由家族成员担任，占 37.5%；有 2 家总裁职务由家族成员担任，占 25%；家族成员担任集团董事长 1 家、其他项目董事长 1 家、副总经理 1 家、行政部总监 1 家、营销中心经理 1 家、财务部副总监 1 家、研发副总裁 1 家、配件副总裁 1 家、服装副总裁 1 家、行政副总裁 1 家、部门经理 1 家、出纳职务 1 家，各占 12.5%；占比例较大的职务成分有总经理、销售总监、总裁职务。晋江上市民营企业还处于第一代的发展阶段，企业内部的高级职位或者说重要职位，都由家族人员来接任，亲缘、血缘在公司内部权力梯队上占有重要的地位。这对于一些大的民营企业来说是这样，对于广大的小型民营企业，家族经营的色彩更为强烈，甚至很多的企业全部是家族成员。这表明家族式治理结构是具有优势的。

（三）家族式治理结构优势分析

首先，家族式治理模式大大节约了人力资源的搜寻费用。随着市场的日益开放，人力资源市场竞争日趋激烈，无论是企业还是劳动者都面临着多元化选择，企业搜寻人力资源流动率加大。我们从图1可以看出人力资源搜寻成本的构成。

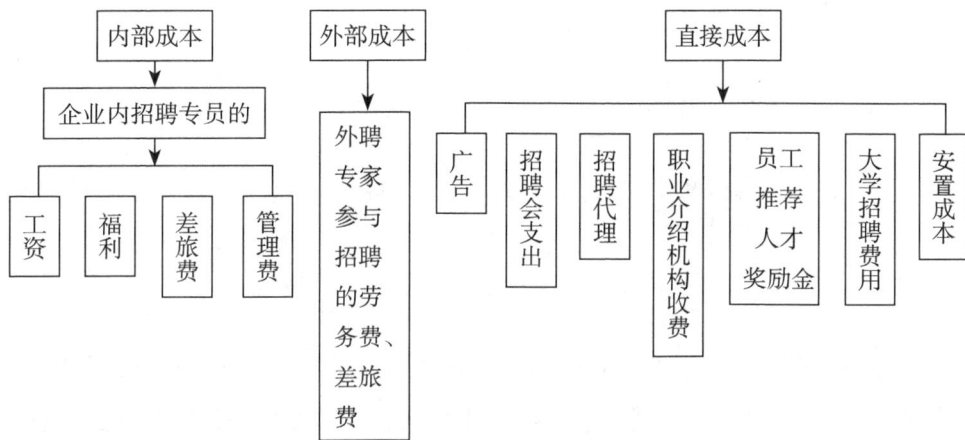

图1　人力资源搜寻成本的构成

从图1可以看出，经济组织或科层结构治理需要花费大量的搜寻成本来获取人力资源。相比而言，家族式治理让内部家族成员参与管理，既节省了人力资源的搜寻费用，同时还减少了合同的起草和谈判费用，这是优先采用家族式治理的原因。

其次，家族式治理结构是"市场上的利己主义和家庭里的利他主义"的结合体。利他主义在市场交换中不是共同的，而在家庭里却是普遍的，因为利他主义在市场上是没有多少效率的，而在家庭里确实更为有效。委托人经营的是自己的企业，经营动机是利润最大化，高效率是自利和本能使然，所以说家族式治理不一定是低效率的，在特定情况下甚至比市场或科层更有效率和竞争力。家族中的利他主义强调家族利益至上，减少合同的监督费用；强调家族中的彼此忠诚和有机团结，减少合同的执行成本和违约成本。

再次，家族式治理结构大大减少了机会主义倾向。我们知道，委托人的利益取决于代理人的行动，但是代理人的行为动机是自己的利益最大化，而不是委托人的利益最大化。由于委托人与代理人之间的目标追求是不一致的，因此，双方信息不对称，最终导致组织失灵（参见图2）。

人的因素　　　　信息因素　　　　环境因素

有限理性 ——————————— 复杂性、不确定性

信息不规范 ——————— 信息阻碍

机会主义倾向 ——————— 小数目交易

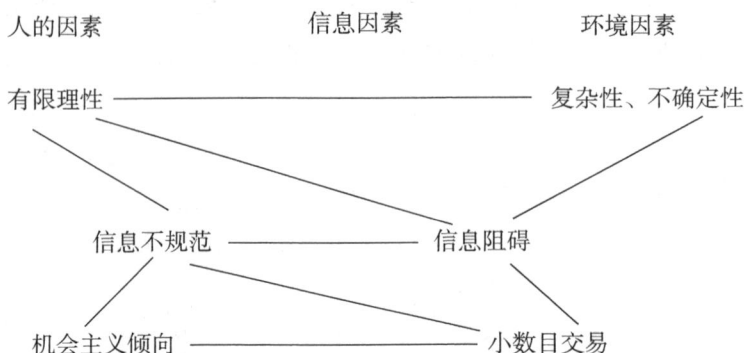

图2　威廉姆森的扩展的组织失灵框架

从图2可以看出威廉姆森的组织失灵框架中有限理性与环境的复杂性、不确定性、机会主义和小数目交易之间的对应关系。由于信息不规范，直接影响人的因素和环境因素，大大增加了机会主义倾向，也加剧了环境的复杂性和不确定性。在此情况下，代理人相对于委托人总是具有信息优势，出于对自身利益的考虑有欺骗委托人的动机，从而骗取高额的薪酬，给委托人带来利润损失。因此，最佳的治理结构可能不是市场和科层，而是家族式治理结构。企业的家族式治理，一方面，由于委托人与代理人的重合，目标追求是一致的；另一方面，血缘关系使得管理层的利益在很大程度上是重合的，没有必要设计专门的约束机制减少"偷懒"。再者，家族式治理企业的管理层尤其是高级管理人员之间，往往通过亲情关系产生很大的凝聚力，这种凝聚力将对家族成员产生有效的激励机制，不必采取薪酬或奖励来激励，节约了剩余损失。[①]

三、结论及建议

基于以上分析可以得出结论：晋江上市公司之所以能实现稳步发展，沿袭家族式治理结构的制度是成功的原因之一，因为家族式治理结构还具备优

---

① 剩余损失是委托人因代理人代行决策而产生的一种价值损失，其等于代理人决策和委托人在假定具有与代理人相同信息和才能的情况下自行效用最大化决策之间的差值。

势，优势在于其通过节约交易费用来达到利益最大化目标。下面就如何优化家族式治理结构以促进上市公司可持续发展，提两点建议：

（一）家族式治理模式是民营上市公司可持续发展的基石

在经济社会一切领域和一切活动中，交易成本总是以各种各样的方式存在，世上不存在零交易成本下的交易行为。如果设计和实施某项制度所花费的成本比实施该制度所获得的收益还大，则这项制度没有必要建立，即使现存的制度不合理。另外，如果建立一项新制度的成本无穷大，或新制度的建立所带来的收益小于其成本，则一项制度的变革也是没有必要的。过去我们对家族式治理组织存在"意识形态歧视"的心理障碍，简单地将它宣判为低效率和没有前途，认为家族式治理作为一种企业模式必然要被现代企业制度所替代。事实上，东南亚的企业集团与家族式组织有着千丝万缕的联系，日本的株式会社、世界五百强企业都存在家族式治理模式。家族成员有着共同的家族整体利益，利益的一致性降低了心理契约成本和监控成本，因而企业内部管理成本得到降低，符合最小代理成本原则的管理学理论，更符合新制度经济学交易成本理论。

如今，中国民营企业处在从发展期进入成熟期阶段。这一阶段，家族化治理仍然是非常有效的管理模式，家族化治理的制度正好印证了它的低成本、高效应、高信誉的结论，它与现代企业管理模式构成辩证因果的关系。因此，不能轻易地改变这种模式，我们要考虑的应当是如何优化这种模式。一是从企业内部建立激励机制，实行年薪加奖金，年薪作为基础工资，奖金与代理人的经营业绩挂钩，让经营者在追求个人利益最大化的过程中提高企业利益的最大化，从而提高组织的运营效率。二是对于上市公司而言，可采取股票和期权的方法作为吸引优秀人才的手段，因为期权是一种风险收入，让这种风险由期权所有者与企业共同承担不仅能让经营者有责任感，而且期权激励具有长期效应，以期权为激励也降低了企业的成本。三是建立适合本单位的企业文化来凝聚人心，增强向心力，不管是家族人员还是代理人都有与企业同命运的使命感。这样，既能避免靠"感情"来支撑的短期效用，可以极大地激发员工的积极性和创造性，又能降低靠经济支出来刺激人心的费用。

（二）政府要大力引导和培训家族管理人员

在民营经济发展初期时，政府采取尽量少干预的措施，充当民营企业"保护者"的角色，这是因为那时民营企业规模小，管理便捷，自身能够适应市场的需要，依靠自身的活力能够较快地得到发展。但是当企业发展到一定规模迈向资本市场，从品牌经营到资本经营治理时，完善家族企业的内部治理就迫切要求法律制度和政府政策的建立健全。一旦社会制度建设超出了单个企业的承受限度，而这些又是民营企业靠自身实力难以办到的，政府就必须在制度建设上进行投入，因为政府的政策不仅可以增加制度变迁的空间，还可以为企业节约交易成本，让企业获得更高收益。

在晋江3000多家企业中，无论是家族成员还是外聘的管理人员，真正具有职业经理人资格的不多，职业经理人的培训机构几乎是一个空白，人才中心的广告已经打出多年，但一直没有实施。因此，政府应着力按照职业经理人的标准来培训家族管理人员：一是建立一支有良好素质支撑的家族人力资源资本市场，大大节约搜寻费用；二是建立家族人员储备制度，晋江现在大多企业的主要管理者还是第一代，政府要着力培养第二代第三代，储备好第二梯队第三梯队，按岗位职能进行专业训练；三是执行测评制度，运用国际通用的科学方法，对家族式管理人员智力、心理素质、爱好、世界观、知识面、事业心、道德责任等评价指标进行综合量化，提高应对突发事件和金融危机的能力，对管理水平和理念已过时的人员要多多充电，尽量是先进带后进，最后共同进步。

总之一句话：政府要大力引导和培训家族管理人员，做好"公共服务者"和"保姆"的角色。晋江模式一个重要的特征就是：我们的政府知道市场与政府的边界在哪里，并且遵守各自相关的规则。

民营企业上市的成本收益分析①

[摘　要] 民营企业上市的收益包括突破融资限制、扩大管理资源、确定新的发展目标、获得声誉资本与社会资本和改善企业的内部管理等五个方面，与此同时，民营企业也面临着上市的规范化成本、税收成本和公共资源的丧失等制度转型成本。只有加强政府与企业之间的合作，民营企业才能最大化收益、最小化成本。

[关键词] 民营企业上市　成本　收益

自 1992 年第一家民营企业 ST 深华源进入证券市场、揭开民营企业上市的序幕以来，在 1992 年到 2004 年的 13 年间，民营企业通过 IPO 或买壳两种方式上市呈现出快速发展的势头（见图 1），公司上市数量从 20 世纪 90 年代的每年几家发展到 21 世纪初的每年几十家，至 2004 年已有 315 家民营企业在国内资本市场上市，如果把在海外资本市场上市的民营企业也包括进来，那么民营企业上市的量将会增加很多。随着国家对民营企业上市的政策从限制转向鼓励，民营企业上市呈现出强劲发展的势头，民营企业上市成为民营企业领域的研究热点问题。根据经济学最基本的成本收益分析方法，笔者认为，民营企业上市既存在相关的收益，也存在一定的成本。

---

①　基金项目：福建省社科基金 2008 年资助项目"晋江模式的新动力——资本市场"（项目编号：2008B050）；泉州市社科基金项目编号：2008—2009 年（2008A—ZC07）。本文原载《哈尔滨市委党校学报》（2009 年第 5 期）。作者：徐夕湘。

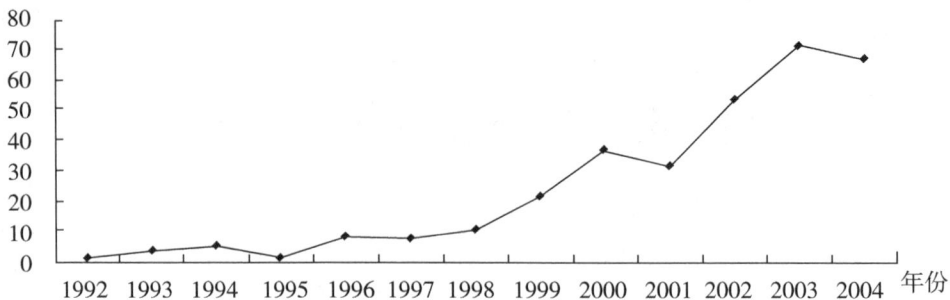

图 1　民营企业国内市场上市趋势图

一、民营企业上市的收益

民营企业之所以愿意上市，是因为上市能够给民营企业带来相应的收益。大体而言，民营企业上市的收益主要包括突破融资限制、突破管理资源限制、确定新的发展目标、获得声誉资本与社会资本和改善企业的内部管理等五个方面。

1. 突破融资限制。突破融资限制是民营企业公开上市的最主要动机。由于我国所有制的原因，民营企业在经济发展中的地位长期未得到应有的重视，即使近年来民营企业的地位有所提高，但是在要素市场、资本市场，民营企业也一直处于"政治主从秩序"之外，经济发展缺乏资金支持（Huang，2003）。当控股家族发现家族企业实际增长因内部资金不足而低于发展可能性时，必然会设法寻求外部融资，而融资限制是我国民营经济发展普遍面临的困难，这也是民营企业不得不寻求外部融资的原因（何圣东，2003）。由于外部资金往往偏好股权融资方式，因此家族企业追求发展机会的代价就是稀释家族控制权，即通过公开上市进行外部融资。公开上市会对家族企业的投资策略构成重要影响，即控股家族可以借助外部融资渠道实施扩张战略以实现其成长。

2. 突破管理资源限制。管理资源限制可以分为两类：（1）下一代的家族成员不愿或不能管理家族企业，只有通过公开上市来吸引职业经理人的参与以维持企业的持续发展。如国内做过的一项调查发现，中国 11% 的家族企业主称，自己的子女没有接班人的意愿，若加上缺乏能力的接班人比例，估计因受管理资源限制而上市的家族企业占中国上市家族企业的 30% 左右。（2）家族企业的管理权交接也是促使家族企业上市的主要驱动因素之一。随着家族的代际更替，家族成员越来越多，他们与家族企业的关系越来越松弛（林乐芬，2003）。而家族企业公开上市可以解决股权定价问题，因为股权在一个公开和开放的资本市场上可以按照公允价格随时进行交易。

3. 确定新的发展目标。对于民营企业来说，确定新的发展目标，迎接日益国际化的生存环境的挑战，是中国经济不断开放和企业国际化经营的迫切要求。随着中国 2001 年加入世界贸易组织（WTO），中国承诺在相关领域逐步开放，民营企业面临着国际巨大市场的需求和自身发展目标的扩大，同时发达国家成功的经验也为国内民营企业的发展提供参考。发达国家有不少家族企业选择公开上市就是为了实现新的发展目标。如西班牙的著名家族酿酒企业德雷男爵酒庄（Baron de Ley）通过公开上市已经成为西班牙最著名的酿酒企业之一；意大利最大的家族性集团梅迪亚塞特广播公司（Mediaset）积极寻求公开上市，同国际战略伙伴进行合作，抢占数字与卫星广播市场。

确定新的发展目标，对于有创业投资公司支持的科技型家族企业的影响则更为广泛。创业投资介入的前提是日后可以通过公开上市方便地退出，家族企业的长远发展并不是创业投资家的考虑范畴。因此，对于家族企业而言，上市以后一旦创业投资者成功退出，且其股份由其他投资者或公众收购，就需要确定新的企业发展目标。

4. 获得声誉资本与社会资本。民营企业公开上市在声誉资本与社会资本方面的好处主要包括以下三方面：（1）在获得成本较低的股权资本的同时，可以获得较低利率的银行贷款。家族企业一旦公开上市，必然受控于政府管制部门与机构投资者，并被迫提高企业透明度，定期公布财务报告，这有利于评估企业的发展计划，降低企业发展受不确定性因素影响的程度。此外，上市公司的股票可以随时变现，从而能大幅度降低信用风险，因此上市家族企业更容易获得银行资本的支持，增加其在金融业界的声誉资本。（2）增加与客户长期合作的可能性。上市公司比较容易获得客户的尊敬与信任，往往能优先获得重要顾客的订单，并且能增进与客户的友谊，从而有利于促进与客户的长期合作。（3）增加企业的知名度。具体体现在：一是当企业进行多元化投资时，特别在进入新产业时更容易招募专业管理人才，从而增加企业多元发展的机会；二是公开上市可以增加其在主流媒体出现的机会，并且通过其与金融机构、大客户、职业经理人建立声誉和获得社会资本（苏启林、万俊毅、欧晓明，2003）。

5. 改善企业的内部管理。民营企业通过公开上市降低了家族的控股比例，稀释家族控股权；同时，公开上市后，企业将受到来自外部股东与证券监管部门的监督压力，这会迫使企业提高财务和管理透明度，从而有利于改善家族企业的内部治理（唐绍欣，2003）。事实上，民营企业公开上市对改进治理的作用受到许多因素的制约，特别以一些国家对中小股东权益保护的影响程度最为显著。例如，英国从1720年制定《泡沫法案》起强化了对少数股东权益的保护，此后保护小股东权益一直是英国政府管制政策的重点；而欧洲大陆国家则在中小股东权益方面少有作为，这导致家族企业公开上市出现两种不同的结果，即在英国优化了公司治理，而在欧洲大陆则重新强化了家族的控制。

二、民营企业上市的成本

上市成本也是民营企业上市决策的决定性因素之一。对于成熟的市场经济国家来说，企业首次公开发行的IPO成本主要包括企业股票发行价格与企业价值的差额（IPO折价）和IPO直接费用。IPO折价是由资本市场的效率决定的，它反映了市场信息不对称的程度；而IPO直接费用可以通过具体测算明确得到。目前，企业在国内主板上市，融资成本一般约占融资额的5%，美国纳斯达克是10%，香港主板高达20%。因此，国内上市的IPO直接费用并不高，但是除IPO折价、IPO直接费用以外，还包括为符合上市的各项要求而支付的额外代价，这一高昂的额外代价可以概括为目前民营企业所面对的独特的IPO转型成本。

我国的民营企业是在经济体制改革和市场开放的进程中，从计划经济体制之外逐渐萌生和发育的。在改革开放之初，绝大多数民营企业都是从个体户、小商品经营起步，依靠亲缘、地缘、人缘关系，一步步发展起来。这些民营企业的领导者往往极具企业家的才能，是市场竞争中的强者，但是其领导的企业具有浓厚的家族企业特征。这些民营企业通常存在极其复杂而模糊的股权安排、大量难以厘清的关联交易，财务制度不够健全规范，并且通过各种途径享受着税收减免、占用着地方公共资源。而一旦成为上市公司，一方面上述利益尽失，同时还需为企业制度、行为的规范化支付高昂的代价。因此，上市对于这些民营企业而言，绝不仅仅意味着是一项一般意义上的通过让渡股权获得长期发展资本的融资方案，而是一次事关生死的制度转型。我们认为当前民营企业IPO上市的制度转型成本主要包括：

1. 规范化成本。包括公司完善治理结构、调整会计制度、清理关联交易、改进内部管理和规范信息披露等所面临的巨大代价或高昂的当前支付。例如，根据《企业上市准则》，上市公司必须具有规范、完善的法人治理结构，与对其有实际控制权的法人或其他组织以及其他关联企业在人员、资产、财务上分离，以保证上市公司的人员、财务独立以及资产完整。而大多数民营企业属于传统型的家族制民营企业，其中一些企业股权结构极其不规范，父子公司和关联企业关系错综复杂，离现代企业制度的要求相去甚远。因此，企业上市时股权结构的梳理和管理方式的转变往往困难重重、代价高昂，而且可能因为利益冲突、矛盾激化而使企业转型成本的边际成本急剧上升以致趋于无穷。

又如，财务制度合规性是上市公司的基本要求，企业上市时需要提供三年内真实规范的财务报表，建立标准的会计制度。而财务制度不健全、不规范是民营企业普遍存在的现实问题，特别是那些从事小商品生产和贸易的企业大量存在现金交易。因此，会计账目和会计制度的规范和重整，以及由此产生的既得利益损失，构成了这些企业上市时必须支付的又一项规范化成本。

再如，在公司信息披露方面，上市公司信息披露有关规定要求，上市公司要对其筹集资金用途、研究开发项目、近期资产负债表以及重大事件等进行翔实的披露。上市公司必须保证信息披露文件的真实、准确，不得有虚假记载、误导性陈述或重大遗漏。而民营企业一般不具有市场垄断、技术领先等核心竞争优势，大多数民营企业生存在一个从事低端产品生产的、充分竞争的市场环境中，对市场的敏锐把握和善于抓住市场机会往往是企业赖以生存和发展的主要竞争优势。而上市公司严格的信息披露要求，有可能使企业的关键性信息很容易被竞争对手所了解，从而丧失竞争优势并面临经营风险。而且上述由于传统企业、家族制企业向现代企业转型所产生的规范化成本往往并不完全表现为现期货币支付或难以精确度量。

2. 税收成本。包括上市前的一次性补税和执行上市公司税收政策给企业未来经营活动带来的机会成本，这构成了民营企业上市时需要支付的一项巨大代价。由于我国相关税收法律现存的问题，以及地方政府普遍把税收政策作为引进外来投资和鼓励企业发展的手段，民营企业往往会通过合资、福利企业、高新认证等各种途径争取享受税收优惠政策，如减免所得税、先挣后返、包税等。一旦企业上市，企业所享有的这些优惠利益也会随之丧失。此外，根据上市条件，企业申请上市必须提供近三年的财务报告盈利记录，在计算前三年的盈利时需根据正常的纳税要求补足前三年的税收，这对很多一直受到税收优惠的企业来说，将是一笔相当大的支出。

3. 公共资源外部性利益的丧失。一些民营企业存在公共资源外部性利益问题，主要包括无偿占用公共资源和侵害公共利益。前者如民营企业中较为普遍存在的、通过少批多用等方式占用农村集体土地和房产，而企业上市前的财务审计中需要进行资产确认，因此必须补缴获取"三证"的规费；后者比较典型的如一些民营企业生产过程中对周边环境产生的严重污染，上市过程中和上市之后都会受到投资者和社会的高度关注而要求其停止侵害或者做出赔偿。因此，上市也就意味着一些民营企业长期占有的公共资源外部性利益的丧失，这也构成民营企业上市时一项潜在的巨大机会成本，其中以土地违规占用和环境污染最为严重。

对于大部分民营企业而言，IPO上市的制度转型成本相当高昂，是目前影响民营企业上市决策的主要成本因素。

三、民营企业上市的对策

民营企业上市既面临着相关的收益，也存在相应的成本（见表1），如何克服民营企业上市面临的制度转型成本成为民营企业不得不考虑的问题。笔者认为对这一问题的解答，需要从企业和政府两个角度出发，全面加强双方之间的合作。

表 1　民营企业上市的收益与成本

上市收益	上市成本
突破融资限制 突破管理资源限制 确定新的发展目标 获得声誉资本与社会资本 改善企业的内部管理	规范化成本 税收成本 公共资源外部性利益的丧失

1.企业要做好内功，强化基础工作，规范内在运作。民营企业上市的过程，就是民营企业不断规范、不断完善、不断壮大的过程。做好民企上市工作，必须多做基础性、起始性、准备性的工作，苦练内功，夯实推进上市运作的各项基础。一是加大企业股份制改造力度；二是加大法人治理结构完善力度；三是加大国际国内战略投资者引进力度；四是加大并购重组和再融资力度。应大力支持以产业整合、做优做强的并购重组活动，鼓励符合条件的上市企业参与行业整合、产业整合或跨行业收购兼并，通过购并重组、优化配置，使优质企业、优质资产、优秀人才向上市企业集聚。上市企业应集中优势资源发展主业、做强主业，促进优质资源和重点项目集中，带动全市支柱产业发展，打造行业龙头。

2.政府要加强引导和政策扶持，构建宽松环境。企业上市是一项系统工程，为鼓励企业争相上市，政府应当强化政策功能，通过政策的驱动最大限度地激励企业上市。一是健全激励政策；二是开辟"绿色通道"；三是实施"一企一策"，合力营造一个有利于加快民营企业上市的良好环境。只有政府和企业之间加强合作，共同克服困难，为民营企业上市开辟各种有利条件，才能使收益最大化、成本最小化。

【参考文献】

[1] 何圣东：《家族传统、社会资本与家族企业的演化》，《中共中央党校学报》，2003年第3期。

[2] 林乐芬：《家族企业资本结构与治理结构的路径选择》，《当代财经》，2003年

第 10 期。

[3] 苏启林、万俊毅、欧晓明：《家族企业公开上市驱动力的国际比较与经验借鉴》，《外国经济与管理》，2003 年第 6 期。

[4] 唐绍欣：《外部市场、家族企业及其制度演进》，《学术月刊》，2003 年第 6 期。

[5] Huang, Y.（2003）.*Selling China : Foreign Direct Investment during the Reform Era*. New York : Cambridge University Press.

基于logit模型的企业境外股权融资财务困境预测分析

——以晋江市境外上市公司为例 [①]

[摘　要] 本文以福建省晋江市20家境外上市公司和国内20家ST公司为配对对象，建立Logistic财务困境预测模型，分析晋江市民营企业境外上市融资的财务风险及其控制策略。分析结果表明该模型具有较为准确的预测能力，可以较好地帮助投资者、债权人、监管机构等识别上市公司的财务状况，获得财务危机发生的概率，并给出建立财务风险预警机制思路及其控制策略。

[关键词] Logistic回归模型　境外股权融资　财务困境　预测分析

地处福建省东南沿海的晋江市有37家民营企业在境内外上市，在37家上市企业中有33家在中国香港，以及新加坡、美国、韩国、马来西亚等地上市，占总数的89%。民营企业在对接国际资本市场的同时，存在的问题也逐渐暴露出来，财务困境已经被认为是许多上市企业所面临的最重要的威胁之一，因此识别境外上市融资背后的财务风险就显得非常必要。通过构造模型来对财务困境给予及时和有效的预测，对未来不利因素的不确定性提出警示，已经成为学者与业界研究的一个热门课题，也是当前晋江市上市公司成长和发展的重要课题。

20世纪30年代西方学者就陆续开始对企业财务预警问题进行研究。

① 基金项目：福建省社科基金2011—2012年资助项目"民营企业股权融资风险预警机制及控制策略研究——以晋江市境外上市公司为例"（项目编号：2011B252）。本文原载《中共福建省委党校学报》（2012年第5期）。作者：徐夕湘、何宜庆、车婷、张志金。

20世纪70年代以来，大多数关于财务危机的研究都采用了Logit模型，如Ohlson（1980），Zmijewski（1984）、Andew &Lo（1986）等等。该模型采用了一系列的财务指标来预测财务危机发生的概率，然后根据银行、投资者等的风险偏好程度设定风险预警界线，以此对分析对象进行风险定位和决策。公司财务困境的实证研究在我国起步不久，尽管资本市场的结构特征与成熟程度不同，国内学者也作出了可贵的探索。周首华、杨济华、王平（1996）介绍如何建立F分数模式这一财务预警系统，以供管理决策当局定期地计算F分数并做表分析预警财务危机。陈静（1999）以1998年的27家ST公司和27家非ST公司，使用1995—1997年的财务数据，进行了单变量分析和二类线性判定分析。吴世农、卢贤义（2001）以我国上市公司为研究对象，选取70家处于财务困境的公司和70家财务正常的公司为样本，首先应用剖面分析和单变量判定分析，最后选定6个预测指标，应用Fisher线性判定分析、多元线性回归分析和Logistic回归分析三种方法，分别建立三种预测财务困境的模型。由此可见，国内外对企业财务风险的研究主要将内部控制、公司治理与风险管理三者关系放在风险预警机制上进行讨论。财务风险是公司治理的重要特征，本文主要侧重于财务数据的使用及模型的建立。

一、样本选择与指标分析

（一）样本选择

1. 研究对象

国内外大多数学者以国内ST公司和非ST公司为研究对象，本文则选取2008—2010年福建省晋江市20家境外上市公司（33家境外上市公司中除去调研数据不全的13家）以及国内20家ST公司为研究对象，并划分境外上市公司和国内ST公司为两类样本，试图提前预测出公司财务危机的信号。

2. 财务指标选择

本文选取流动比率、主营业务利润率、销售净利率、净资产收益率、总资产增长率以及总资产周转率共6个财务指标作为考察的变量。选择这些财务指标的原因主要是这些指标与公司财务危机状况的潜在相关性高，反映了公司的偿债能力、盈利能力、经营能力、成长能力及股东获利能力等，综合反映了企业资本和负债对于利润的流动性创造。

（二）财务指标分析

流动比率即流动资产与流动负债的比率，它反映了企业流动资产在短期债务到期以前，可以变为现金用于偿还负债的能力。主营业务利润率即主营业务利润与主营业务收入的比率，它表明企业每单位主营业务收入能带来多少主营业务利润，反映了企业主营业务的获利能力，这个指标值表明企业经营效益和财务效益。销售净利率是净利润占销售收入的百分比，它反映的是企业在一定时期的销售收入获取的能力，这个指标值越高，表明公司经营管理水平和盈利水平越高，公司财务状况越好。净资产收益率是公司税后利润除以净资产得到的百分比率，该指标反映股东权益的收益水平，用以衡量公司运用自有资本的效率，指标值说明投资带来的收益情况。总资产增长率是企业本年总资产增长额同年初资产总额的比率，反映企业本期资产规模的增长情况，资产增长指标是反映企业发展能力的一个重要方面，总资产增长率越高，表明企业一定时期内资产经营规模扩张的速度越快，公司财务状况越好。总资产周转率是指企业在一定时期业务收入净额同平均资产总额的比率，它是反映企业资产运营效率整体资产营运能力的一项重要指标，该指标值越高，表明资产的周转次数越多或周转天数越少，也就是资产周转速度越快，营运能力越强，财务运行越稳定。而以上 6 大指标值过低，就说明公司经营状况大幅滑坡，财务预警信号产生，需严加防范。

本文在对以上财务指标进行分析时，既考查它们单独的预测能力，又考察纳入模型的整体的预测能力。本文试图根据上述 6 个财务指标预测公司未来发生财务困境的可能性，即根据该指标组所刻画的财务状态推测未来发生亏损的概率。国外大量的案例研究表明，作为已经成熟的分析方法，logit 回归分析具有较强的财务困境预测能力。通过 logit 回归可以拟合出如下方程：

$$\ln\frac{P}{1-P}=a+\sum_{i=1}^{m}b_i x_i \tag{1}$$

这里，P 是在因素（$X_1, X_2, \cdots, X_m$）之下公司发生财务困境的概率；$1-P$ 是不发生财务困境的概率，其中 X_i（$i=1, 2, \cdots, m$）是影响财务困境的第 i 个因素；a, b_i（$i=1, 2, \cdots, m$）是待估计参数。

方程（1）的等价形式为：

$$P=\frac{\exp\left(a+\sum_{i=1}^{m}b_iX_i\right)}{1+\exp\left(a+\sum_{i=1}^{m}b_iX_i\right)} \tag{2}$$

或者

$$1-P=\frac{1}{1+\exp\left(a+\sum_{i=1}^{m}b_iX_i\right)} \tag{3}$$

式（2）、（3）所表示的分布函数称为 Logistic 分布函数。

二、实证研究

（一）单个指标的预测分析

首先，运用 SPSS 16.0 对 2008—2010 年晋江 20 家境外上市公司和与其配对的国内 20 家 ST 公司的 6 大财务指标逐个进行 logit 回归，结果如表 1 所示。

表 1 单个指标的 logit 模型的预测结果
（0 代表 ST 公司，1 代表境外上市公司）

财务指标	年份		原始值	预测值		合计	误判率	财务指标	年份		原始值	预测值		合计	误判率
				0	1							0	1		
流动比率	2008	计数	0	18	2	20	25%	主营业务利润率	2008	计数	0	16	4	20	20%
			1	8	12	20					1	4	16	20	
	2009	计数	0	18	2	20	17.5%		2009	计数	0	14	6	20	20%
			1	5	15	20					1	2	18	20	
	2010	计数	0	18	2	20	15%		2010	计数	0	15	5	20	17.5%
			1	4	16	20					1	2	18	20	
销售净利率	2008	计数	0	15	5	20	17.5%	净资产收益率	2008	计数	0	19	1	20	10%
			1	2	18	20					1	3	17	20	
	2009	计数	0	4	16	20	40%		2009	计数	0	17	3	20	10%
			1	0	20	20					1	1	19	20	
	2010	计数	0	17	3	20	17.5%		2010	计数	0	16	4	20	15%
			1	4	16	20					1	2	18	20	

续表

财务指标	年份	原始值	预测值		合计	误判率	财务指标	年份	原始值	预测值		合计	误判率
			0	1						0	1		
总资产增长率	2008	计数 0	8	12	20	30%	总资产周转率	2008	计数 0	16	4	20	17.5%
		1	0	20	20				1	3	17	20	
	2009	计数 0	18	2	20	20%		2009	计数 0	18	2	20	12.5%
		1	6	14	20				1	3	17	20	
	2010	计数 0	17	3	20	15%		2010	计数 0	13	7	20	27.5%
		1	3	17	20				1	4	16	20	

由表1，可得出：

（1）从纵向时间看，流动比率、主营业务利润率及总资产增长率三个指标都是在距离财务困境发生的时间越近时所包含的信息越多，预测时所起到的作用也越为重要；而销售净利率则是在发生财务困境前1年的误判率要比发生前2年的误判率低；总资产周转率则是在发生财务困境前2年的误判率要比发生前3年的误判率低。综上可知，除净资产收益率及总资产周转率两大指标外，其余财务指标均是出现在财务困境前1年的误判率最低。

（2）从横向项目角度来看，财务困境前1年流动比率、净资产收益率、总资产增长率的预测能力最好，误判率最低，为15%；其次是主营业务利润率及销售净利率，其误判率均为17.5%；再次是总资产周转率，误判率为27.5%。总之，6项指标误判率都较低，准确率较高。由此说明，这6个指标的选择对于企业财务困境的预测是可取的。

（二）单个指标的描述性统计分析

现对选中的6个财务指标用2008、2009、2010年三年的数据进行描述性统计分析，结果如表2所示。

表 2　描述性统计量分析
（其中 0 为 ST 公司，1 为境外上市公司）

财务比率	年份	公司类型	均值	标准差（％）	财务比率	年份	公司类型	均值	标准差（％）
流动比率 X_1	2008	0	1.2255	0.8043	主营业务利润率 X_2	2008	0	7.8337	11.8172
		1	2.6952	1.8944			1	21.1000	0.1476
	2009	0	1.0365	0.6368		2009	0	2.4920	24.2416
		1	3.0304	1.8602			1	20.4700	0.1308
	2010	0	0.7968	0.4355		2010	0	2.4213	18.6520
		1	3.5869	2.5949			1	22.2500	0.1047
销售净利率 X_3	2008	0	−6.4077	27.7719	净资产收益率 X_4	2008	0	−4.3749	16.2098
		1	18.1500	0.2158			1	38.8200	0.4778
	2009	0	−212.2537	855.5303		2009	0	−36.8710	42.8850
		1	17.6600	0.1963			1	182.9100	6.5531
	2010	0	−14.8101	41.2064		2010	0	−251.5110	928.661
		1	16.2100	0.0888			1	81.1100	2.7046
总资产增长率 X_5	2008	0	−1.9568	19.6812	总资产周转率 X_6	2008	0	0.5843	0.2889
		1	30.0100	0.4459			1	1.2176	0.4117
	2009	0	−5.4506	15.0530		2009	0	0.4718	0.2747
		1	10.0733	20.3569			1	1.1843	0.5189
	2010	0	−4.4551	19.3744		2010	0	0.5716	0.2571
		1	216.6400	7.1290			1	0.9738	0.3455

　　由表 2 我们可知，两类公司的均值和标准差变动趋势的差异较明显。相对来说，ST 公司的财务指标波动剧烈，呈现负面的变化，而境外上市公司的波动则比较平稳。随着 ST 公司财务危机时间临近，绝大多数变量的统计量绝对值在不断增大。这说明随着时间的临近，财务危机公司和非财务危机公司的财务指标差异在不断扩大，从而也证实了上述财务指标在一定程度上反映了危机的灵敏性。具体来看：

（1）均值比较。从表2可看出，ST公司指标变化较明显，数据波动较大。除ST公司的X_1（流动比率）、X_6（总资产增长率）均值变化差距小于境外上市公司外，其余4个指标均值的变化差距均为ST公司大于境外上市公司。由此可得，境外上市公司财务平稳，无论是偿债能力、盈利能力、发展能力、运营能力都比ST公司强。

（2）标准差比较。从表2可看出，ST公司的X_1（流动比率）、X_6（总资产增长率）标准差指标值小于境外上市公司；而其余4个指标（除2009年总资产增长率X_5）标准差指标值均为ST公司大于境外上市公司。由此说明，ST公司数据波动很大，且60%大于境外上市公司，说明ST公司财务危机信号明显。

（三）整体指标的预测分析

现将选定的6个财务指标（流动比率X_1、主营业务利润率X_2、销售净利率X_3、净资产收益率X_4、总资产增长率X_5、总资产周转率X_6）作为预测模型的指标变量，取境外上市公司为1、国内ST公司为0作为因变量值，利用SPSS16.0统计分析软件，对2008、2009、2010年三年的财务数据进行二元logistic回归分析，得到的回归估计结果如表3：

表3　logistic回归估计结果

−2LL=16.853		B	S.E	Wald	Df	Sig
2008年	X_1	1.762	0.891	3.910	1	0.048
	X_2	0.068	0.092	0.547	1	0.459
	X_3	−0.066	0.071	0.879	1	0.348
	X_4	0.036	0.071	0.257	1	0.612
	X_5	0.035	0.037	0.908	1	0.341
	X_6	9.988	4.628	4.658	1	0.031
	Constant	−12.059	5.185	5.409	1	0.020

续表

2009 年	−2LL=6.915	B	S.E	Wald	Df	Sig
	X_1	3.426	2.971	1.330	1	0.249
	X_2	−0.069	0.136	0.256	1	0.613
	X_3	0.120	0.145	0.678	1	0.410
	X_4	0.013	0.081	0.026	1	0.871
	X_5	0.128	0.093	1.901	1	.168
	X_6	9.360	5.882	2.532	1	0.112
	Constant	−13.858	9.320	2.211	1	0.137
2010 年	−2LL=0	B	S.E	Wald	Df	Sig
	X_1	61.449	8.204E3	0.000	1	0.994
	X_2	−0.426	259.693	0.000	1	0.999
	X_3	1.577	201.055	0.000	1	0.994
	X_4	0.000	170.792	0.000	1	1.000
	X_5	0.055	11.218	0.000	1	0.996
	X_6	182.935	2.808E4	0.000	1	0.995
	Constant	−245.348	3.532E4	0.000	1	0.994

表 3 中，−2LL 为 "−2LogLikelihood" 的缩写，称为似然函数值，常用来反映模型的拟合程度，其值越大，模型的拟合程度越差；相反，该值越小，意味着回归方程的似然比值越接近 1，模型的拟合程度越好。由表 3 可以看出，"−2LL" 的值逐年降低，这意味着财务危机预测模型存在着明显的时效性。

从回归系数的统计检验来看，6 个指标的整体解释能力较强，而单个指标的解释能力有所不同。2008 年流动比率、总资产增长率和总资产周转率的显著性水平均小于 0.05，说明其解释能力较强。但其他变量回归系数的显著水平却比较高，说明这些变量的预测效果可能存在一定的偏差。

由样本公司的三年数据得到的三个回归模型分别为：

$$P_{2008}=\frac{\exp（-12.059+1.762X_1+0.068X_2-0.066X_3+0.036X_4+0.035X_5+9.988X_6）}{1+\exp（-12.059+1.762X_1+0.068X_2-0.066X_3+0.036X_4+0.035X_5+9.988X_6）}$$

$$P_{2009}=\frac{\exp（-13.858+3.426X_1-0.069X_2+0.12X_3+0.013X_4+0.128X_5+9.36X_6）}{1+\exp（-13.858+3.426X_1-0.069X_2+0.12X_3+0.013X_4+0.128X_5+9.36X_6）}$$

$$P_{2010}=\frac{\exp（-245.348+61.449X_1-0.426X_2+1.577X_3+0.055X_5+182.935X_6）}{1+\exp（-245.348+61.449X_1-0.426X_2+1.577X_3+0.055X_5+182.935X_6）}$$

本文取概率 0.5 为危机公司和非危机公司的理论分界点，运用上述三个 logistic 回归模型对 40 家样本公司进行回判得到的判别效果如表 4：

表 4　整体 logistic 模型预测效果表
（以 0 为 ST 公司、1 为境外上市公司的整体回归）

年份	原始值	预测值		合计	准确率 %
		0	1		
2008	计数	0　18	2	20	90%
		1　2	18	20	
2009	计数	0　19	1	20	95%
		1　1	19	20	
2010	计数	0　20	0	20	100%
		1　0	20	20	

从表 4 可知：从预测结果来看，20 个 ST 公司和 20 个境外上市公司三年中，2008 年只有两个被错判，准确率 90%；2009 年只有一个公司被错判，准确率 95%；2010 年判断的准确率达到了 100%，说明模型方程的预测能力较强。

三、结论及建议

（一）结论

1. 晋江市 20 家境外上市公司的偿债能力良好。我们知道流动比率是衡量上市公司短期偿债能力的一个指标，晋江市 20 家境外上市公司连续三年流动比率均值都大于同期国内 ST 公司，从流动比率看财务指标效益基本正常、没有风险信号，但是其三年标准差指标值均大于同期国内 ST 公司，说明长期偿债能力还不容乐观，从生产经营活动中获利以偿付长期债务的能力较弱。

2. 晋江市 20 家境外上市公司的盈利水平和获利能力非常强。其三年来的主营业务利润率均值远远大于同期国内 ST 公司，而指标值非常接近标准差，远远小于同期国内 ST 公司。这个指标值表明，境外上市公司企业经营正常，财务运行稳定，波动不大。晋江市 20 家境外上市公司销售净利率、净资产收益率的均值远远大于同期国内 ST 公司的指标值，标准差指标值很小、接近标准，而且 ST 公司均值出现负值，有些标准差偏离标准较大竟高达 855.5303%、928.661%，说明晋江市 20 家境外上市公司销售收入获取的能力较强，公司经营管理水平和盈利水平高，公司财务状况较好，公司运用自有资本的效率高，投资带来的收益高，财务效益好。

3. 晋江市 20 家境外上市公司可持续发展出现良好势头。企业利润三年逐年上升，并且增长幅度在逐渐增大，反映规模增长的指标总资产增长率和主营业务增长率在稳步增长，到 2010 年总资产增长率均值高达 216.6400%。不过从总资产增长率和净利润增长率的标准差可以看出，金融危机后的 2009 年标准差高达 20.3569%，说明企业发展能力时有不稳，应引起注意。

4. 晋江市 20 家境外上市公司营运能力发展势态良好。反映营运能力的总资产周转率虽然比起同期 ST 公司均值要高，但没有其他指标值拉开的距离大，且三年来增幅处于下降状态，财务指标值不像其他 5 个指标值有明显优势，此种情况也许说明的是，国内上市公司比率指标背后隐含诸如信用政策不合理、存货过少、频繁采购、企业规模过小等问题。一般情况下，该指标数值越高，周转速度越快、销售能力越强、资产利用效率越高。因此，晋江市境外上市公司在营运能力方面有提高的必要。

（二）建议

1. 对财务安全状况的改进建议。

我们知道，通过借债，用少量的资本金去博取更多的利润，是企业运行的手段，但是债务早晚是要还的，一旦到期不能还债，企业是会有破产风险的。本文通过对流动比率分析得知晋江市 20 家境外上市公司的短期财务安全状况较好，短期偿债能力较强，而长期的财务安全状况较弱，长期偿债能力有待加强。建议晋江市境外上市公司在保持偿债能力的前提下适当提高流动比率，如提高应收账款、存货周转率等。

2. 对财务效益状况的改进建议。

通过主营业务利润率、销售净利率、净资产收益率指标对晋江市 20 家境外上市公司的财务效益的分析可发现，晋江市境外上市公司主营业务利润率三年均值差远远高于同期国内 ST 公司。三年中，除 2009 年受金融危机略有下降，其余两年，即使销售净利润逐年下降，却并没有太多偏离标准差。而从净资产收益率看，2009 年高达 182.9100%。晋江市 20 家境外上市公司，由于个别企业当期大量出售固定资产而引起净资产收益率飙高，且引起标准差三年来先高后低，这说明晋江市上市公司规模的规范性不强，公司治理结构不够健全。因此，晋江市境外上市公司如何有效降低成本、提高盈利能力的问题，应引起有关方面的足够重视。

3. 对企业发展水平及潜力的改进建议。

通过总资产增长率对晋江市境外上市公司的发展水平及潜力的分析可得出：反映晋江市 20 家境外上市公司规模增长的指标——总资产增长率和主营业务增长率在稳步增长，到 2010 年总资产增长率均值三年变化由 2008 年的 30.0100% 至 2009 年受金融危机影响下降到 10.0733%，然后至 2010 年高达 216.6400%。从总资产增长率和净利润增长率的标准差可以看出，尤其是金融危机后的 2009 年标准差高达 20.3569%，这两个指标变化足以说明企业发展能力时有不稳，原因在于晋江市境外上市公司的规模较小，企业发展水平较低。所以应根据晋江地区经济水平，结合具体企业的规模结构，制定一套与股权结构相适应、权责分明的组织体系，完善产业经济结构。要不断根据市场客户的需求，开发新产品，提高产品的竞争能力，保证公司产业的升级，提高公司的无形资产，以增强公司的发展能力，使晋江市上市公司能够持续健康发展，并能更好地发挥上市公司对晋江市经济的积极带动作用。

4. 对资产运营状况的改进建议。

通过总资产周转率等指标对晋江市上市公司资产运营状况分析可以看出：晋江市上市公司资产运营状况总体一般，三年总资产周转率平均值仅为 1.2176%、1.1843% 和 0.9738%，个别公司总资产周转率过低。这些公司应加快自身资产周转速度，提高存货等流动资产的管理水平，降低资产的营运成本，从而全面改善资产运营状况。

【参考文献】

[1]Ohlson, J.T.（1980）.Financial Ratios and the Probabilistic Prediction of Bankruptcy. *Journal of Accounting Research*, 18（1）: 109-131.

[2]Zmijewski, M.E.（Supplement 1984）.Methodological Issues Related to the Estimation of Financial Distress Prediction Model. *Journal of Accounting Research*, 22, 59-82.

[3]Andrew, W., & Lo.（1986）. Logit versus Discriminant Analysis: A Specification Test and Application to Corporate Bankruptcies. *Journal of Econometrics*, 31（2）, 151-178.

[4]周首华、杨济华、王平:《论财务危机预警分析——F分数模式》,《会计研究》, 1996年第8期。

[5]陈静:《上市公司财务恶化预测的实证分析》,《会计研究》, 1999年第4期。

[6]吴世农、卢贤义:《我国上市公司财务困境的预测模型研究》,《经济研究》, 2001年第6期。

政府在推进企业上市中的制度效用分析

——基于"晋江经验"的实证研究 [①]

[摘　要] 推行"助推"制度对企业上市具有重要的作用。本文以福建省晋江市政府出台的一系列扶持政策为研究对象，从政策构思背景及动因出发，根据上市后备库容量逐渐变化、成功上市公司量的增多及融资额增长论证政策制度安排的效用，就今后如何更好引导上市公司健康发展，对政府政策导向提出了几点建议。

[关键词] 助推政策　效用　分析　建议

据《金融时报》2011 年 10 月 2 日报道：温州企业老板"批量失踪"，不仅惊动了众多债主，也加剧了人们对民间借贷崩盘的担忧。人们担心，企业老板接连"失踪"，会在企业间产生"传染效应"，加速民间借贷链条的断裂，进而引发民间借贷的区域性崩盘。在我国，每年都有不少中小民营企业因为资金短缺、银行惜贷转向民间高利息借贷或者因无处借贷而倒闭。如何解决中小企业融资问题？福建省晋江市近年来大力推进企业上市，成功打造了资本市场的"晋江板块"，上市数量列全国县级市首位，为中小企业股权融资开辟了一条有效途径。笔者就政府在推进企业上市中的制度效用作个分析：

---

① 　基金项目：福建省泉州市哲学社会科学研究 2011 年规划合作项目"政府在推进企业上市中的制度效用分析——基于'晋江经验'的实证研究"（项目编号：2011H02）。本文原载《江西省青年干部学院学报》（2012 年第 3 期）。本文的主要内容，笔者在 2012 年福建省民营经济发展论坛上作了发言。作者：徐夕湘、徐钟。

一、"助推"政策的构思背景

晋江市为什么要将企业推进资本市场？在力推企业上市过程中政府出台了哪些政策？推行"助推"制度有什么效用？让民营企业进入资本市场可以实现以下目标：

首先，让那些项目前景确实比较好，但是风险也比较大，靠内部融资难以做大做强的民营企业，寻求外部融资，克服内部资金不足，在获得成本较低的股权资本的同时，可以得到较低利率的银行贷款。此外，上市公司的股票可以随时变现，从而能大幅度降低信用风险，降低企业的负债比例，优化资本结构，降低财务风险，使企业快速发展。其次，民营企业是由家族成员或亲戚朋友、同学乡邻等创立的，民营企业在资本积累过程中主要采用家族管理，得益于产权、税收、财务等方面政策的"不清晰"，创业入股内容、比例很多不明确，产权不清晰，容易产生纠纷，威胁企业发展。企业一旦决定改制上市，在改制过程中，通过参与改制实践，按照上市企业要求矫正以往的治理结构的缺陷和不足，按照现代企业制度进行改造，产权清晰，可以提高企业上市成功率。家族企业一旦公开上市，必然受控于证券管理部门、政府管制部门与机构投资者，并被迫提高企业透明度，定期公布财务报告，这有利于评估企业的发展计划，降低企业发展受不确定性因素影响的程度。再次，对于一些已占据领先优势，有良好的现金流的高成长的中小企业，如从事高新技术和高端服务业的中小企业，可以谋求社会管理资源和经营的规模效应，这样既迎合了市场竞争对规模经济和范围经济的追求，又可以在面临日益国际化的生存环境中谋求国际化经营，将自身发展目标扩大。此类企业上市后，可以借鉴发达国家成功的经验。对于有创业投资公司支持的科技型家族企业，影响则更为广泛。上市以后一旦创业投资者成功退出，且其股份由其他投资者或公众收购，可以确定新的企业发展目标。最后，从认知度来看，上市公司比较容易获得客户的尊敬与信任，往往能优先获得重要顾客的订单，增加与客户长期合作的可能性。对于上市前知名度不够高的民营企业，市场对品牌认识度不够深，宣传渠道主要通过广告进行，成本投入大，覆盖面有限，公开上市后可以增加企业的知名度，提升企业品牌的影响力，通过资本市场的自动宣传，可以起到广告效果，其覆盖面广阔，增加其在主流媒体出现的机会。目前我国资本市场有约 2 亿投资者，约有 2500 个证券公司营业部，新闻、报纸等媒介每天都在关注着上市公司，成为上市公司免费的宣传平台。

二、"助推"政策的效用

福建省晋江市政府从 2007 年开始大规模力推企业上市，到 2012 年为止上市公司达到 38 家，通过资本市场募集资金 200 多亿元，总市值超过 2000 亿元，已形成"晋江板块"。板块的形成主要是自 2007 年以来政府助推、政企互动的结果。

众所周知，民营企业改制上市面临三大转型成本：（1）公司规范化成本。财务制度合规性是上市公司的基本要求，企业上市时需要提供三年内真实规范的财务报表，建立标准的会计制度。而在我国，财务制度不健全、不规范是民营企业普遍存在的现实问题，特别是那些从事小商品生产和贸易的企业大量存在现金交易。因此，会计账目和会计制度的规范和重整，以及由此产生的既得利益损失，构成了这些企业上市时必须支付的规范化成本。（2）企业改制成本。大多数民营企业属于传统型的家族制民营企业，其中一些企业股权结构极不规范，父子公司和关联企业关系错综复杂，离现代企业制度的要求相去甚远。因此，企业上市时股权结构的梳理和管理方式的转变，往往困难重重，代价昂贵，而且可能因为利益冲突、矛盾激化而使企业转型的边际成本急剧上升乃至趋于无穷。（3）缴纳税费成本。包括上市前的一次性补税和执行上市公司税收政策给企业未来经营活动带来的机会成本，构成了民营企业上市时需要实际支付的一项巨大代价。由于我国相关税收法律现存的问题，以及地方政府普遍把税收政策作为引进外来投资和鼓励企业发展的手段，民营企业往往会通过合资、福利企业、高新认证等各种途径争取享受税收优惠政策，如减免所得税、先征后返、包税等。一旦企业上市，企业所享有的这些税收优惠利益也将随之丧失。此外，根据上市条件，企业申请上市必须提供近三年的财务报告盈利记录，在计算前三年的盈利时需根据正常的纳税要求补足前三年的税收，这对很多一直受到税收优惠的企业来说，将是一笔相当大的支出。由此看来，民营企业上市既面临着相关的收益，也需要付出相应成本。对这三大转型成本，政府和企业之间必须加强合作，共同来克服困难。晋江市助推企业上市工作始于 2006 年，同年 4 月，制定了"20 家战略"的资本市场竞争力"赶补"方案。2007 年初，出台《关于进一步推进企业改制上市工作的意见》和《晋江市企业上市鼓励扶持政策实施细则》；2009 年修订出台《关于进一步推进企业改制上市工作的意见》，2011 年出台《晋江市人民政府关于进一步提升企业改制上市综合效益的若干意见》。晋江市出台的政策覆盖面大抵五个方面：成立领导小组，设立专门工作机制，设立企业上市专家顾问组，成立专业服务团队，设立专项资金扶持。六年来共拨出专项资金 5000 万元用于扶持企业改制成本，在助推政策的催化作用下，企业上市数量和后备企业剧增。截至 2012 年，晋江已成功培育 38 家上市公司，上市后备企业由 2006 年的 40 家滚动增加到现在的 100 多家，形成结构合理、梯次渐进的上市后备梯队（见表 1）。

表 1 晋江政府助推企业上市效用一览

时间（年）	上市数量（家）	融资总额（亿）
1998	1	8.5416
2004	2	4.8818
2005	1	1.0329
2006	1	2.7505
2007	5	41.0134
2008	3	6.298
2009	7	41.4885
2010	10	30.3145
2011	5	54.9934

资料来源：晋江上市办。

从表 1 可知，政府在助推企业上市过程中，从 1998 年恒安国际一家在香港上市到形成"晋江板块"，经历了一个曲折发展逐渐壮大的过程。事实上，仅有资金扶持是远远不够的。为提高企业对资本市场改制上市有一个科学的认识，政府着力做好洞察资本市场动态、搜集筛选、破解改制上市障碍、支招献策、谋求公共资源支持、寻找优质中介服务、牵线搭桥等。

近年来，政府先后自行组织或与上级主管部门、证券监管机构联合举办了各种见面会、介绍会、论坛、研讨会 20 多场，邀请著名经济学家吴晓求、王洛林、巴曙松、中国证监会发行部常务副主任王林、非上市公众公司部副主任李量、厦门大学副校长吴世农、恒安集团首席执行官许连捷等业界领导、专家以及职能部门领导、上市公司老总为企业讲解证券发行政策、证券业务知识，介绍上市成功经验和相关行政审批事务，并专门针对企业总裁等高管人员与中国人民大学、厦门大学等机构联合开办了企业资本运营高级研修班、"双翼计划"（品牌经营、资本运营）培训班和厦门大学现代企业资本运营（晋江）总裁班，累计培训企业高管 100 多人（次）。针对企业改制上市过程中遇到的产权明晰、账证规范等历史遗留问题和各种具体困难，晋江市专门建立了"一企一议"工作制度。除此之外，晋江市各级有关部门还通过开展"企业上市服务月"、开通行政审批"特别通道"、组织领导小组联席会议，专题研究企业的需求，逐条、逐项协调解决。实践证明，正是因为实施了一套科学的助推企业上市的政策制度，才带来了如今的效用。

三、结论及建议

基于晋江市助推企业上市一系列政策的分析，我们得知：晋江市民营企业的上市是满足企业自身融资和确定新的发展目标需求，更是政府助推制度效用的结果。目前晋江市助推制度已经带来良好的效用，在面临资本市场尤其是国际资本市场新的形势下，上市公司地点选择以及在国际资本市场健康发展是我们目前主要思考的问题。笔者认为，政府政策导向除鼓励企业上市外，还可以两方面着手：一是引导企业上市地点选择转向国内资本市场；二是做好股权融资风险预警与防范。

（一）政策导向应转向引导鼓励上市后备企业选择国内资本市场

截至 2011 年 6 月，"晋江板块"分布在境内外各个资本市场，境内上市 4 家，占 11.76%，境外上市 31 家，占 88.57%。我们可以拿江阴市作一比较。

截至 2011 年江阴市共计有 30 家企业分布在境内外资本市场，其中境内上市 20 家，占 66.66%，境外上市 10 家，占 33.33%。

为什么要鼓励中小企业选择国内资本市场？因为中国企业在不同的国际资本市场无论是发行成本还是维持上市成本其费用远远高于国内资本市场。从发行价格来看，深圳中小板发行价是境外其他市场的 2—3 倍；企业单独发行 A 股的价格差不多是单独发行 H 股价格的 3 倍以上。从上市所花费的成本来看，境内是境外的 1/3，深圳中小板上市公司的维护费用约为 100 万元，约为其他境外市场 1/6 到 1/3 之间。从文化制度对上市影响来看，企业对境内的文化背景、法律制度熟悉，在沟通方面没有任何障碍，应承受法律风险小，境外上市由于文化背景的差异，受语言的限制需聘用懂外语又懂证券投资的境外人士进行沟通，间接信息来源较多，导致沟通效率较低、管理难度和管理成本均增加。尤其是对境外法律制度的认知有限，不可预测的诉讼风险与诉讼成本增加。从募集资金效应来看，境内可以立刻投资发挥效应，而境外上市募集资金流转面临着严格的外汇管制，资金回笼有一个时间段，募集资金不能及时发挥效应，但新股东仍然参与分红，会降低企业的价值。因此在选择上市地点上要引导企业克服两个心理误区。误区一：筹资额越高越好，哪里 IPO 筹资额高去哪里。正确观点是股权融资也有成本的，它等于股息率＋股息增长率，只有当募集投资项目回报率高于股权融资成本时，才能够增加企业的价值，筹资额高只是实现了中介机构的利益最大化，并非发起人利益最大化。误区二：境外上市规范成本低，是个优势。正确观点是，规范是企业发展必须经历的一个过程，如果企业没有真正地规范运作，难以真正建立现代企业制度，纵使上市了也难以保持持续的竞争力。与其逃避规范，不如借助政府的扶持政策，以较低的成本实现规范运作，为企业持续健康发展打下良好的基础。

（二）政策导向应转向上市公司风险预警与防范

晋江市 35 家民营上市企业中，有 31 家在境外资本市场。民营企业对接国际资本市场的同时，在境外上市融资过程中存在的许多问题逐渐暴露出来，识别境外上市融资背后的风险就显得非常必要。研究民营企业境外股权融资风险分析与控制、建立风险预警机制对未来不利因素的不确定性预先警惕成为当前晋江市政府和上市公司的重要课题。

1.政府首先要为民营企业境外股权融资作好风险分析。企业境外上市风险是受企业内外界不确定的因素影响的，主要有信息披露的法律风险、上市的发行风险、公司治理结构风险、再融资风险。企业要侧重于从公司治理、内部控制及风险管理来进行。

2.政府要成立民营企业股权融资风险预警机制研究的专门队伍。定期以晋江市上市公司为研究对象，抽取样本，选定预测指标，收集资料，对公司治理风险及财务危机进行预警。

3.出台晋江市民营企业上市融资风险控制策略设计。主要从企业风险预警机制建立的意义与原则、企业风险预警机制流程的设计、企业风险预警机制指标体系的设计及风险预警模型的设计等四个方面来编制。

总之，通过建立风险预警机制，可及时监测经营偏差，提出警告，减少损失；可诊断风险预警偏差的原因，及时提出预防措施；可控制企业风险的影响范围，寻求危机的解决办法；可预防同类风险再次出现。建立风险预警机制对提高企业的抗风险能力，及时跟踪、监控、预测企业的风险信号，以及上市企业的持续发展，都具有重要的实践意义。

【参考文献】

[1] 吴世农、章之旺：《我国上市公司的财务困境成本及其影响因素分析》，《南开管理评论》，2005 年第 8 期。

[2] 徐夕湘、高伟生：《晋江民营企业融资难的现状及其解决途径》，《福建省社会主义学院学报》，2008 年第 4 期。

[3] 徐夕湘：《泉州上市企业发展的优势分析——与苏州上市公司的比较》，《中共福建省委党校学报》，2009 年第 5 期。

[4] 徐夕湘：《民营企业上市的成本收益分析》，《哈尔滨市委党校学报》，2009 年第 5 期。

[5] 周首华、杨济华、王平：《论财务危机预警分析——F 分数模式》，《会计研究》，1996 年第 8 期。

[6]朱荣恩、贺欣:《内部控制框架的新发展——企业风险管理框架——COSO 委员会新报告〈企业风险管理框架〉简介》,《审计研究》,2003 年第 6 期。

[7]周兆生:《内部控制与风险管理》,《审计与经济研究》,2004 年第 4 期。

[8]杨雄胜:《内部控制理论研究新视野》,《会计研究》,2005 年第 7 期。

政府信用激活民间资本的政策思考①

[摘　要] 当前我国存在中小企业融资难和大量民间资本投资渠道匮乏的双重困境。政府信用的缺失是阻碍民间资本服务实体经济发展的重要原因。通过规范政府行为，明晰民间资本投资的产权保护制度，健全市场准入机制，转变政府职能与定位等措施来提升政府信用，对于激活民间资本服务实体经济具有重要的政策引导作用。

[关键词] 政府信用　民间资本　实体经济

当前，民间资本对于经济发展、社会繁荣、扩大就业等诸多方面的积极作用已经成为社会共识。然而在新的经济社会形势下，社会各方对于民间资本服务实体经济的呼声四起，但是民间资本依然处于观望的状态，以至于形成了大量民间资本缺乏投资渠道和广大中小企业出现融资难、融资贵的双重困境。笔者认为，政府部门运用自身信用搭建民间资本对接实体经济发展的桥梁是化解该困境的治本办法，这对于激活民间资本发展实体经济具有重要的现实意义。

一、我国民间资本发展现状及存在的主要问题

民间资本指的是民营企业的流动资产和家庭的金融资产，具体来说是掌握在民营企业以及股份制企业中属于私人股份和其他形式的所有私人资本的统称。改革开放以来，我国民间资本积累了数量庞大的资金资源，已经成为激发中国经济快速发展内生动力的重要源头。目前其发展现状及存在问题主

---

① 本文系 2013 年度泉州市哲学社科规划课题"政府信用激活民间资本的政策思考——以晋江为例"的阶段性成果。本文原载《福州党校学报》(2014 年第 5 期)。作者：徐夕湘。

要体现在以下几个方面：

（一）民间资本规模庞大，部分资金呈现游离状态

自 2010 年《国务院关于鼓励和引导民间投资健康发展的若干意见》实施以来，我国民间投资总量得以迅速发展。2013 年全国民间固定资产投资274794 亿元，同比名义增长 23.1%，民间固定资产投资占全社会固定资产投资的比重为 63%，比 2012 年上升 1.8 个百分点。但是，民间投资的活力并没有完全释放，大量民间资本并没有很好地服务实体经济发展。2013 年人民币存款与贷款之比为 1∶0.69，这从一定程度上反映出部分闲置的民间资本尚未激活，依旧作为储蓄沉淀在银行系统。改革开放以后，民间资本逐渐积聚，特别是近十年增幅更快，全国民间资本总量约 30 多万亿元（梁淑英，2013）。以民间资本较为集中的福建省晋江市为例，据估算其本土民间资本总量不低于 1000 亿元，如果加上海外侨资其总量不低于 5000 亿元。规模如此庞大的民间资本并没有得到很好的引导，其中部分资金呈现游离状态。我国民间资本长期游离于金融宏观调控和金融监管之外，同时，由于民间融资的相关法律法规的缺失，导致民间资本只能处于一种非正规性流动状态。资本的逐利性决定了大量民间资本为获取眼前利益而忽视市场规律，最终导致经济的波动，不利于经济稳定增长和健康发展。

（二）民间资本投资缺乏产权制度保障，削弱了民间投资者的积极性

任何一个经济社会，对财产权的有力保障都是民间资本投资得以勃兴的根本原因。民间资本投资的低迷，固然有纯经济层面的解释，但制度上的缺陷才是削弱民间投资者积极性的深层次原因。一是从法律层面来看，缺乏具有权威性与完整性的促进民间投资的相关法律法规。尽管国务院分别于 2005年 2 月发布《关于鼓励支持和引导个体私营等非公有制经济发展的若干意见》（简称"非公 36 条"）、2010 年 5 月发布《关于鼓励和引导民间投资健康发展的若干意见》（简称"新非公 36 条"），然而这些毕竟只是属于政策意见，难以作为司法申诉和裁决的依据，严重影响民间投资的继续发展，以致削弱民间投资者的投资积极性。二是在执法层面缺乏公平公正。在经济社会的各种资源分配不平等的情况下，政府部门由于掌控着更多的社会资源，就容易出现在资源配置上是效率优先还是所有制性质优先的抉择难题（靳大勇，

2013）。同时，政府部门在执法过程中也容易出现监管有余、服务不足的现象，导致一些进入垄断行业的民间资本处境尴尬，甚至不得不退出。一些国有或国有控股企业利用自身与政府职能部门的密切关系，变相设置"玻璃门"和"弹簧门"。

（三）民间资本投融资方式混乱，缺乏规范性与系统性

我国民间资本长期存在投融资渠道少、潜在风险大等问题，由于缺乏明确的法律保障，只能游离在非法集资和投机炒作的灰色地带。集中体现在以下几个方面：一是民间资本融资操作程序简单，缺乏规范性。中小企业在发展初期由于缺乏相应的抵押产品，且信用记录和管理不完善，导致其无法从正规金融渠道获取资金，只能依赖借贷者本人的经营能力、权威、信用等进行民间借贷，在多数情况下只需立下一个字据，使用的是最原始简单的方式。虽然出借人为了防范风险，要求提供抵押或者担保的物品，但是，其数量也不占多数。这种模式具有较大的风险性。二是信用缺失导致民间融资中过度追逐高额利息，借贷行为混乱。面对民间借贷市场上的高额利润，无论是出借人还是借款人都希望从中牟取利益，都寄希望于在短期内获得巨大回报。借款人明知高利润率回报产业不可能出现，但依旧通过许诺高利息来获取资金，再以更高的利息放出，最终导致社会信用的虚假与缺失，以至于"跑路"、被刑拘、自杀等现象频出。三是民间资本融资缺乏有效的监管机制。民间资本融资的形式是多种多样的，有私募基金、合会、钱庄等形式。我国金融机构监管主体主要是中国人民银行、银监会、证监会和保监会，实行的是分业监管制度，即各个监管部门只对自己监管权限范围内的活动实施监督管理。因此，多头的监管主体也是我国民间资本管理混乱的重要原因。

（四）社会信用体系的不健全，导致民间资本投机赌博心理加剧

社会信用是现代市场经济的基石，也是引导民间资本服务实体经济的重要推手。但是，我国社会信用体系的不健全，导致民间资本在投融资过程中出现双方信息不对称，进而产生一系列的信用欺诈活动，扰乱社会经济秩序。尤其随着我国一些民间金融形式逐渐突破了地域限制，在向外扩张寻找投资项目时，传统的依赖信誉或熟人监督等已显得苍白无力，由此产生的信用欺诈行为就更为常见，并且维护民间资本投资人权益的途径极其匮乏。因此，

大量的民间资本拥有者在缺乏通畅的投资渠道情况下，其投机赌博心理明显加剧。尤其是在一些地区高息放贷所引发的财富效应，使得个体参与者往往忽视投资风险，将民间资本放贷视为个人财富快速增加的捷径（汝信、陆学艺、李培林，2011）。一些企业也因实体经济利润率低下，转而假借投资之名，违规放贷获取高额佣金和利息。对放贷利息的过度追求以及对风险的忽视，导致部分个人和企业主行为投机赌博化，导致民间借贷规模不断扩大，借贷利率急剧攀升，严重影响实体经济持续健康发展。

二、基于政府信用视角对民间资本发展困境的原因分析

目前国内外不少学者从政治学、心理学、公共管理学等不同学科领域对于政府信用问题展开了研究，本文主要从经济学的视角来解读政府信用对于化解民间资本投资与发展的现实问题。国外学者以肯尼斯·阿罗（Kenneth Arrow）和保罗·赫希（Paul Hirsch）为主要代表。他们指出信任是经济交换的有效润滑剂，社会信用水平是一个社会信用程度的反映，是社会经济发展的重要道德支柱和条件。经济学研究表明，政府信用可以降低交易成本。具体而言，高度的政府信用有利于制度环境的稳定，它对于交易成本的节约，从而提高经济效益、增加利润是非常明显的，相反，政府信用降低将增加交易成本，导致经济发展迟滞（龙海波，2012）。笔者在研究中发现，政府信用水平直接影响到民间资本发展程度。政府信用缺失是当前我国民间资本发展存在上述种种困境的重要原因，其具体表现为政府官员的自利性、政策的非延续性和不稳定性、地方保护主义的盛行等。

（一）政府官员的自利性导致民间资本投资者利益受损

政府官员是地方政府的主体，也是理性的市场经济人，具有自身的利益诉求。如个人价值的实现、职位的晋升、个人经济利益的获取以及对舒适生活的追求等。政府官员作为财政供养人员，他们的利益诉求只能通过国家财政发放的工资待遇来获取，并且他们作为行政权力的行使者和公民的双重身份，具有为自己谋取利益的优越条件。因此，政府官员在监督机制不完善的情况下，就有可能利用自己手中的权力来扩张自己的利益诉求。在这种情况下，一些政府官员运用手中的行政权力对民间资本投资者的合法利益进行侵

占，以权谋私、权钱交易等违法乱纪的事也就不足为奇。

（二）政策的非延续性和不稳定性致使民间投资者无所适从

地方政府政策的非延续性和不稳定性导致民间资本投资者缺乏对政府的基本信任，主要表现为私有财产权保障不够和缺乏公平的市场规则。当前，有很多民间资本投资者认为，在经济下行和政府投资潜力不足的大背景下，国家应推出一系列民间资本投资的刺激政策，包括在金融、石油、电力、铁路、电信、资源开发等领域向民间资本放开。但是，我国在保护私有财产权的法律法规方面还不健全，致使一些民间资本投资者持有大量的资金而不敢在国内进行投资，甚至一些投资者将资本转移到国外。另外，地方政府在引进投资过程中依然存在缺乏公平的市场规则情况，对民间资本存在歧视。一些地方性法规规章和行政文件对国有资本和民间资本进行区别对待，导致民间资本在政府项目审批过程中遭遇"国进民退"的不公平待遇。

（三）地方保护主义盛行严重损害外来民间资本投资者的利益

我国地方政府基于政绩考核的驱动，割裂省际经济造成的产业趋同，致使地方保护主义盛行，尤其是经济结构上大都以第二产业投资拉动地方经济增长，从而出现了汽车、家电、光伏等产业遍地开花，导致各省市之间形成强竞争关系，而非贸易上的优势互补关系。因此，地方政府为了保护本地产业的发展，优先采购当地产的汽车、香烟、家电等产品，甚至一些高能耗、低技术含量的企业也得以继续生存，从而令那些有志于提高技术水平并依靠抢占全国市场壮大的外地民间资本投资的企业遭受挫折。一些民间资本投资者为了将产品打入当地市场，不得不按照当地地方政府的意愿进行投资，在经济形势突变的市场环境下，民间资本很容易受到损害。

三、政府信用激活民间资本的政策思考

政府信用的缺失，不仅影响政府自身形象，也涉及整个社会信用体系的建设。通过规范政府行为，明晰民间资本投资的产权保护制度，健全市场准入机制，转变政府职能与定位等措施来提升政府信用，对于激活民间资本服务实体经济具有重要的政策引导作用。

（一）规范政府行为，深化民间资本投资者与政府之间的组织信用

市场经济是信用经济。信用是建立在市场经济本质属性之上的道德规范和行为准则，当信用缺失成为社会普遍现象时，就会严重破坏社会经济秩序，推高社会管理成本。因此，笔者认为目前各地出现中小企业融资难与民间资本投资渠道匮乏并存的双重问题，其根本原因是民间资本投资者与政府之间缺乏信用。为了化解该矛盾，政府部门应规范行政行为和经济行为，深化民间资本投资者与政府之间的组织信用。运用法律法规明晰政府与民间资本投资者之间的权利和义务，严格实施行政事项办结承诺制和行政问责机制，特别在行政审批环节中规范行政权力的运作，对所有企业一视同仁。同时，政府部门应彻底摒弃地方保护主义，打破地区割据，杜绝出现因地方保护主义发生的政策不公、执法不公，在政府采购等方面歧视外地民间资本投资企业，积极树立政府公正、诚信、透明的形象，促进民间资本自由流动，引导民间资本向促进实体经济的方向发展。

（二）明晰民间资本投资的产权保护制度，确立民间融资的合法地位

政府激活民间资本投资的先决条件是保护民间资本投资者的产权，确立民间投资者的合法地位。首先是从法律层面不断健全和完善与民间资本发展相关的法律法规体系。我国宪法对民间私有财产的保护在很多方面都缺乏具体的规定，以至于在地方政府与民间资本之间的利益博弈过程中，当民间资本做大做强后，地方政府就会出台相关政策加以限制。因此，我们要彻底消除民间资本投资的担忧，保障民间投资持续健康发展，要在相关法律中增加关于民间私有财产的保护条款。另外，尽快明确民间融资的合法地位。目前我国没有专门的法律明确民间融资的地位，长期游离于正规金融之外，存在着交易隐蔽、法律地位不确定、风险防控难等弊端，从而对民间融资进行规范引导较难操作。我们应参照国外民间融资的相关法律规定，结合本国的国情，从法律上合理准确地确定民间融资的概念和外延，确立民间融资主体的权利、义务关系，并对其融资方式、期限、利率、用途等作出明确规定（舒泽宇，2013），成立相应民间融资管理机构，在法律上明确其地位和功能。

（三）健全市场准入机制，消除民间资本进入的隐形壁垒

目前随着各项激活民间资本政策的出台，铁路、银行、石油等传统垄断

行业逐步向民间资本投资放开，但在实际操作过程中，依然受到各种隐形壁垒的限制。为了推动民间资本发展，消除民间资本进入的隐形壁垒，首先要健全市场准入机制。对涉及国家经济安全的垄断行业，可以考虑在不侵害国家安全的条件下，让民间资本进行有限的参与，以改善资本结构和法人治理结构，从而提高经济效率；对其他行业应尽可能地放开市场准入，让所有符合资质要求的民间资本进入，充分发挥市场机制在资源配置中的基础作用。同时，不断完善有利于民间资本投资的法律环境。进一步厘清政府与市场的权力边界，构建法治化的市场经济，减少行政审批和不恰当的政府干预。尽快制定"民间投资促进法"，为打破民间投资准入限制、实现民间资本的投资自由化，提供有力的法律制度保障，在金融、铁路、能源、电信等领域放开民间资本投资限制，积极营造公平参与竞争的法律环境。

（四）转变政府职能和定位，培育有利于激活民间资本的软环境

激活民间资本服务实体经济，应转变政府职能和定位，按照"小政府大社会、小政府大市场"的原则，积极培育有利于激活民间资本的软环境。首先，加大基础设施的投入。地方政府应积极参与民间资本集中的产业园区道路、水电、煤气等基础设施建设，引导民间资本向产业园区积聚，为民营企业发展提供公共服务。其次，政府部门制定民间资本投资发展规划。要根据当地经济发展的趋势，及早制定相应的民间资本投资规划，重点结合本地的优势产业，以集群性项目和产业链项目为主线，突出城市产业结构调整的发展意图，把促进民间资本发展纳入当地国民经济和社会发展中长期规划和年度计划，把促进民间投资增长与实现经济增长结合起来，提高投资质量和效益。最后，不断完善服务平台，提高民间投资效率。建立民间资本投资服务中心，对民间投资项目实行分类指导，完善项目建设全过程服务，及时帮助协调解决投资项目建设中出现的问题。加强民间投资监测预警，避免向过剩行业重复投资。健全社会化投资服务体系，建立专业化投资服务机构，充分发挥专业化市场中介服务组织的积极作用。强化政府的服务职能，减少行政审批环节，加快民间资本投资项目的落实，提高民间投资的效率。

【参考文献】

[1] 梁淑英：《我国民间资本：现状·问题·对策》，《中共云南省委党校学报》，2013 年第 5 期。

[2] 靳大勇：《我国民间资本的发展与规范研究》，山西财经大学硕士学位论文，2013 年。

[3] 汝信、陆学艺、李培林：《2012 年中国社会形势分析与预测》（社会蓝皮书），社会科学文献出版社 2011 年版。

[4] 龙海波：《信用政府的建构：社会资本与政府信用的关系视角》，浙江大学博士学位论文，2012 年。

[5] 舒泽宇：《浙江省民间融资管理研究》，《现代商业》，2013 年第 25 期。

福建省人口—空间—产业城镇化的时空耦合特征分析 ①

[摘　要]利用 2008—2013 年福建省面板数据，从人口城镇化、空间城镇化和产业城镇化入手，构建耦合协调模型，实证检验福建省人口—空间—产业城镇化系统之间的时空耦合特征。研究结果表明：一是时序变化上，2008—2013 年福建省新型城镇化系统耦合度和耦合协调度变化趋势基本趋同，大致呈现同步稳定上升态势，表明新型城镇化内部系统耦合作用明显，并且耦合作用的强度大于内部协调性。二是空间分异上，9 个地市的耦合度出现了低水平耦合和拮抗两个阶段，两种耦合状态的地市个数和区间变化相当。三是空间组合上，9 个地市出现了失调发展类空间城镇化超前型、轻度失调类空间城镇化超前型和勉强协调类空间城镇化滞后型三种空间组合类型。最后提出了相应的对策建议。

[关键词] 福建省　空间城镇化　耦合协调度

2014 年 5 月，福建省出台了 2014—2020 年新型城镇化规划，有序推进农业转移人口市民化、优化城镇化空间布局、强化城镇化产业支撑、提高城镇宜居水平、推进城乡一体化发展、创新城镇化体制机制，努力走出一条具有福建特色的以人为本、优化布局、生态文明、文化传承的新型城镇化道路。

① 本文系福建省 2015 年社科规划基金项目"福建省财政金融政策支持新型城镇化 VAR 测度分析研究"（FJ2015B210），福建省党校、行政学院系统中国特色社会主义理论体系研究基地 2015 年度课题"福建省人口—空间—产业城镇化协调性研究"，中共晋江市委党校与南昌大学合作课题"晋江市新型城镇化建设的财政金融政策研究"，国家自然科学基金"鄱阳湖地区生态资本、生态经济与金融生态空间耦合发展模式及优化策略研究"（71063015）以及"金融集聚、要素流动与区域经济空间差异及趋同演化仿真研究：生态效率的视角"（71263039）的阶段性成果。本文原载《发展研究》（2016 年第 1 期）。作者：徐夕湘、何宜庆、陈林心、张艺。

在此背景下，本研究探讨福建省 9 个设区市人口—空间—产业城镇化三元子系统耦合协调所表现出来的时序变化性和空间分异性，探索它们的时空规律，为协调推进福建省新型城镇化建设提供建议。

一、评价指标体系和研究设计

（一）新型城镇化评价指标体系

人口城镇化、产业城镇化和空间城镇化是新型城镇化的基本要素，新型城镇化的核心是人口城镇化。在空间上，推进新型城镇化，就是要构建区域经济和产业空间布局紧密衔接的城市空间生态，形成以城市群为主体形态，大、中、小城市与小城镇协调发展，城市群产业承载能力不断增强的区域经济一体化格局。

利用 CNKI 数据库对 2003—2015 年有关城镇化水平测度的 37 篇文献进行频度统计，从中选择近年来研究者使用频度较高的城镇人均或地均等相对指标，构建福建省人口—空间—产业城镇化的评价指标体系（表 1）。鉴于部分关键指标的可获得性，研究时间起点确定为 2008 年。数据分别来自 2009—2014 年福建省《统计年鉴》以及同花顺 iFinD 数据库。

表 1 新型城镇化系统评价指标体系

子系统	指标层	符号	单位	指标权重	指标属性
人口城镇化子系统 $F(X)$	城镇人口比重	X_1	%	0.1769	+
	万人公共交通汽车	X_2	台	0.1511	+
	人均社会消费品零售	X_3	万元	0.1526	+
	人均城市道路面积	X_4	平方米	0.0968	+
	每万人医生人数	X_5	人	0.0854	+
	居民人均储蓄存款余额	X_6	元	0.1541	+
	人均财政预算教育支出	X_7	元	0.1830	+
空间城镇化子系统 $G(Y)$	城镇建设用地面积占比	Y_1	%	0.3718	+
	地均固定资产投入	Y_2	亿元/平方公里	0.1461	+
	地均财政收入	Y_3	亿元/平方公里	0.1695	+
	建成区绿化覆盖率	Y_4	%	0.3126	+

续表

子系统	指标层	符号	单位	指标权重	指标属性
产业城镇化子系统 $H(Z)$	人均实际利用外资	Z_1	美元/人	0.3125	+
	人均规模以上工业企业利润	Z_2	元	0.1698	+
	工业固体废物综合利用率	Z_3	%	0.0898	+
	人均生产总值	Z_4	元	0.1722	+
	规模以上工业企业单位GDP电耗	Z_5	千瓦时/元	0.2557	−

（二）研究设计

先采用熵权法求证各指标的相应权重，再得出各指标的综合值；接下来，借鉴耦合度函数和耦合协调度函数测算福建省 9 个设区市的耦合度和耦合协调度，从而刻画人口—空间—产业城镇化的时空耦合特征。

1. 熵权法

通过指标权重乘以相应的归一化指标数据得到各指标综合值。求权重的具体过程如下：

（1）对指标数据进行归一化处理：令 $X''_{ij} = \left[\dfrac{x_{ij} - \min\limits_{1 \leq j \leq n} x_{ij}}{\max\limits_{1 \leq j \leq n} x_{ij} - \min\limits_{1 \leq j \leq n} x_{ij}} \right] \times 0.95 + 0.05$[①]（正向指标）。

$$X''_{ij} = \left[\frac{\max\limits_{1 \leq j \leq n} x_{ij} - x_{ij}}{\max\limits_{1 \leq j \leq n} x_{ij} - \min\limits_{1 \leq j \leq n} x_{ij}} \right] \times 0.95 + 0.05 \text{（负向指标）}$$

（2）计算第 i 个系统下的第 j 个指标所占比重（P_{ij}）：$P_{ij} = \dfrac{x''_{ij}}{\sum\limits_{j=1}^{n} x''_{ij}}$。

（3）计算第 j 个指标的熵值（e_j）：$e_j = -k \sum\limits_{i=1}^{m} p_{ij} \ln p_{ij}$，其中调节系数 $k = 1/\ln(m) > 0$

（4）计算第 j 个指标的差异系数。对第 j 个指标，其值的差异越大，对方案评价的作用就越大，熵值就越小。

---

① 加常数项是为了解决缺省值问题，原文献中用的是 0.1（乘数项系数 0.9），笔者认为应该使缺省值尽量小，于是将系数调整为 0.05（乘数项系数 0.95）。

定义差异系数为：$g_j = \dfrac{1-e_j}{n-E_e}$，$E_e = \sum\limits_{j=1}^{n} e_j$，当 $0 \leq g_j \leq 1$，$\sum\limits_{j=1}^{n} g_j = 1$

（5）求权重。

$w_j = \dfrac{g_j}{\sum\limits_{j=1}^{n} g_j} = g_j, \mathrm{j} = 1, 2, \dots, n$，$\sum\limits_{j=1}^{n} g_j = 1$，故差异系数就为所求权重，计

算得出各指标具体权重（表1所列权重仅适用于2013年各项指标，对比权重结果，城镇人口比重和城镇建设用地面积占比这两个指标在人口城镇化和空间城镇化系统中的权重很大，一定程度上印证了该方法的有效性）。

2. 耦合度函数

借鉴物理学中的容量耦合概念及容量耦合系数模型，得到人口城镇化系统 $F(X)$、空间城镇化系统 $G(Y)$ 和产业城镇化系统 $H(Z)$ 的三元耦合模型：

$$C_{ik} = \sqrt[1/3]{F(X)_{ik} * G(Y)_{ik} * H(Z)_{ik}} \Big/ \left(F(X)_{ik} + G(Y)_{ik} + H(Z)_{ik} \right) \tag{1}$$

式中，C_{ik} 为第 i 年第 k 个市（县）城镇化系统三元耦合度；$F(X)_{ik}$、$G(Y)_{ik}$ 和 $H(Z)_{ik}$ 分别为人口城镇化系统、空间城镇化系统和产业城镇化系统第 i 年第 k 个市（县）的综合评价指数。

显然耦合度 C 介于 0 到 1 之间。当 $C=1$ 时，耦合度极大，子系统之间或系统内部要素之间达到良性共振耦合，系统将走向新的有序结构；当 $C=0$ 时，耦合度极小，系统之间或系统内部要素之间处于无序状态，系统将向无序发展。将耦合度分为 4 个等级，用来表征新型城镇化三元耦合系统在时间序列上的 4 个耦合过程（表2）：

表2 新型城镇化三元子系统耦合程度分级标准

耦合阶段	低水平耦合	拮抗	磨合	高水平耦合
C	$0 \leq C \leq 0.3$	$0.3 < C \leq 0.5$	$0.5 < C \leq 0.8$	$0.8 < C \leq 1$

3. 耦合协调度函数

耦合度 C 是作为反映新型城镇化三元子系统耦合程度的重要指标，但在有些情况下却很难反映出系统的整体"功效"与"协同"效应，特别是在多

个区域对比研究的情况下，耦合度计算的上、下限一般取自同时期不同地区的某一指标最大最小值，单纯依靠耦合度判别有可能产生误导。为此，构造新型城镇化三元系统耦合协调度函数，用来评判新型城镇化三元子系统交互耦合的协调程度，其算法可表示为：

$$\begin{cases} T = \alpha F(X) + \beta G(Y) + \gamma H(Z) \\ D^* = \left(C * T \right)^{1/2} \end{cases} \quad (2)$$

式中，D^* 为耦合协调度；T 为新型城镇化三元子系统耦合协调指数，α、β、γ 为三元子系统对总系统整体协同贡献的权重。新型城镇化发展过程中，人口城镇化是核心，空间城镇化是必要条件，产业城镇化是依托，在此分别对它们赋值 0.33、0.27 和 0.4。

二、结果与分析

根据式（2）计算的系统间耦合协调度 D^* 以及人口城镇化、空间城镇化和产业城镇化之间的关系，识别出福建省人口城镇化、空间城镇化和产业城镇化三元子系统耦合协调发展评判标准与基本类型：失调发展类（Ⅰ）（$0 \leqslant D^* \leqslant 0.3$）；轻度失调类（Ⅱ）（$0.3 \leqslant D^* \leqslant 0.4$）；濒临失调类（Ⅲ）（$0.4 \leqslant D^* \leqslant 0.5$）；勉强协调类（Ⅳ）（$0.5 \leqslant D^* \leqslant 0.6$）；初级协调类（Ⅴ）（$0.6 \leqslant D^* \leqslant 0.7$）和良好协调类（Ⅵ）（$0.7 \leqslant D^* \leqslant 1$）。为简洁起见，表3

表3　人口城镇化、空间城镇化与产业城镇化耦合协调度分类示例

大类	耦合协调度 D^*	人口城镇化 $F(X)$、空间城镇化 $G(Y)$ 和产业城镇化 $H(Z)$ 的对比	耦合协调类型
Ⅰ：失调发展类	$0 \leqslant D^* \leqslant 0.3$	（A）$F(X) - G(Y) \geqslant 0$；$G(Y) - H(Z) \geqslant 0$	失调发展类产业城镇化滞后型 Ⅰ A
		（B）$F(X) - G(Y) \geqslant 0$；$G(Y) - H(Z) < 0$	失调发展类空间城镇化滞后型 Ⅰ B
		（C）$F(X) - G(Y) < 0$；$G(Y) - H(Z) \geqslant 0$	失调发展类空间城镇化超前型 Ⅰ C
		（D）$F(X) - G(Y) < 0$；$G(Y) - H(Z) < 0$	失调发展类人口城镇化滞后型 Ⅰ D

仅列出了第Ⅰ大类的分类标准，其他大类以此类推。在此基础上，分别测算出 2008—2013 年福建省 9 个设区市人口—空间—产业城镇化耦合协调类型（表 4）。

表 4 中，2008—2013 年，漳州市、南平市、龙岩市和宁德市一直处于空间城镇化超前状态，漳州市 2013 年由轻度失调类降为失调发展类，南平市则相反；龙岩市在失调发展类和轻度失调类中反复，宁德市则维持失调发展类。泉州市始终处于失调发展类，在空间城镇化超前型和人口城镇化滞后型之间波动；三明市和福州市趋于轻度失调类，主要表现为空间城镇化超前型；莆田市主要属于失调发展类空间城镇化超前型。厦门市比较独特，是勉强协调类空间城镇化滞后型的唯一代表，2013 年一度濒临失调发展类。

表 4　福建省人口—空间—产业城镇化耦合协调关系状况

	福州市	厦门市	莆田市	三明市	泉州市	漳州市	南平市	龙岩市	宁德市
2008	Ⅱ C	Ⅳ B	Ⅰ C	Ⅱ C	Ⅱ C	Ⅱ C	Ⅰ C	Ⅰ C	Ⅰ C
2009	Ⅱ C	Ⅳ B	Ⅰ C	Ⅰ C	Ⅱ D	Ⅱ C	Ⅰ C	Ⅱ C	Ⅰ C
2010	Ⅱ C	Ⅳ B	Ⅰ C	Ⅰ C	Ⅱ D	Ⅱ C	Ⅰ C	Ⅰ C	Ⅰ C
2011	Ⅱ C	Ⅳ B	Ⅰ D	Ⅱ C	Ⅱ C	Ⅱ C	Ⅰ C	Ⅰ C	Ⅰ C
2012	Ⅱ A	Ⅳ B	Ⅰ C	Ⅱ C	Ⅱ C	Ⅱ C	Ⅰ C	Ⅱ C	Ⅰ C
2013	Ⅱ C	Ⅲ B	Ⅰ C	Ⅱ D	Ⅱ D	Ⅱ C	Ⅱ C	Ⅰ C	Ⅰ C

在 Excel 中建立 2008—2013 年平均的福建省人口—空间—产业城镇化综合值和耦合协调度 D^* 的属性数据库，并通过 ArcGIS 软件实现空间数据与属性数据的关联，图 1 为 2008—2013 年福建省人口—空间—产业城镇化的耦合协调类型空间可视化图。整体上看来，只出现了三类两型：失调发展类空间城镇化超前型Ⅰ C、轻度失调类空间城镇化超前型Ⅱ C 和勉强协调类空间城镇化滞后型Ⅳ B。

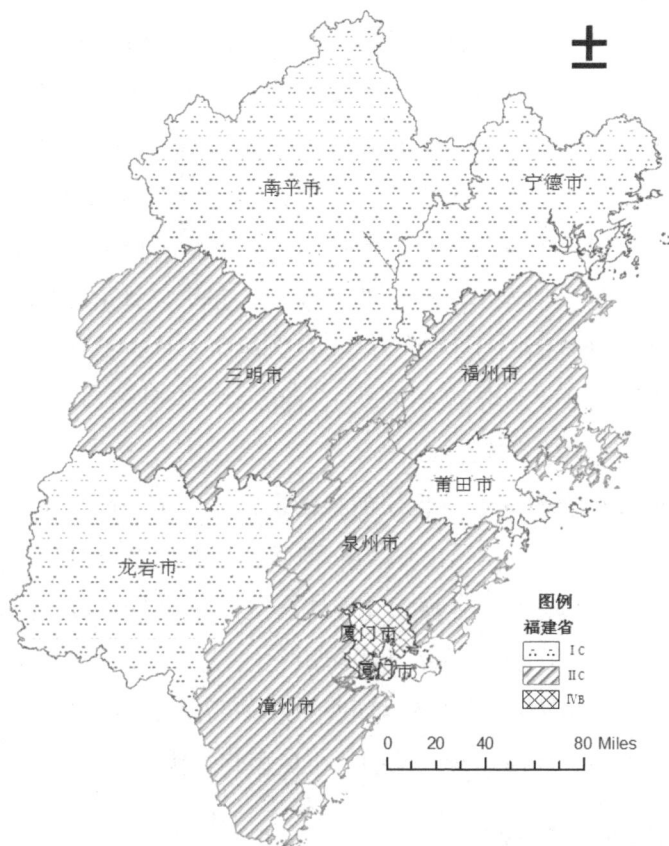

图 1　2008—2013 年福建省人口—空间—产业城镇化的耦合协调类型空间分布

从结果上看，福建省人口—空间—产业城镇化的耦合协调程度从类Ⅰ到类Ⅳ，跨越了 4 个类和 4 个型，且在这 6 年中各市都保持相对稳定。因此，将福建省 9 个设区市按照其耦合协调程度的相对大小分为 3 个等级进行分析。

（一）勉强协调发展类

厦门市属于这个类中的空间城镇化滞后型，它位于沿海地带，作为国内最早实行对外开放政策的四个经济特区之一，产业基础扎实，使得其耦合协调度相比其他市更高。一段时间以来，厦门市的户籍人口只有常住人口的一半，土地利用率已经达到 95% 以上，这在一定程度上制约了空间城镇化发展速度，从而为人口城镇化带来了负面影响。

（二）轻度失调发展类

处于轻度失调发展类空间城镇化超前型的是三明市、福州市、泉州市和漳州市，分布于厦门市邻近地域，受中心城市的辐射作用较好，产业城镇化基础扎实，人口城镇化和空间城镇化相对滞后，但是现实问题和矛盾的出现，倒逼这些市积极探索多样化新型城镇化道路。如晋江早在 2003 年就大胆提出外来流动人口市民化的构想，目前晋江市正在创新流动人口市民化办法，成为福建省首个推进流动人口居住证的县级市，空间城镇化发展迅速。泉州市城镇化因经济的飞跃而高速发展，以问题为导向，总结提炼出了"城市现代化、产城融合、大城关、特色新市镇、美丽乡村"五种新型城镇化发展模式。

（三）失调发展类

处于失调发展类空间城镇化超前型的也是 4 个市：南平市、宁德市、莆田市和龙岩市。这说明这 4 个市人口—空间—产业城镇化系统间的良性关系存在障碍，人口城镇化和产业城镇化发展缓慢，并且系统耦合度小于 0.3，属低水平耦合，主要原因是这些市新型城镇化建设仍处于起步阶段，城镇化速度正在缓慢加快；同时循环经济、环境友好等环保理念促使各市在发展地方经济的同时，也注重环境建设及保护，难免顾此失彼。

三、结论与政策建议

测算结果表明：福建省 9 个设区市的新型城镇化水平参差不齐，厦门市人口城镇化、产业城镇化水平较高，三明市和宁德市空间城镇化和产业城镇化水平相当，福州市的产业城镇化水平偏低，其他市产业城镇化水平相对较高；但是人口—空间—产业城镇化系统之间的相互作用较弱和协调性较低。为进一步提升福建省新型城镇化水平和质量，需要继续做好以下工作：

第一，通过产业升级和创新业态驱动产业城镇化。按照"福建制造2025"规划，通过设备更新技术升级产业转型来提升传统产业，培育新材料、高端装备制造、高端印刷、海洋生物、光电信息、节能环保产业，努力提升新兴产业占比，发展金融服务、文创研发、商贸物流、旅游 4 大现代服务业，如厦门的电子、机械、航运物流、旅游会展、金融与商务、软件与信息服务业六大支柱产业，泉州的纺织鞋服、机械汽配业，莆田的金银珠宝首饰和木材加工贸易等已经具备规模经济效应，应继续保持；宁德市、莆田市和龙岩市等产业落后地市要发挥资源要素禀赋比较优势，促进特色化、差异化发展，通过创新驱动形成新的产业优势为新型城镇化建设提供支撑和依托。

第二，通过政策与机制创新驱动人口城镇化。人的城镇化是新型城镇化的核心，人口城镇化能够拉动内需有效释放消费潜力并引致相关的投资需求。坚持以人为本，以外来人口市民化为重点推进新型城镇化，有序推进农业转移人口市民化。逐步消除城乡区域间户籍壁垒，促进人口有序流动、合理分布和社会融合。加快推进户籍制度改革，健全农业转移人口落户制度，推进符合条件的农业转移人口落户城镇。消除高校毕业生流动就业的制度性障碍，建立健全政府、企业、个人共同参与的农业转移人口市民化成本分担机制，完善财政转移支付同农业转移人口市民化挂钩机制。稳步推进城镇基本公共服务常住人口全覆盖，把进城落户农民完全纳入城镇住房和社会保障体系。通过政策与体制创新驱动"个人融入企业、子女融入学校、家庭融入社区、群体融入社会"。

第三，通过加快土地集约和科学布局驱动空间城镇化。在我国大部分地区，新型城镇化的推进，通常方法是鼓励农民或居民自愿以土地和房屋选择换安置房、商务办公楼、店面、商场、SOHO、现金和股权等"七个换"来盘活资产。但是在实际操作中一旦碰到征地强拆、补偿标准过低等问题，交易成本就变得非常大。毋庸置疑，新型城镇化的土地集约受制于农村土地交易市场发育滞后，因此，缩小征地范围，规范征地程序，完善对被征地农民合理、规范、多元保障机制，让农民通过承包地和宅基地流转，带着资本进城参与新型城镇化建设和分红，节约每一寸土地、科学合理利用土地，以最低成本达到土地集约化效益最大化目标。改变过去空间→产业→人口脉络顺序构建为产业发展→人口集聚→城市空间拓展的脉络顺序构建；将产业的发展集聚和人口的城市化优先于空间的城市化，提高福建省城镇综合承载能力，促进产城互动、人—城—业共谋，建设宜居宜业城市，打造农业转移人口就近城镇化典范，促进城乡融合互动，推动建立城市群一体化发展模式。

【参考文献】

[1] 杨仪青：《新型城镇化发展的国外经验和模式及中国的路径选择》，《农业现代化研究》，2013 年第 4 期。

[2] 黄亚平、陈瞻、谢来荣：《新型城镇化背景下异地城镇化的特征及趋势》，《城市发展研究》，2011 年第 8 期。

[3] 张静：《走新型的可持续发展的城市化道路》，《经济问题探索》，2004 年第 2 期。

[4] 熊柴、高宏：《人口城镇化与空间城镇化的不协调问题——基于财政分权的视角》，《财经科学》，2012 年第 11 期。

[5] 李秋颖、方创琳、王少剑、王洋：《山东省人口城镇化与空间城镇化协调发展及空间格局》，《地域研究与开发》，2015 年第 1 期。

[6] 蔡卫红：《福建省土地城镇化快于人口城镇化的现状及成因分析》，《福建论坛（人文社会科学版）》，2013 年第 7 期。

[7] 潘爱民、刘友金：《湘江流域人口城镇化与土地城镇化失调程度及特征研究》，《经济地理》，2014 年第 5 期。

[8] 沈亚男：《山东省人口城镇化与产业城镇化协调性测定研究》，《发展战略研究》，2015 年第 1 期。

[9] 刘法威、许恒周、王姝：《人口—土地—经济城镇化的时空耦合协调性分析——基于中国省际面板数据的实证研究》，《城市发展研究》，2014 年第 8 期。

[10] 陈文新、张玉霞：《金融发展水平与人口、产业及空间城镇化关系实证探讨》，《无锡商业职业技术学院学报》，2012 年第 6 期。

县域新型城镇化建设的金融政策研究

——以晋江为例 ①

[**摘　要**] 新型城镇化离不开金融服务的支持。本文分析了金融对晋江市新型城镇化建设的支持所取得的成果以及不足之处，提出了支持县城新型城镇化建设的金融政策建议。

[**关键词**] 晋江　新型城镇化　金融政策

一、新型城镇化建设与金融政策的关系

新型城镇化与传统城镇化大相径庭，不再是简单地积累"量"，而是更为注重提升"质"，要坚持走"以人为本、集约高效、绿色智能、四化同步"具有中国特色的发展道路。新型城镇化的主要特征体现在城乡一体化上，扭转了以前"重城轻乡""城乡分治"的做法，转变为城乡协调发展。具体表现为城市基础设施各方面建设精细化、城市功能完善生活智能化、流动人口素质提高市民化、公共服务均等化。相对于以前传统的城镇化，新型城镇化建设对财政金融政策有着更为严格的要求。

新型城镇化建设中只有财政政策的支持是远远不够的，更由于金融已成为现代经济的核心，这就决定了城镇化必然需要金融服务的支持。新型城镇化建设与金融政策的关系类似于城镇化与财政的关系，主要表现在以下两方面：

---

① 　本文系 2015 年度福建省社科规划项目立项课题（FJ2015B210）的阶段性成果，原载《福州党校学报》（2016 年 3 期）。作者：徐夕湘、吴扬、张明娟。

（一）金融发展对新型城镇化的推动作用

金融的作用越能得到发挥，金融就越能推动经济的发展。金融体系具有资源配置等功能，这些功能的发挥，能将储蓄有效地转化为投资，加快非农生产要素向城镇集中，促进产业结构的优化，同时大力提高非农收入，从而推进城镇化进程。在生产要素（土地、资金和劳动力）的聚集过程中，政府机构需要提供大量的信贷资金来进行征用、储存、拍卖和流动土地，而信贷资金也来源于金融机构。因此，城镇化离开金融的支持将会举步维艰。

（二）新型城镇化对金融发展的影响

城镇化的过程中就是产业结构和规模经济效益的优化过程。城镇化为金融改革及其发展创建了坚实的经济基础和稳定的制度保障，为金融业提供了巨大的利润空间。

二、晋江市新型城镇化发展背景

（一）晋江市经济发展现状

晋江市的陆地面积 649 平方公里、海域面积 957 平方公里，海岸线长 121 公里，辖 19 个镇、街道，391 个建制村（社区），户籍人口 109 万，外来人口 130 万，旅外华侨和港澳台同胞有 300 多万，加上 200 万常住人口，一般称海内外 500 万晋江人。晋江市有几个特别突出的特点：（1）区位独特，处在金门对面，是福建距离台湾最近的地方；（2）历史文化名城，晋江市历史悠久，文化底蕴深厚、文物古迹众多；（3）人文特质鲜明，晋江人身上多有"敢为天下先，爱拼才会赢"的闯劲；（4）民营企业发展良好，晋江市经济实力在全国百强县中排名第五，连续 21 年保持福建省县级市第一名；（5）新型城镇化很有特色，晋江市改变以往工业化带动城市化的方法，大力推进城市更新改造，完善城市功能，提高人民生活水平。

（二）晋江市政治现状

晋江市新型城镇化建设特别注重城市更新的高效化。在领导体制上，建立三级城建管理体系，构建一把手抓城建、四套班子抓城建、成建制抓城建、统筹统一抓城建的工作格局。在运作上，坚持"八个同步"，即项目策划、规划设计、手续报批、征地拆迁、招商选资、安置建设、公共配套、文化保护这八项同步推进，交叉运作，提升效率。在投资和融资机制上，发挥了财政的"一把米"效应和"四两拨千斤"的作用，实现政策性融资、发城投债、土地出让收入和社会投资"四轮驱动"，初步建立多元化投融资体系。在社会管理上，晋江市在福建最早实行市镇村三级网格化管理，构建街道、社区、业主、物业"四位一体"社区治理体系。

（三）晋江市文化现状

晋江市城市文化突出保留特色。第一，对固态古建筑文化给予保护，不得随意拆建商业圈。全市保留修缮了10个古建筑群，6500多栋古建筑和一批古迹，注重在城市建设中注入闽南文化等元素。例如，在晋江市城市核心地区保留了五店市传统街区，集中保护800多栋古建筑；2016年上半年组织申报国家级传统村落5个、省级传统村落4个和省级历史文化名村5个，同时，继续推进"五店市传统街区"建设项目。第二，注重活态文化的传承。对活态文化如南音、木偶戏、高甲戏、国家级非遗项目"闽台灯俗"传统习俗及其他集中展示闽南文化的民俗遗风等非物质文化遗产加大传承力度，主要从传承人培育、活态表演、场地保障等入手，对非物质文化遗产进行保护和传承，布局30个闽南文化生态保护区展示点，选择30所中小学将非遗项目列入校本课程，实施非遗文化进校园，推动非物质文化遗产的"活态"传承。第三，提升业态文化产业。努力将非物质文化遗产转化为文化产品、文化产业，寓保护传承于产业化之中，推动地域文化品牌化。

（四）晋江市生态现状

晋江市的生态战略指向是：百姓富、生态美。既要经济强，也要环境好——这是其发展目标。党的十八大后，晋江市贯彻党的方针政策，统筹推进"五位一体"总体布局，在市十二届党代会上提出打造更加美丽的"生态绿城"，同步推进生态文明建设与"五城同创"战略。

发展生态农业。晋江市坚持以生态学原则来引导农业生产，发展多样化的生态农业。自2009年开始进行农业部测土配方施肥项目以来，每亩节本增效30元以上，涌现出许多"节肥"生态农业典型。

发展生态工业。晋江市通过设立更高门槛、更严的标准，淘汰落后产能，培养优秀产业链推动企业规模和质量双提升；通过发展清洁能源和循环经济等方式来推进生态工业的发展。

三、晋江市金融发展现状分析

随着经济日渐繁荣，金融业已逐步成为国民经济不可缺少的组成部分，是调节与配置资金的重要桥梁和纽带，而金融业对晋江市新型城镇化的促进作用也日趋增强。

从晋江市总量上来看，地区生产总值逐年增加，金融机构的存贷款也一直处于稳步上升中，金融相关率在 1.4 附近浮动，金融机构贡献率在 0.6 处上下浮动。金融相关率由美国经济学家雷蒙德·W.戈德史密斯提出，本义是指某一时期一国全部金融资产价值与该国经济活动总量的比值，在本文中用存贷款总额比经济总量；金融机构贡献的概念目前尚未统一，本文赋予它的含义是：金融机构贷款余额占经济总量的比值。

由表 1 可以得出，晋江市的金融存贷比都不超过 75%，很好地保证了其流动性。金融相关率表示经济货币化的程度，通常情况下不宜超过 1，晋江市的金融相关率一直处于稳定的状态，基本维持在 1.4 左右，说明晋江市的经济货币化程度较高。金融机构贡献率通常用来衡量金融机构对地区经济发展的贡献，一般来说，贡献率越高则表明金融机构对该地区的经济发展作用越大。由表 1 可以看出，晋江市的金融机构对经济的作用在逐年加大。

表 1　2009—2013 年晋江市金融机构各项金融指标

	GDP（亿元）	存款余额（亿元）	贷款余额（亿元）	存贷比	金融相关率	金融机构贡献率
2009	775.86	694.68	420.70	0.61	1.44	0.54
2010	908.74	797.30	551.85	0.69	1.48	0.61
2011	1095.68	887.32	629.05	0.71	1.38	0.57
2012	1223.69	1029.5	758.21	0.74	1.46	0.62
2013	1363.94	1195.51	860.09	0.72	1.51	0.63

数据来源：根据晋江市统计局 2009—2013 年发布的晋江市国民经济和社会发展统计公报整理。

新型城镇化建设过程中，晋江市如同中国其他地区一样，金融服务与城镇化进程无法步伐一致，存在着一些共性的问题。一是资金供给总量不足，存贷比严重落后于其他地区；二是城镇金融基础设施不完善，偏中等滞后水平；三是高端金融人才的匮乏；四是支持城镇化的金融服务形式过于单一，不足以满足新型城镇化的多种需求；五是城镇化过程中土地权证问题难以解决。

笔者认为，金融服务支持新型城镇化建设，可以从以下几方面入手：

一是在金融机构方面，加强金融基础设施建设。一方面，搭建资源聚集平台，政府独立出资 7 亿元，建设占地面积 40.7 亩、总建筑面积 14 万多平方米的城市金融广场项目，截止到 1 月份已经有 70 多家金融机构意向入驻，打造金融聚集区。另一方面，扩大城镇各类金融服务网络。持续推进机构网点向小型化、基层化、专业化发展；进一步深化产融结合，引导民间资本发起或参与各类准金融机构。同时，建设区域股权交易市场，引进证券、保险等金融机构，不断完善天津股权交易所泉州运营中心服务功能，构建股权融资和银行信贷相结合的新型服务平台。

二是在金融市场方面，拓宽城镇化建设投资渠道和用金融市场解决土地流转问题。由表 1 可以看出，晋江市的存贷比只是接近 75%，晋江市资金不能满足新型城镇化发展需求。因此，金融资本支持城镇化必须通过私募中票、直接债务融资等方式，支持新型城镇化建设。一方面，通过发行保障房私募中票，如晋江市 2013 年发行了 16 亿元城投债，2014 年前后接触数家信托公司，作为补充性融资，进一步盘活财政资金，拓宽保障性安居工程建设资金来源的渠道，为安居工程建设提供资金保障。另一方面，通过直接债务融资、私募结构化融资以及引入保险资金创新政府融资方式支持新型城镇化建设。另外，对土地流转给予金融支持。城乡统一的建设用地市场逐步建立以市场需求为主导的形式，通过金融资本运作使国有土地资本与集体土地资本均衡发展，特别是集体土地资本成为城镇化发展的新动力，实现手段可以是信托、股权、基金和其他形式。

三是在金融产品方面，强化金融服务民生力度。一方面，发展服务民生金融产品，推动银行业金融机构开发类似"农房乐""医疗贷"等贴近居民、服务民生特别是推动城镇化涉农的金融产品。另一方面，支持文创园和新兴产业，辖区内商业银行开发互联网金融产品，支持晋江文化产业创意园建设，支持晋江市电子商务的发展，推动信用保险融资和贸易信用保险等业务。

四是在金融人才方面，加快金融人才工程建设。一方面，引进人才。组织人才招聘会引进金融、资本市场各类人才，强化金融人才引进的鼓励扶持政策，争取多种方式引进各类人才。另一方面，培育人才。筹划举办金融创新与地方经济发展高级研修班，为民营企业开展资本运营提供人力支持。

五是在金融信息化方面，加强信用体系建设。构建一个资源共享、约束有效的信用系统，可由政府牵头建立信用登记咨询机构，及时从各行各业广泛搜集信息，建立信用档案和有效的失信惩戒机制，有效规范金融市场行为，构建诚实守信的金融环境。依托现代高新技术，运用授权查询方式，向金融机构及社会广泛评估，全面、准确、公正地评定各经济实体的信用等级。同时，完善金融的法律监管机制，严厉打击非法集资等金融违法活动以及抽逃金融债务的行为，为金融服务支撑新型城镇化建设打造一个良好的环境。

四、支持新型城镇化建设的金融政策建议

（一）强化金融服务功能

政府积极出台引导政策，令各银行在城镇化建设进程中找准定位、明晰方向，提供相对应的金融服务功能。农村金融机构要充分发挥分布广、贴近城镇的优势，围绕农业产业化发展以及农产品结构调整，研究和发展以农村土地、林权、粮食仓储、农业机械等为担保的全新信贷产品；股份制银行和城市商业银行应采用灵活的机制，加强产品创新、丰富产品种类，大力扶持农民工就业、改善民生。

（二）拓展城镇基础设施，建设多元化融资渠道

城镇基础设施建设需要大量资金，单靠财政难以为继，需要多元化的融资渠道。为避免过度依赖财政拨款和商业银行贷款，城市建设可以采取 BOT 即建设—运营—移交模式、TOT 即转让—经营—转让模式以及最新的 PPP 模式。

（三）构建城镇化金融体系

一是通过直接债务融资、私募结构化融资以及引入保险资金等渠道创新政府融资方式，重点探索与保险资金合作设立城建基金，发行保障房私募中

票，支持新型城镇化建设。二是引导银行金融机构积极向上争取金融资源向晋江市倾斜，在机构升级、网点增加、信贷投入等方面有更多突破，争取更大金融产品创新与服务权限，并积极探索灵活多样的融资方式和多元化融资渠道，满足新型城镇化对金融服务的多元化需求。三是发展农地金融，推进农村土地承包经营权和农村宅基地使用权的确权登记、抵押贷款试点工作。四是引导金融机构细分外来人口消费金融市场，创新金融产品服务住房、耐用品、教育文化等消费型贷款需求。

（四）加大对中小企业的融资支持力度

晋江市除了是全国上市公司最多的县级市外，还是个中小企业非常多的城市，未来扶持这些中小企业，有必要建立新的适应中小企业发展的服务机制，大大提高金融服务实体经济的水平。首先，创建适应中小企业发展的信贷管理机制。其次，要培育地方中小金融机构。最后，要完善资本市场，拓宽中小企业直接融资的渠道。

（五）合理引导民间金融发展

晋江市上市公司多，中小企业多，其民间资本是非常充足的，但这些民间资本未能有效地合理投资。为促进经济发展和民间金融发展，可以尝试发展多元化的农村金融组织机构，进行市场化改革，有效扩展金融服务的种类、数目及范围，引导充裕资金流向需要资金的中小企业，满足融资需求。首先，应该规范民间金融机构市场准入规则，容许民间借贷在一定时间一定范围内存在。其次，要积极推动各种信贷机构的合作。鼓励和支持小额信贷领域金融机构的合作，通过合作小型信贷机构可以从大中型金融机构获得资金、技术、管理等各方面的支持，从而提高其放贷能力，将小额信贷机构的本土优势与大众性资本优势结合起来，提高资金就地转化的水平。最后，应探索农村本土内金融力量。在融资过程中，既有金融机构和民间金融组织，还有兼具金融和非金融服务的多功能组织。后者也能够为城镇化提供融资平台，因此在构建城镇化信贷服务体系中，需要统筹考虑。

（六）加强金融市场信用监管

在两信平台建设方面，晋江市积极对接泉州市人民政府关于开展小微企业信用信息建档评级工作的会议精神，不断加快中小微企业信用信息交换与共享平台建设，晋江市共同参与建设的"中国泉州中小微企业信息共享与交换平台"已搭建完毕并成功上线，并不断升级完善数据库。但因 2014 年下半年暴发的企业倒闭潮及部分企业出现恶意逃废债逆向选择行为，冲击并破坏了近十年来不断完善的社会信用体系，给市场造成恶劣的影响，更有部分企业纷纷效应，形成了拒不还本付息刻意转移资产最终银行埋单的状况。针对这种情况，政府要加大打击力度，以儆效尤，还经济社会一个公平公正的市场。

（七）鼓励"天使投资"支持商业模式创新平台建设

早在 2013 年晋江市就出台了《关于加快培育投融资产业的若干意见》，规定给予兑现相关奖励政策，培育商业模式创新标杆，对被认定为晋江市商业模式创新典型企业的，给予相应的鼓励和奖励。但由于实际操作过程中，这方面的企业受到关注不够，认证不够，资质不够，实施起来尚有难度。因此，建议引入"天使投资"，设立创业基金，发行委托债权投资业务，真正促进晋江市城镇化水平的进程，提高城镇化的包容性。

【参考文献】

[1] 骆江玲：《城镇化研究综述》，《现代化的特征与前途——第九期中国现代化研究论坛论文集》，2011 年。

[2] 方竹兰：《论政府如何引导市场主体自治——对转轨阶段政府职能转变的现实路径的思考》，《经济理论与经济管理》，2009 年第 11 期。

[3] 张进洁、沈体雁、郭秀丽、侯敏：《中国城市化动力机制研究及其政策影响分析》，《规划创新：2010 中国城市规划年会论文集》，2010 年。

[4] 邱俊杰、邱兆祥：《新型城镇化建设中的金融困境及其突破》，《理论探索》，2013 年第 4 期。

[5] 顾方凯：《浅论金融机构支持新型城镇化的障碍及破解之道——以北京市大兴区为例》，《北京金融评论》，2013 年第 3 辑。

[6] 刘珺：《新型城镇化的金融创新》，《中国金融》，2013 年第 18 期。

[7] 王华：《当好新型城镇化的金融主力军》，《中国农村金融》，2014 年第 7 期。

[8] 王桂梅：《提高县域新型城镇化的金融供给水平研究》，《上海金融学院学报》，2014 年第 5 期。

[9] 王振坡、游斌、王丽艳:《论新型城镇化进程中的金融支持与创新》,《中央财经大学学报》,2014 年第 12 期。

[10] 顾宁、关山晓:《新型城镇化进程中的金融创新与金融风险》,《求是学刊》,2015 年第 1 期。

[11] 刘洋:《新型城镇化进程中的金融支持新思路研究》,《北方经济》,2012 年第 24 期。

[12] 杨旭:《新型城镇化中的金融支持政策研究》,《金融经济（下半月）》,2014 年第 12 期。

[13] 陶艳艳、段虹:《新型城镇化的金融支持体系:成绩与问题》,《银行家》,2013 年第 3 期。

县域新型城镇化建设的财政支持研究

——以福建晋江市为例 [①]

[摘　要]2014 年晋江市被列为全国新型城镇化试点之一。改革开放以后，晋江经济异军突起，倒逼出新型城镇化，晋江把新型城镇化作为新常态下的新动力、"晋江经验"的新内涵，树立为民建城的理念，全面持续拓展提升，使晋江新型城镇化的内涵持续拓展、动力引擎作用持续显现，取得了明显成效。为加强财政对新型城镇化的支持和保障，本文通过分析新型城镇化建设与财政政策的关系，总结晋江通过财政政策促进城镇化发展的做法、晋江财政在支持新型城镇化中的措施，最后提出晋江财政政策促进新型城镇化发展的几点建议。

[关键词] 城镇化　财政政策　研究

晋江市地处福建东南沿海，民营经济发达，综合实力连续 17 年位居福建首位，县域基本竞争力连续五年位居全国百强县前十。产业集聚带动人口集聚，吸引了大量外来务工人员，形成了大量的"城中村"。近些年，晋江市委、市政府通过"政府主导、农民主体、政策推动、机制创新"的工作思路，把以人为本的理念贯穿于城镇化的全过程，注重科学性、整体性、前瞻性、特色性。在以城市发展为中心的经济社会协调发展过程中，对涉及人口的迁移转换、产业结构的优化升级以及空间地理结构进行重塑，从人口、产业和空间城镇化不断加大财政支撑力度，逐步摸索出城乡一体发展的独特模

①　本文系 2015 年度福建省社科规划项目课题"基于 VAR 模型的福建省新型城镇化的财政金融支持研究"（项目编号：FJ2015B210)，原载《重庆行政：公共论坛》（2017 年第 6 期）。作者：徐夕湘、张明娟、吴扬。

式，探索出一条晋江市新型城镇化建设的"晋江模式"，实现城中村、城郊村的就地新型城镇化。2013 年初，晋江市被福建省列为新型城镇化试点之一。2014 年晋江市被列为全国新型城镇化试点之一。相对于以前传统的城镇化，晋江市新型城镇化建设和全国一样受到多种因素的影响，其中很重要的一个因素就是财政乏力，而国家对财政资金投资基础设施建设有着更为严格的要求。当前，晋江市正处在进一步新型城镇化建设探索时期，相关基本建设领域、民生建设等方面都需要政府财政投入。在这样的背景下，研究财政政策与新型城市化建设之间的关系，借鉴晋江市财政支持新型城镇化建设的一些做法，可为全国县域新型城镇化建设起参考作用，对于促进晋江市新型城镇化进程的健康发展具有重要的意义。

一、新型城镇化建设与财政政策的关系

（一）财政对新型城镇化建设具有促进作用

一是政府是新型城镇化建设的主导力量。新型城镇化建设需要政府投入大量的资金来建设。一方面，城市基础设施是公共物品，市场往往不能提供，只有通过政府雄厚的财政支撑，才能完善城市系统。另一方面，根据公共财政理论，市场存在着失灵，政府必须加以干预。在新型城镇化建设中，时常出现信息不充分和不对称、市场垄断、外部性、收入分配不公、经济波动等市场失灵问题，这些问题的解决都离不开政府。财政可以通过征税和收费等手段，筹集资金，再通过财政支出来支持新型城镇化建设。

二是发挥财政经济稳定及发展的职能。财政可以调节城镇化进程的速度，推动城镇化绿色发展。一方面，财政具有资源配置职能，通过转移支付、税收优惠政策等手段，可以有效缓解城乡发展不均衡、居民收入差距拉大、资源浪费、缓解污染等问题。另一方面，财政具有收入分配职能，通过个人所得税、财政转移支付、完善社会保障和基本医疗等方式，可以有效地缩小居民收入差距。最后，财政还可以运用财税政策，促进产业结构升级，引导城镇化建设向资源节约、环境保护方向发展。

（二）城镇化的发展水平影响着财政收支状况

城镇化的发展是人口和产业集聚的过程，而财政收支的客体主要是针对

人口和企业，故而，城镇化的发展影响着财政收支状况。

一是城镇化发展的水平对财政收入的影响。世界各国的经济发展史表明，城镇化的程度与其财政收入的增长速度呈现正相关关系。一个城市的生产力水平决定了城市的经济水平，从而决定着城市的财政收入水平。

二是城镇化的发展水平影响着财政支出。城市财政支出能力与城市的生产力水平息息相关，城市生产力的提高是城市财政支出能力的前提和保证。从支出总量上看，城市财政支出与城镇化发展具有同方向变动的特点。随着城市化水平的提高和城市规模的扩大，财政支出总量也越来越多。

总之，新型城镇化建设与财政发展不可分割，二者相辅相成。

二、晋江财政支持新型城镇化建设的主要做法

改革开放以来，晋江市经济一直保持高速增长的发展态势，年均增长率达 25.16%。晋江市经济实力在全国百强县中排名第五，持续 21 年保持福建省县级市第一名。

2009 年至 2012 年，晋江市每年的财政收入较上年都有明显增加，在全省财政收入所占比重也稳定在 8%—9% 左右。受国内宏观经济影响，从 2013 年至 2015 年，晋江市财政收入仍有所增加，但增加的幅度有所下降（表 1）。

表 1 2011—2015 年晋江市财政收入

项目	2009	2010	2011	2012	2013	2014	2015
晋江市公共财政收入 / 亿元	81.53	100.23	136.06	161.02	182.79	198.02	200.29
福建省地方公共财政收入 / 亿元	932.43	1151.49	1501.51	1776.17	2119.45	3828.02	4143.71
占比 /%	8.74	8.70	9.06	9.07	8.62	5.17	4.83

数据来源：根据中国统计年鉴和晋江市统计年鉴整理。

近年来，晋江市财政从人口、产业和空间三方面对新型城镇化建设给予大力支持。

（一）对晋江市人口城镇化的财政支持

新型城镇化的核心，是人的城镇化。在推进新型城镇化的过程中，晋江市坚持围绕"以人为本"，突出融入融合，着力推动外来人口市民化，始终坚持"同城同待遇、保障全覆盖"的理念，陆续补充完善居住证制度来深化户籍制度改革，丰富市民化待遇的含义，逐渐提升外来人口的基本公共服务平均水平，让外来人口"进得来、留得住、融得入"。同时，探索外来人员与留守家属分别参加新农合参保机制。在允许持居住证人员参加新农合的基础上，制定出新农合支付方式改革实施方案，探索新晋江人异地结报。2015 年 6 月，晋江市与重庆市垫江县、丰都县和漳州市漳浦县签订异地结报服务协议，率先在全省实现新晋江人跨省异地结报，在晋江市、漳浦县两地实现省内跨地市异地双向即时结报。

"进得来"是让外来人口"进得来"，就是解决外来人口的户籍落户、户籍福利问题。晋江市最先执行居住证制度，赋予持证人员 30 项市民化待遇。对外来人口实行无门槛落户，户籍全面放开，不设门槛，无房也可以落户。晋江市外来职工参加社会保险比例如表 2 所示：

表 2　2015 年晋江市外来职工参加社会保险所占比例

项目	养老	医疗	失业	生育	工伤
外来职工所占比例	71.59%	62%	71.59%	65.01%	71.59%

数据来源：根据晋江市统计年鉴整理。

"留得住"是指解决外来人口的就业、住房、社保和公共服务等问题，把人留住。晋江市从各方面来保障外来人口的利益：就业保障方面，帮助外来工"找工作"，注重合法工作权益维护，不让一名务工人员因恶意欠薪领不到工资；权益保障方面，在全市建立 337 个劳动争议调解室，让每一名务工人员都能维护自己的权益；住房保障方面，从廉租房、公租房、经济适用房、企业员工宿舍、安置房和人才房 6 个方面构筑多元化住房保障；服务保障方面，不但让外来工与市民们一起平等享受基本公共服务，而且赋予外来工同等的社保待遇，享受证照办理、生殖保健、预防接种、法律援助、急难救助、计划生育、公共卫生等公共服务。

"融得入"是从文化、教育和培训等入手，使外来人口融入企业和学校，融进社区和政治，加强对新晋江人身份的认同感，把心留住，成为新晋江人。融入学校，努力争取不让一个孩子失去其该有的接受义务教育的权利。晋江市的全部公办学校向所有外来务工人员的子女零门槛开放。晋江市的外来务工人员子女在本地上学的学生达20.33万，已经超过了本地的学生，占在校生的58.7%，这在全国范围内都是罕见的现象。在融入社区方面，晋江市最早在全省建立对流动人口进行服务管理的专门机构，在镇、村建立对其提供服务的管理所（站），在大企业里创建流动人口综合服务中心；在融入政治方面，晋江市欢迎外来人才参与政治生活，共同参加"两代表一委员"的选举；在融入企业方面，增加对企业文化平台的培育，通过校企合作强化对员工的就业培训，构建和谐、统一、互动的企业文化。

（二）对晋江市产业城镇化的财政支持

晋江市在产业方面，积极扶持自主品牌的企业上市。2007年之前，晋江市只有恒安、凤竹、七匹狼、蜡笔小新和浔兴股份5家上市公司，到2015年，上市公司增加到46家，进步是非常明显的。即使遭遇2008年次贷危机后，晋江市有部分企业倒闭，但总体上看公司上市数量也是很可观的。2010年以后，晋江市产业逐渐转型，由传统劳动力密集型产业向高端的、具有强大生命力、可持续的产业转型，晋江市拥有境内外上市公司数量大量增加，被评为上市公司数量最多的县级市。

在产城互动方面更紧密化。始终坚持"产城一体、融合发展"，以产兴城、以城促产、二者相结合的模式，促进城市建设和产业发展良性互动、协调。主要从以下几方面入手：一是增加存量。在城市改造的大背景下，鼓励优质企业退出城市中心搬进工业园区，促进中等企业转型转产，引导低效污染企业尽早淘汰，完成产业集约、转型升级，全力推动"晋江制造"向"晋江创造"转变。二是优化增量。在旧城改造成新城的过程中，注重集中构建一批转型升级和创新突破平台，打造几个专业市场，引进国家级科研机构和检测中心，培育文化创意园区，打造金融聚集区，发展一些高端商业综合体，培育新型业态，优化经济结构。三是产城一体化。在经济开发区开拓专业特色产业园区和龙湖镇，探索城乡一体化发展路径，促进服务业、农业、工业良性互动、转型升级。

（三）对晋江市空间城镇化的财政支持

晋江市的空间结构是沿围头湾形成滨海发展湾，安海、东石镇依托五马江、围头湾进口优势发展南部组团，内坑镇依托高铁线路交通优势发展北部组团，三镇分别形成城镇发展中心，构成"一湾、两组团、三中心"的空间结构。一湾，是指围头湾；两组团是指内坑物流发展组团、安海东石综合发展组团；三中心是指内坑城镇中心、安海城镇中心、东石城镇中心。

晋江市在城市旧貌换新貌更新改造中，陆续优化城乡的布局、完善配套的功能、改善居民的生活环境，建造现代化的滨海生态城市。晋江市城市现代化建设，一是注重规划先行，全市在努力规划"全市一城、一主两辅"的发展格局，全过程充满以人为本、敬畏自然、弘扬优秀文化、绿色低碳的理念；二是对城市进行成片改造，累计完成 16 个片区的改造，财政总共投入1000 多亿元，经过拆迁改造，每年盘活 1 万亩低效用地；三是重视城市功能完善，在城市改造中，更加重视人们的感受和需求，将超过 2/3 的空间用于建设公园绿地、公共基础设施，支持安置房建设，而商业开发用地仅占 1/3；四是注重生态优先，成立市生态办，推进 14 条河流综合治理。经过对城市的新建和扩建，公园面积增加 6300 多亩，水面增加 3100 亩，造林增加 3.8 万亩，城市绿色覆盖率达 42.65%。

三、晋江市财政支持新型城镇化建设的具体措施

尽管近年来晋江市新型城镇化建设取得成效显著，但是仍然存在一些问题，比如财政政策在为就地城镇化提供公共服务能力、融资筹资带动第三产业发展、财政引领农村新型城镇化改造等方面还有待加强。今后晋江市要大力推进国家级、省级新型城镇化试点工作，争取将新型城镇化建设形成可复制、可推广、可借鉴、可持续化的晋江模式，供全国其他农村地区发展借鉴。

（一）财政收入稳步提升

财政收入是财政支出的前提，所以，财政政策第一步必须先抓财政收入。晋江市的财政收入主要来自地方所属企业收入和各项税收收入。晋江市的民

营企业发达，要着重培养企业家的社会责任意识和纳税意识。

（二）改革规划全面统筹

紧扣"农业转移人口市民化"主题，改革规划两手抓：一是构建多元化城镇投融资机制，启动编制城乡更新改造六年行动计划，并配套出台基础设施建设融资计划，从盘活土地房产资源、争取地方债、城投债和政策性融资、推广运用政府和社会资本合作（PPP）等方面入手，建立多元化、可持续的投融资体制。二是推进宅基地改革，启动编制宅基地控制规划，开展集体经济组织、宅基地、农民住房现状调查。三是推进新型设市模式改革，出台机构设置、事权改革、审批权下放、社会组织培育等配套方案，稳步推进试点镇改革发展。四是继续大力推进公共租赁住房等保障性住房建设，优化保障性住房布局。五是发挥城市规划委员会和专家咨询组的作用，加强规划统筹，加快推进一系列规划编制工作，争取主城区和金井、东石两个试点小城镇建设用地控规覆盖率超过90%，其他镇域在60%以上。

（三）财政支出提质增效

一是提高财政支出效益。财政定期拨款保证外来人口居住证制作，因损坏或丢失需要换领或补领居住证的，由外来人口自行缴纳工本费，节约财政在居住证上的支出。二是加强财政支出监督。严格保证外来人口政策落实，确保财政在人口红利、社会保障、公共服务等方面的支出，确保人口红利常态化，保障他们的基本生活水平，消除外来人口心理顾虑，提高农村人口在城镇生存和发展的能力，加速农民市民化，解决城镇内部的二元结构。三是严格财政支出预算。对于建设中的一些大项目，财政要严格把关审核，做好财政预算再支出。例如，晋江市下一阶段，金井镇涵盖片区改造、重大开发项目、安置房建设、公共服务配套、市政基础设施、生态治理等方面的建设项目初步统计有7大类172个项目，总投资2366亿元，年度投资358亿元。

（四）后期管理有序跟进

强化精细化管理意识，把自然生态、人性化、可持续、节约集约、品质至上等理念融入新型城镇化全过程，完善统筹协调、责任分工、考评奖惩、资金保障等机制，在规划编制执行、工程施工、园林绿化、市政建设、环卫保洁、交通组织、市容市貌、物业管理等8个领域，强化精细化管理措施，促进城市品质整体提升。

四、晋江市财政政策支持新型城镇化的几点建议

（一）居住证制度和市民积分优待管理要落实到位

2014 年年底，晋江市人民政府办公室印发《晋江市外来人口市民化政策汇编》册子，在该册子中有完善的居住证制度及其他对于外来人口的优惠政策，居住证的制作需要由财政定期拨款。为节约财政在居住证上的支出，需要将其落实到位，强调因损坏或丢失需要换领或补领居住证的，应交纳一定金额的工本费。这些制度可以提高财政支出的效益。制度虽有，但是如果不能落实到位，所有之前为整编这些政策制度所做的事都会前功尽弃。所以，还应该进一步加大对流动人口市民化政策宣传，积极推进市民化积分优待管理工作，及时兑现积分优待资源，引导一批融入深、贡献大、素质好、遵纪守法的流动人口落户晋江市。同时，将推进流动人口市民化工作纳入年度绩效评估范畴，做好督促落实。

（二）完善社会保障制度

社会能否稳定很大程度上取决于社会保障制度的完善程度，只有社会保障制度完善了，给失业人口或生活困难居民一颗定心丸，保障他们的基本生活水平，社会才能稳定。同时，完善的社会保障制度也体现了政府对人民的关怀，更有利于社会安定、经济发展。农民市民化过程中，在衣、食、住、行各方面都需要社会公共服务的支持。要加强监督财政社会保障方面的支出，完善社会保障制度，从而提高农村人口在城镇生存和发展的能力，加速农民市民化，解决城镇内部的二元结构。

（三）构建完善规划体系

一是全力推进规划体制改革，逐步形成"五机构六环节"的规划管理构架，发挥规委会科学、民主决策的作用。二是全力推进"多规合一"工作，加快推进"四个一"工作，力争完成总规层面的"四标合一"，实现"一张蓝图干到底"。三是依托"多规合一"平台，推动行政审批从"严进、松管、轻罚"向"宽进、严管、重罚"转变；深化梳理权力清单，再造审批流程，减少自由裁量空间；向基层镇街延伸拓展规划管理服务，稳妥有序下放农村住

宅建设等规划审批和管理权限。四是持续推出一系列方便企业补办"两证"服务新举措，开展送政策上门、送服务下乡活动，逐步引导企业走向"先规划后建设、先办证后施工"的正轨。

（四）提高住房保障水平

继续大力推进公共租赁住房等保障性住房建设，优化保障性住房布局。针对外来务工人员较多的工业区、陈埭镇等地多设点布局，鼓励镇、村、企多方参与保障性住房投资建设，提高住房保障的供给能力。进一步扩大住房保障覆盖面，逐步降低外来务工人员的住房保障准入门槛，让更多的外来务工人员享受晋江市的发展成果。继续支持企业建设员工公寓和员工宿舍，在规划、入地、基建审批手续上给予大力支持，将符合条件的项目纳入公租房的建设计划，落实税费减免政策，争取上级的专项资金补助。

（五）加快社区社会组织培育发展

积极培育服务性、公益性、互助性社区社会组织，推行社区社会组织登记备案制度，将社区社会组织纳入规范管理，整合社区资源，推进社区社会组织参与社区公共服务，建立"以社区为平台、政府扶持监督、社会组织承接、项目化管理运作、专业社工引领、志愿者参与"的社区服务新方式。推进社会组织发展孵育中心建设，启动福彩公益金支持社会组织项目。

（六）引导成立关爱晋江人慈善基金

设立"关爱晋江人慈善基金"，建立专门管理机构，出台基金募集使用管理办法，广泛吸纳市内外、新老晋江人的善款捐赠，专项用于救助外来农业转移人口中的弱势群体。完成所有村（社区）的招投标工作以及 60% 以上的村（社区）监控建设任务，开展社会治理视频监控系统二期项目工作，继续开展学校及重要场所"一键式报警"系统建设工作，推进平台视频资源共享。

【参考文献】

[1]魏志甫：《支持新型城镇化发展的财政政策研究》，《中国财政》，2012 年第 16 期。

[2]黄璟莉：《推进新型城镇化的财政政策研究》，《财政研究》，2013 年第 7 期。

[3]王涛：《新型城镇化导向下的金融支持体系研究》，山东财经大学硕士学位论

文，2014 年。

[4] 吕园：《区域城镇化空间格局、过程及其响应——以陕西省为例》，西北大学博士学位论文，2014 年。

[5] 贺刚、陆雨、李黎：《推进新型城镇化统筹城乡发展的财政政策研究——以成都市新都区为例》，《中国名城》，2015 年第 1 期。

基于VAR模型的福建省新型城镇化的财政金融支持研究①

[摘　要]福建省新型城镇化先行先试，空间城镇化发展迅速，产业城镇化稳步上升，人口城镇化相对滞后。新型城镇化的财政金融支持 VAR 模型表明：新型城镇化建设受财政政策和社保政策的支持作用较为明显，财政政策对新型城镇化发展有着最直接的吸引力，财政、金融和社保政策之间的联系较为密切，社会保障的力度依赖于金融、财政政策的发挥。

[关键词]新型城镇化　　VAR 模型　　财政金融

一、研究思路

国内外学者关于城镇化与财政金融支持的研究主要集中在实证方面，得出的结论是两者存在双向正相关因果关系。综合来看，国内外研究一是单纯研究城镇化和金融支持之间的关系，二是研究城镇化内部层次的协调性；从研究方法来看，主要是运用向量自回归（Vector Auto Regression，VAR）模型和耦合协调度函数进行实证，关于财政金融支持福建省新型城镇化建设的定量研究尚少。本文认为有必要通过构建系统分析框架，建立 VAR 模型，从人口城镇化、空间城镇化和产业城镇化三个层面探究新型城镇化建设的深刻内涵以及财政金融政策对新型城镇化建设的促进作用及优化路径。

---

①　基金项目：福建省 2015 年社科规划基金（FJ2015B210）；江西省社会科学（2015）"十二五"规划项目（15YJ18）；江西省高校人文社科项目（JJ1543）。本文原载《发展研究》（2017 年第 6 期）。作者：徐夕湘、何宜庆、陈林心。

二、评价指标体系和研究设计

（一）新型城镇化及财政金融系统评价指标体系

人口城镇化、产业城镇化和空间城镇化是新型城镇化的基本要素，新型城镇化的核心是人口城镇化。在空间上，推进新型城镇化，就是要构建区域经济和产业空间布局紧密衔接的城市空间生态，形成以城市群为主体形态，大、中、小城市与小城镇协调发展，城市群产业承载能力不断增强的区域经济一体化格局。新型城镇化建设资金需求大、期限长，社会外部效益强但商业效益不高，需要创新思维，推动建立市场化、可持续的资金保障机制，有效发挥政策性财政和金融的引导和促进作用。福建省实施的由财政牵头的城投债促进了产业城镇化和空间城镇化，而农村转移人口市民化的成本分摊机制的健全大大加快了人口城镇化进程。

本文充分考虑新型城镇化、财政金融支持的科学内涵，遵循可比性、动态性、完备性原则，参考可持续发展理论，结合已有的评价指标，构建福建省新型城镇化和财政金融支持系统的评价指标体系（表 1）。鉴于部分关键指标的可获得性，本文研究时间起点确定为 2000 年，数据分别来自 2001—2015 年福建省《统计年鉴》以及同花顺 iFinD 数据库。

表 1　新型城镇化和财政金融支持系统指标体系

系统	子系统	指标层	符号	单位	权重	类型
新型城镇化系统 U_1	人口城镇化	城镇人口比重	A_1	%	0.1286	+
		万人公共交通汽车	A_2	台	0.1446	+
		人均社会消费品零售额	A_3	万元	0.1521	+
		人均城市道路面积	A_4	平方米	0.1565	+
		每万人医生人数	A_5	人	0.1349	+
		居民人均储蓄存款余额	A_6	元	0.1441	+
		人均财政预算教育支出	A_7	元	0.1392	+

续表

系统	子系统	指标层	符号	单位	权重	类型
新型城镇化系统 U_1	空间城镇化	地均财政收入	B_1	亿元/平方公里	0.3030	+
		建设用地面积占比	B_2	%	0.2532	+
		地均固定资产投入	B_3	亿元/平方公里	0.2342	+
		建成区绿化覆盖率	B_4	%	0.2096	+
	产业城镇化	制造业区位熵	C_1	/	0.1710	+
		制造业其他从业人员数	C_2	百万人	0.1549	+
		城镇人均建筑业增加值	C_3	元/人	0.3215	+
		城镇人均规模以上工业增加值	C_4	元/人	0.2373	+
		城镇人均规模以上工业企业数	C_5	元/万人	0.1153	+
财政金融支持系统 U_2	财政支持	一般公共服务财政支出	D_1	亿元	0.1591	+
		教育支出	D_2	亿元	0.1953	+
		医疗卫生支出	D_3	亿元	0.2331	+
		社保和就业支出	D_4	亿元	0.2143	+
		工商金融等事务支出	D_5	亿元	0.1982	+
	金融支持	金融机构短期贷款	E_1	亿元	0.3508	+
		金融机构长期贷款	E_2	亿元	0.2782	+
		企业证券市场融资	E_3	亿元	0.3711	+
	社会保障	基本养老保险基金支出	F_1	亿元	0.1749	+
		基本医疗保险基金支出	F_2	亿元	0.1902	+
		失业保险基金支出	F_3	亿元	0.1447	+
		工伤保险基金支出	F_4	亿元	0.2349	+
		生育保险基金支出	F_5	亿元	0.2553	+

（二）系统参数测算方法

为减少主观因素的影响，本文选用"熵权法"这一相对客观的赋权方法，指标权重乘以相应的归一化指标数据得到各指标系统参数值。

求权重的具体过程如下：

（1）对指标数据进行归一化处理：令 $X''_{ij}=\left[\dfrac{x_{ij}-\min\limits_{1\leq j\leq n}x_{ij}}{\max\limits_{1\leq j\leq n}x_{ij}-\min\limits_{1\leq j\leq n}x_{ij}}\right]\times0.95+0.05$（正向指标）；

$X''_{ij}=\left[\dfrac{\max\limits_{1\leq j\leq n}x_{ij}-x_{ij}}{\max\limits_{1\leq j\leq n}x_{ij}-\min\limits_{1\leq j\leq n}x_{ij}}\right]\times0.95+0.05$（逆向指标）。

（2）计算第 i 个系统下的第 j 个指标所占比重（P_{ij}）：$P_{ij}=\dfrac{x''_{ij}}{\sum\limits_{j=1}^{n}x''_{ij}}$ 。

（3）计算第 j 个指标的熵值（e_j）：$e_j=-k\sum\limits_{i=1}^{m}p_{ij}\ln p_{ij}$，其中调节系数 $k=1/\ln(m)>0$。

（4）计算第 j 个指标的差异系数。对第 j 个指标，其值的差异越大，对方案评价的作用就越大，熵值就越小。

定义差异系数为：$g_j=\dfrac{1-e_j}{n-E_e}$，$E_e=\sum\limits_{j=1}^{n}e_j$，当 $0\leq g_j\leq 1$，$\sum\limits_{j=1}^{n}g_j=1$

（5）求权重。

$w_j=\dfrac{g_j}{\sum\limits_{j=1}^{n}g_j}=g_j$，$j=1,2,\cdots\cdots n$，$\sum\limits_{j=1}^{n}g_j=1$，故差异系数就为所求权重（表1 所属权重数据为 2014 年）。

（三）研究设计

本文在确定了新型城镇化和财政金融支持系统指标体系后，先采用熵权法测算各指标的相应权重，得出新型城镇化和财政金融支持系统及各自子系统指标的综合指数；接下来，分别对人口城镇化、空间城镇化、产业城镇化和新型城镇化、财政金融支持综合指数进行协整检验，建立 VAR 模型；最后，进行格兰杰因果检验和脉冲响应分析，进一步刻画福建省新型城镇化内部子系统及其与财政金融支持系统的相互作用关系。

三、结果与分析

VAR 模型常用于预测相互联系的时间序列系统以及分析随机扰动对变量系统的动态影响。VAR 方法通过把系统中每一个内生变量作为系统中所有内生变量的滞后值的函数来构造模型，从而回避了结构化模型的要求。本文认为新型城镇化系统和财政金融支持系统并不具备明显的结构化特征，但是系统之间的联系较为密切。

（一）人口—空间—产业城镇化指数描述

依据前述熵值赋权法可以测算出新型城镇化系统指标综合指数，表 1 显示的是人口城镇化、空间城镇化、产业城镇化指数和新型城镇化综合指数的时序变化趋势，表明同一时间维度内，福建省空间城镇化程度最高，它和产业城镇化、新型城镇化程度都呈稳步上升趋势；人口城镇化力度相对较弱，2009 年被产业城镇化反超，从短期趋势看人口城镇化会有些许改善，但是难有很大起色。2007 年的空间城镇化和人口城镇化水平与 2006 年基本持平并略有下降。

以新型城镇化指数为被解释变量，财政支持、金融支持和社会保障为解释变量，得到初始回归方程，方程有关参数见表 2。回归方程是显著的，拟合度较高，解释变量中只有社会保障通过了 1% 的显著性检验，它作用于新型城镇化的弹性系数为 2.5761。可以认为变量之间不存在同期影响关系，适合建立 VAR 模型，把当期关系隐含到模型的随机扰动项之中。

表 2 最小二乘法多元回归结果

变量	系数	标准差	T 统计量	概率
金融	0.4718	0.4502	1.0478	0.3351
财政	−0.6418	0.6279	−1.0221	0.3462
社保	2.5761	0.6092	4.2290	0.0055
C	−0.0309	0.0549	−0.5631	0.5938
拟合度	0.9383	赤迟信息准则		−2.2798
残差	0.0670	施瓦茨准则		−2.1587
对数似然函数	15.3989	汉南 – 奎因准则（HQ）		−2.4125
F 统计量（概率）	30.4045（0.0005）	D–W 统计量		2.4713

（二）VAR 模型参数估计

VAR 模型通过构建联立方程组，对模型的全部内生变量的滞后项进行计量回归，确定内生变量动态关系。

为确定模型滞后期，选择滞后阶数为 3。在 5% 的显著性水平下，LR 统计量、FRE（最终预测误差）和 HQ（Hannan-Quinn）信息准则均选取了最优滞后阶数为 2，因而选择构建含有 4 个变量滞后 2 期的 VAR（2）模型。

传统 VAR 理论要求模型中的每一个变量是平稳的，对于非平稳时间序列需要经过差分，得到平稳序列再建立 VAR 模型，这样通常会损失水平序列所包含的信息。而随着协整理论的发展，对于非平稳序列，只要变量之间存在协整关系也可以直接建立 VAR 模型，两个或多个非平稳时间序列的线性组合可能是平稳的。表 3 的协整检验结果表明，在 0.05 的置信水平下，拒绝至多存在 3 个协整向量的原假设，新型城镇化变量和财政支持、金融支持和社会保障三个变量之间存在协整关系。

表 3 新型城镇化和财政金融支持系统变量协整检验结果

原假设	特征值	迹统计量	0.05 显著性水平	P 值 **
0 个协整向量 *	0.994327	120.2297	40.17493	0.0000
至多 1 个协整向量 *	0.967741	58.16476	24.27596	0.0000
至多 2 个协整向量 *	0.632442	16.95722	12.32090	0.0078
至多 3 个协整向量 *	0.337826	4.946717	4.129906	0.0310

注：* 表示在 0.05 水平上拒绝原假设，**MacKinnon-Haug-Michelis（1999）p-values。

含有 4 个变量滞后 2 期的 VAR 模型，具体表示如下：$Y_t = c + \Gamma Y_{t-1} + \Gamma Y_{t-2} + \mu_t$ 其中 $Y_t = (NEW_t \quad FIN_t \quad FIS_t \quad INS_t)^T$；$c = (C_1 \quad C_2 \quad C_3 \quad C_4)^T$；

$$\Gamma_{4\times 4} = \begin{bmatrix} \Gamma_{1\times 1} & \Gamma_{1\times 2} & \Gamma_{1\times 3} & \Gamma_{1\times 4} \\ \Gamma_{2\times 1} & \Gamma_{2\times 2} & \Gamma_{2\times 3} & \Gamma_{2\times 4} \\ \Gamma_{3\times 1} & \Gamma_{3\times 2} & \Gamma_{3\times 3} & \Gamma_{3\times 4} \\ \Gamma_{4\times 1} & \Gamma_{4\times 2} & \Gamma_{4\times 3} & \Gamma_{2\times 4} \end{bmatrix} ; \mu_t = (\mu_{1t} \quad \mu_{2t} \quad \mu_{3t} \quad \mu_{4t})^T$$ 且 $\mu_{it} \sim$ i.i.d.N

$(0, \sigma^2)$；$i=1, 2, 3, 4$；$\text{Cov}(\mu_{it}, \mu_{jt})=0$ $(i, j=1, 2, 3, 4；i \neq j)$。

计量回归得出参数估计结果，矩阵形式表示为：

$$
\begin{pmatrix} NEW_t \\ FIN_t \\ FIS_t \\ INS_t \end{pmatrix} = \begin{pmatrix} 0.106 \\ 0.142 \\ -0.025 \\ 0.009 \end{pmatrix} + \begin{pmatrix} 1.162 & -0.019 & 0.885 & -0.155 \\ -0.878 & -0.973 & 1.776 & -2.164 \\ -0.019 & 0.093 & 1.165 & -0.095 \\ -0.104 & -0.128 & 0.447 & 0.752 \end{pmatrix} \begin{pmatrix} NEW_{t-1} \\ FIN_{t-1} \\ FIS_{t-1} \\ INS_{t-1} \end{pmatrix}
$$

$$
+ \begin{pmatrix} -0.264 & -0.215 & -0.375 & -0.332 \\ 1.632 & -1.566 & 2.455 & 0.468 \\ 0.063 & -0.142 & -0.362 & 0.702 \\ -0.101 & 0.302 & -0.373 & 0.680 \end{pmatrix} \begin{pmatrix} NEW_{t-2} \\ FIN_{t-2} \\ FIS_{t-2} \\ INS_{t-2} \end{pmatrix} + \begin{pmatrix} \mu_{1t} \\ \mu_{2t} \\ \mu_{3t} \\ \mu_{4t} \end{pmatrix}
$$

VAR 模型揭示了只有滞后一期的财政支持正向作用于当期新型城镇化水平，而其他滞后期的金融财政支持和社会保障负向作用于当期新型城镇化水平，联系表 2 中的当期回归结果，社会保障和财政政策对新型城镇化的支持作用较为敏感，这可能是由于新型城镇化发展更加依赖于财政政策的支持和社会保障力度的增强，并且社会保障的作用较为直接，不存在时滞。滞后一期的新型城镇化水平负向作用于当期金融财政支持，而滞后二期的新型城镇化水平正向作用于当期金融财政支持，可能的原因是新型城镇化的发展，短期来看会弱化金融财政政策的正常发挥，长期来看会成为金融财政政策的动力基础之一。滞后一期和二期的新型城镇化水平均负向作用于当期社保支持，说明在资金供应相对固定的情况下，新型城镇化建设所需资金与社保所需资金会有冲突，政策操作中顾此失彼。

（三）格兰杰因果检验

格兰杰因果检验主要是用来检验一个内生变量是否可以作为外生变量对待。格兰杰因果检验（表 4）也表明，福建省新型城镇化水平可以被视为内生变量，它的格兰杰原因是财政金融支持或社会保障没有得到验证，但金融支持是社会保障的格兰杰原因、社会保障和财政支持互为格兰杰原因，这意味着财政、金融和社保之间存在较紧密的关系，特别是社会保障确实离不开财政和金融的扶持。

表4 新型城镇化和财政金融支持系统格兰杰因果检验结果

格兰杰因果检验（滞后两期）							
原假设	F统计量	P值	结论	原假设	F统计量	P值	结论
财政支持 $\xrightarrow{noGC}$ 金融支持	2.531	0.176	接受	社会保障 $\xrightarrow{noGC}$ 财政支持	3.880	0.083*	拒绝
金融支持 $\xrightarrow{noGC}$ 财政支持	1.393	0.318	接受	财政支持 $\xrightarrow{noGC}$ 社会保障	5.372	0.046**	拒绝
社会保障 $\xrightarrow{noGC}$ 金融支持	1.065	0.402	接受	新型城镇化 $\xrightarrow{noGC}$ 财政支持	1.137	0.381	接受
金融支持 $\xrightarrow{noGC}$ 社会保障	4.835	0.056*	拒绝	财政支持 $\xrightarrow{noGC}$ 新型城镇化	0.058	0.944	接受
新型城镇化 $\xrightarrow{noGC}$ 金融支持	0.609	0.575	接受	新型城镇化 $\xrightarrow{noGC}$ 社会保障	0.217	0.811	接受
金融支持 $\xrightarrow{noGC}$ 新型城镇化	0.171	0.847	接受	社会保障 $\xrightarrow{noGC}$ 新型城镇化	1.843	0.238	接受

**、* 分别表示5%和10%的显著性水平；" $\xrightarrow{noGC}$ "表示非格兰杰原因

（四）脉冲响应

脉冲响应函数（Impulse Response Function，IRF）分析方法可以用来描述一个内生变量对由误差项所带来的冲击的反应，即在随机误差项上施加一个标准差大小的冲击后，对内生变量的当期值和未来值所产生的影响程度。VAR（2）模型的所有特征多项式根的倒数均位于单位圆之内，即模型满足稳定性条件。分别对一阶差分后的金融支持（dFIN）、财政支持（dFIS）、社会保障（dINS）和新型城镇化（dNEW）进行正向广义脉冲冲击，得到如下结果（图1）：

金融支持对于一个标准差的新型城镇化冲击反映为上下波动特征，第一期上升到0.3，第二期下降到-0.4，第四期再上升到0.4。财政支持对于一个标准差的新型城镇化冲击，第一期上升到0.32，第二期后逐渐趋于平稳，说明财政支持的变化对新型城镇化水平具有较强的吸引力。社会保障对于一个标准差的新型城镇化冲击整体上表现为负向，第一至四期不怎么明显，第六期后负向冲击幅度逐渐加大，并不收敛。

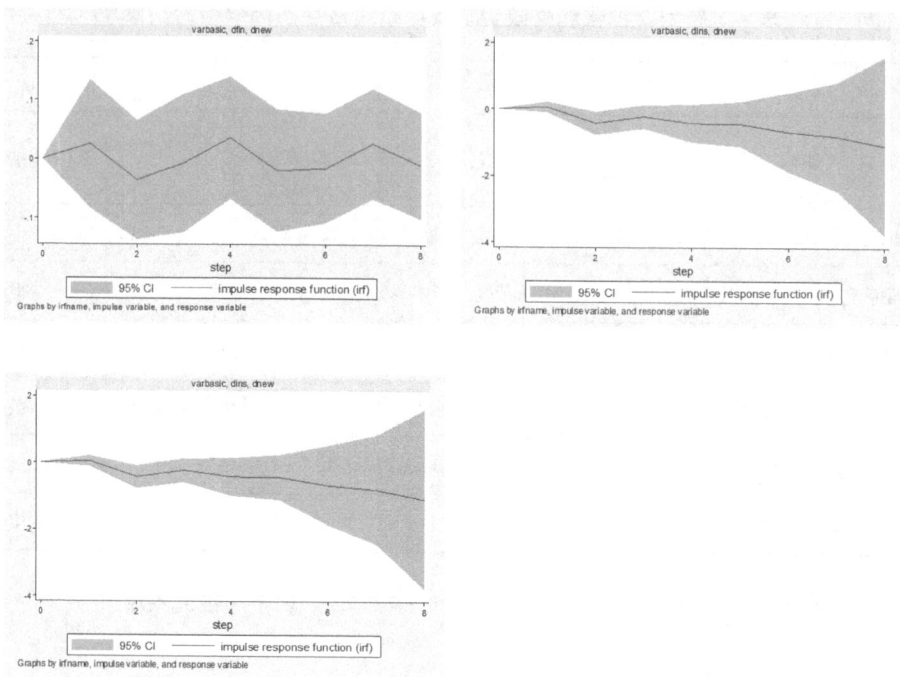

图1 VAR（2）模型的脉冲响应图

四、结论与政策建议

本文深入探究新型城镇化丰富内涵，通过建立福建省新型城镇化和财政支持、金融支持、社保支持的 VAR 模型，之后分别进行格兰杰因果检验和脉冲响应分析，进一步刻画福建省新型城镇化与财政、金融、社保政策的相互作用关系。实证分析说明新型城镇化建设受财政政策和社保政策的支持作用较为明显，财政、金融和社保政策之间的联系较为密切，社会保障的力度依赖于金融、财政政策的发挥，财政政策对新型城镇化发展有着最直接的吸引力。基于上述结论，本文认为福建省在新型城镇化发展过程中要清醒地认识到：

第一，通过产业升级和创新业态驱动产业城镇化。产业城镇化的基础是人口城镇化和空间城镇化，它亦成为福建省新型城镇化建设的主要制约因素，强化产业吸纳城镇就业和容纳城镇人口的重要经济基础作用，推动产业结构优化，推进港城、产城互动发展，加快发展现代农业。必须按照"福建制造

2025"规划，通过设备更新技术升级产业转型来提升传统产业，培育新材料、高端装备制造、高端印刷、海洋生物、光电信息、节能环保产业，努力提升新兴产业占比，发展金融服务、文创研发、商贸物流、旅游 4 大现代服务业。

第二，通过政策与机制创新驱动人口城镇化。福建省新型城镇化的关键取决于人口城镇化的发展，这方面应加大政策扶持力度，以人的城镇化为核心，合理引导人口流动，有序推进农业转移人口市民化，不断提高人口素质和居民生活质量。加快推进户籍制度改革，健全农业转移人口落户制度，推进符合条件的农业转移人口落户城镇。消除高校毕业生流动就业的制度性障碍，建立健全政府、企业、个人共同参与的农业转移人口市民化成本分担机制，完善财政转移支付同农业转移人口市民化挂钩机制。稳步推进城镇基本公共服务常住人口全覆盖，把进城落户农民完全纳入城镇住房和社会保障体系。通过政策与体制创新驱动"个人融入企业、子女融入学校、家庭融入社区、群体融入社会"。

第三，构建差异化的金融组织体系。针对新型城镇化的服务对象，把握"大小并举"的原则，注重大企业、大城市也注重小微企业、小城镇；注重企业法人也重视自然人的融资需求。结合各地新型城镇化特色，通过创新发展各类民间金融机构和组织，增加小城镇基础设施、机构网点和人员配置，把更多的金融资源输送到最基层、最需要的小企业、家庭和个人手中。在完善和优化支持新型城镇化建设的金融组织体系和信贷政策体系外，进一步拓展新型城镇化建设的融资模式与渠道，优化助推新型城镇化建设的各项金融服务。

第四，完善财政转移支付制度和扩大社会保障的覆盖面。财政政策在促进福建省新型城镇化建设中作用凸显，建立财政转移支付同农业转移人口市民化挂钩机制。调整和完善省级财政对基础设施、公共服务设施、保障房等领域的投资补助办法和标准。福建省社会保障等公共服务水平和城市管理水平的提升，促进了新型城镇化的发展，但一定程度上，由于资金和政策的制约，社保政策和新型城镇化建设难免顾此失彼，要协调好新型城镇化发展和资金约束的关系。

【参考文献】

[1] Stopher, P.R. (1993) .Financing Urban Rail Projects : The Case of Los Angeles. *Transportation, 20* (3), 229-250.

[2] Kim, Kyung-Hwan (1997) .Housing Finance And Urban Infrastructure Finance. *Urban Studies, 34* (10), 1597-1620.

[3] 彭江波、王媛:《新型城镇化融资中的财政与金融协调模式研究——基于土地增值收益管理的视角》,《理论学刊》,2013 年第 11 期。

[4] 张明、张桐源、黄庆华:《中国城镇化进程中财政金融政策支持效率研究》,《北华大学学报(社会科学版)》,2014 年第 4 期。

[5] 郭江山:《基于 VAR 模型的城镇化、工业化与金融发展动态分析——以河北省为例》,《河北师范大学学报(哲学社会科学版)》,2011 年第 4 期。

[6] 徐小林、刘春华、王树春:《基于 VAR 模型对城镇化、工业化与金融发展变迁的实证分析——广饶案例》,《金融发展研究》,2012 年第 12 期。

[7] 林志伟:《我国金融发展与城镇化关系的协整研究》,《福建金融》,2013 年第 10 期。

[8] 张庆宪、许小苍:《金融支持对城镇化贡献度的实证研究》,《海南金融》,2014 年第 5 期。

[9] 杨鹏:《基于 VAR 模型的新型城镇化动力机制研究——以安徽省为例》,《黑龙江工程学院学报》,2017 年第 3 期。

[10] 卢丽文、张毅、李永盛:《中国人口城镇化影响因素研究——基于 31 个省域的空间面板数据》,《地域研究与开发》,2014 年第 3 期。

[11] 熊柴、高宏:《人口城镇化与空间城镇化的不协调问题——基于财政分权的视角》,《财经科学》,2012 年第 11 期。

[12] 刘娟、郑钦玉、郭锐利、李美荣:《重庆市人口城镇化与土地城镇化协调发展评价》,《西南师范大学学报(自然科学版)》,2012 年第 11 期。

[13] 李秋颖、方创琳、王少剑、王洋:《山东省人口城镇化与空间城镇化协调发展及空间格局》,《地域研究与开发》,2015 年第 1 期。

[14] 李子联:《人口城镇化滞后于土地城镇化之谜——来自中国省际面板数据的解释》,《中国人口·环境与资源》,2013 年第 11 期。

[15]潘爱民、刘友金：《湘江流域人口城镇化与土地城镇化失调程度及特征研究》，《经济地理》，2014 年第 5 期。

[16]蔡卫红：《福建省土地城镇化快于人口城镇化的现状及成因分析》，《福建论坛（人文社会科学版）》，2013 年第 7 期。

[17]沈亚男：《山东省人口城镇化与产业城镇化协调性测定研究》，《山东行政学院学报》，2015 年第 1 期。

[18]刘法威、许恒周、王姝：《人口—土地—经济城镇化的时空耦合协调性分析——基于中国省际面板数据的实证研究》，《城市发展研究》，2014 年第 8 期。

县域实体经济高质量发展的晋江实践①

[摘　要] 在中国经济迈入高质量发展的新阶段，县域作为国家经济高质量发展的前沿阵地面临不少挑战。而晋江实体经济却形成了以产业集群、品牌运营、资本运作、创新驱动为标志的高质量发展模式，成为我国县域坚守实业发展实体经济的标杆。研究晋江实体经济发展动因，对我国县域实体经济发展具有借鉴意义。

[关键词] 县域实体经济　高质量发展　晋江实践

学术界研究晋江实体经济发展的很多，如费孝通指出"晋江模式"的内涵："以外向型经济为主，以股份合作制为主，多种经济成分共同发展"。陆学艺指出："晋江人坚定干事业、坚定搞实体经济不动摇。从县域经济发展看，依靠大量要素资源投入支撑经济增长的发展模式已面临严峻挑战，积极推动自主创新，促进县域经济发展方式从要素驱动逐步向创新驱动转变是实现县域现代化的关键所在。"马建堂认为："'晋江经验'最鲜明的特色，就是坚守实业，咬住发展实体经济不放松，持续推动传统实体经济转型升级，不断培育和发展新型实体经济。"改革开放 40 多年来，特别是 2002 年习近平同志提出"晋江经验"以来，晋江立足优势条件，坚持以市场为导向，紧抓实体经济不放松，以民营经济为主导放活社会生产力，市场主体突破 23 万户，民营企业突破 6 万家，形成纺织服装、制鞋两个超千亿和食品饮料等 5 个超百亿产业集群，民营经济创造出的经济总量、税收和就业岗位占比都在全市的 95% 以上，形成"十分天下有其九"的发展格局，有效抵御多次金融危机

---

① 　本文原载《晋江经济社会发展报告 2020》(晋江蓝皮书)。作者：徐夕湘、陈燕华、朱旭望。

影响，走上了一条高质量发展之路。中国有县级行政区 2844 个，县域占全国陆地面积 90% 以上，人口占全国的 70% 以上。在中国经济迈入高质量发展的新阶段，县域作为国家经济高质量发展的前沿阵地，面临不少挑战。研究晋江实体经济发展动因，对我国县域实体经济发展具有借鉴意义。

一、晋江实体经济发展成就

紧紧咬住实体经济不放松是"晋江经验"最鲜明特色。晋江围绕实体经济高质量发展主要表现在以下几大方面：

（一）经济总量保持高速增长

1. 经济总量占比高

经初步核算，2020 年晋江市全年实现地区生产总值 2616.11 亿元，比上年增长 4.2%，经济总量占福建省 6.0%、泉州市 25.8%。其中，第二产业增加值 1577.32 亿元，增长 3.7%，占比 60.3%。

2. 规上企业实力强劲

2020 年晋江全市规上工业企业 1898 家，全年规上企业实现产值 5906.93 亿元，比上年增长 5.8%。其中，产值超亿元工业企业 1025 家，比上年增加 85 家，实现工业产值 5501.49 亿元，增长 11.9%；产值在 1 亿—2 亿元的企业 352 家，完成产值 498.01 亿元，增长 20.1%；产值在 2 亿—5 亿元企业 376 家，完成产值 1209.20 亿元，增长 10.6%；产值在 5 亿—10 亿元企业 166 家，完成产值 1114.96 亿元，增长 17.6%；产值超 10 亿元的企业 131 家，完成产值 2679.31 亿元，增长 8.9%。

（二）制造业特色突出

1. 体育制造业持续保持高速增长

体育制造业是晋江制造业的特色产业。从体育制造业规上企业产值看，2020 年，晋江市体育制造业规上产值 2292.54 亿元，增长 5.1%；占规上工业总产值 38.8%，贡献率 34.4%。其中，制鞋板块规上产值 1236.16 亿元，增长 2.2%；服装板块 1043.51 亿元，增长 8.3%。从晋江市体育制造业全行业产值增长看，2020 年，晋江市纺织服装业产值 1694.09 亿元，增长 9.7%；制鞋业产值 1448.30 亿元，增长 3.3%。

2. 传统支柱产业基础坚固，高新产业实力强劲

除体育制造业外，建材陶瓷业、食品饮料、纸制品及包装印刷等产业，是晋江市的主要传统支柱产业。2020 年，晋江市建材陶瓷业产值 699.13 亿元，增长 11.3%；食品饮料业产值 600.97 亿元，增长 15.7%；纸制品及包装印刷业产值 427.02 亿元，增长 5.8%。2020 年，晋江市高新技术工业企业实现规上产值 1304.11 亿元，增长 4.6%，占全部规上工业产值比重达 22.1%。

（三）创新能力逐步增强

1. 科创能力稳步增强

晋江市坚持创新引领，持续激发创新活力。晋江市入选全国首批创新型县（市）建设名单，区域创新创业指数位列全国县域第四位。企业创新主体的培育，从 2015 年底的 54 家增加到 2020 年的 253 家，集聚各类高层次人才超 5000 人。新旧动能转换跑出"加速度"，晋江市荣膺国际化营商环境建设示范市，入选国家"双创示范基地"。

2. 持续增强创新动能

科研平台实现归口管理，平台效应加快释放。新认定国家高新技术企业 126 家，新增省科技"小巨人"企业 26 家、省级以上"专精特新"企业 6 家、泉州市级以上新型研发机构 12 家，8 项成果获评"省科技进步奖"。设立国家科技成果转化子基金；技术合同登记（晋江）分中心启用运作，技术合同登记金额翻两番，达 5072 万元；获批鞋服（食品）国家级知识产权快速维权中心。

3. 注册商标和专利发明不断增长

2020 年的专利申请量 13684 件，占泉州市总申请量的 23.17%；授权量 11096 件，占泉州市总授权量的 19.83%；其中，发明专利申请量 1443 件，发明专利授权量 321 件。累计有效发明专利拥有量 2149 件，每万人发明拥有量 10.14 件。全市共有效注册商标 131541 件，平均每万户市场主体拥有有效注册商标 5851 件；驰名商标 46 件，马德里商标国际注册商标 375 件，地理标志商标 12 件。

（四）经济效率显著提升

表1　2019年百强县（市）前五经济密度情况（单位：亿元）

百强县（市）前五位	江阴市	昆山市	张家港市	常熟市	晋江市
地均GDP	4.05	4.41	2.12	1.95	3.92

数据来源：各县市统计局。

"地均GDP"是指每平方公里土地创造的GDP，反映土地的使用效率（也叫经济密度）。它是一个反映产值密度及经济发达水平的极好指标，比人均GDP更能反映一个区域的发展程度和经济集中程度，以及一个城市的富裕程度。从表1看，2019年每平方公里创造的GDP同为五强县（市）的晋江为3.92亿元排第三位，相比第四、第五数量的绝对值高出一大截。从经济密度来看，晋江在福建省1/200的土地上创造了1/16的GDP，低于深圳每平方公里7亿元，高于每平方公里3亿元的广州，和上海经济密度相似。究其原因，与政府"重塑产业空间"、坚持"亩产论英雄"政策运行有关。比如，2020年盘活批而未供和闲置土地2500亩以上，连片推进老旧工业园区改造2000亩以上，盘活存量用地1000亩以上，由此看出，这是晋江市委、市政府以问题为导向，及时出台打造统筹集约、运营高效的产城空间的结果。

（五）有效投资不断加强

投资强度，即固定资产投资额（包括厂房、设备和地价款）除以土地面积，是衡量开发区土地利用率的重要标准。首先，从表2可以看出，近三年平均固定资产投资额，同为五强县（市）的晋江为642.1亿元排第三位。近年来，晋江继获得世界中学生运动会承办权后，又获得2019—2025年连续4届的国际大体联世界杯举办权。两大赛事的承办无疑推高了晋江地方政府的投资强度，彰显政府打造"体育城市"战略，走上了一条通过发展大体育来促进实体经济高质量发展的路子。

表2 2019年百强县（市）前五投资情况（单位：亿元）

百强县（市）前五位	江阴市	昆山市	张家港市	常熟市	晋江市
近三年平均固定资产投资额	673.2	744.3	522.0	507.3	642.1
近三年平均工业投资额	520.9	212.8	253.1	211.2	399.6

资料来源：各县市统计局。

其次，从表2可以看出，近三年平均工业投资额，同为五强县（市）的晋江为399.6亿元排第二位。投资强度领先意味着实体经济发展势头强劲：第一，工业投资在全社会固定资产投资中占主要地位，晋江工业投资带动了生产资料和消费资料的需求增长，推动了工业行业扩大生产规模，促进工业经济增长；第二，工业投资存量是工业经济结构形成的决定因素，工业投资增量是工业经济结构演变的决定因素，工业投资存量和增量促进了晋江经济结构的优化和调整；第三，工业投资是促进晋江工业产业升级、优化生产力布局、推动经济迈向高质量发展水平的主要手段，晋江在克服疫情影响中稳住投资预期，实体经济高质量发展未来可期。

二、晋江强产业兴实体的实践经验

产业是发展实业的基础。晋江紧抓实体经济发展不放松，发力供给侧改革和需求侧管理，大力优化产业结构，初步实现实体经济高质量发展。为什么晋江能强产业兴实体？一直以来，研究晋江经济的学者没有给出一个合理的解释。下面借鉴产业发展学理论，结合晋江的实际，从晋江产业发展所经历的四个时期，对晋江成为中国做强产业坚守实业的样板给出一个可能的解释。

（一）形成期，"护苗"呵护产业生存

改革开放初期，产品的短缺成为市场的主要特征，大量制鞋企业开始在晋江集聚。为什么晋江能够成为"中国鞋都"？为什么在具有同等政策优势的中国县域，单个产业进化为区域产业集群情况不同？产业幼稚期一般生产规模较小，技术还不成熟，没有形成完整的产、供、销体系，产业面临生存还是消亡两种状态。在全国很多县域对国家商品经济政策还处于模糊状态之际，晋江县委、县政府却出台"五个允许"，即允许群众集资办企业，允许雇工，允许股金分红，允许价格随行，允许供销人员按供销额提取业务费。"五个允许"政策使得原先处于体制外的小企业受到产业政策保护，有力促进了晋江产业从幼稚到成型的发展，为进一步扩张打下了良好的基础。

（二）成长期，"产业生态"建设助力产业扩张

20世纪90年代初，晋江产业度过了幼年时的危险期，产品逐步从单一、低质、高价向多样、优质和低价方向发展，但生产方式低端落后、粗放发展的现状严重制约着民营企业发展。1996年，晋江提出"四个集中"，即耕地向规模经营集中、企业向工业园区集中、民宅向居住新区集中、人口向城镇和市区集中，大力拓展产业集群发展空间，加大产业生态建设。在"满天星斗"般的仿效性竞争基础上，逐步形成上、中、下游产业链，在一个较为集中的区域形成专业生产区和专业市场，基本形成足不出户即可完成从生产到销售整个生产流程的良好产业生态环境。显而易见，晋江制造业一开始走的就是一条自发的产业集群路子。"四个集中"极大地推动中小企业通过产业聚集，实现了降低生产成本、提高竞争力、创造效益。

（三）成熟期，"增长点"推动产业升级

进入21世纪，晋江制造业生产能力扩张到一定阶段，产业进入一个稳定发展的时期，六大传统产业的部分企业生产规模扩大，生产制造设备和技术水平达到国际前沿，市场供求趋于稳定，通过贴牌让晋江的产业由成长期迈入了成熟期。1997年的亚洲金融危机爆发，晋江靠贴牌加工发展实体经济遭遇"黑天鹅"。2001年，中国加入世贸组织，晋江抢抓发展机遇，坚持改革创新，推出了"品牌+资本""双翼计划"。一是打造"品牌之都"。引导企业从加工制造向自主品牌发展，推出系列"造牌"政策，努力把晋江打造成全国重要的制造业品牌基地之一，使晋江品牌经济走上了市场经济的高级形态。二是努力构建现代企业管理体制。晋江把引导企业上市作为实体经济工作重点，引导企业从家族式企业管理向现代企业管理转变。至2020年，共培育上市公司49家、后备企业50家；在新三板、天交所、海交所挂牌企业78家，形成了资本市场的"晋江板块"，标志着晋江进入了社会主义市场经济高水平阶段。

（四）升级期，"供给侧改革"助推产业高端化

在经济新常态下，晋江和全国一样面临产能过剩、库存高企、企业杠杆率居高不下，产业结构失调。晋江认真贯彻"供给侧结构性改革"方针，积极落实"三去一降一补"，优化资源配置，调整产业结构，提高供给质量，推动经济高质量发展。开创性实施"五个创新"：一是技术创新。每年投入近亿元支持企业引进高端设备、高端技术，实施智能化改造升级，目前有50%以上的规上民营工业企业应用或部分应用智能化、自动化装备。二是品牌创新。出台提升品牌内涵、推动品牌国际化等政策，引导企业采取收购、自主培育等模式开发副线品牌，通过品牌差异发展带动提升市场销售份额。三是产品创新。支持企业创建工业设计中心、企业技术中心，举办海峡杯工业设计大赛、海峡两岸大学生工作坊等创意活动，鼓励企业导入新技术、新工艺、新理念，通过产品个性化、高端化转型升级，从同质化竞争中突围。四是管理创新。强化"向管理要效率、向管理要效益"的理念，支持企业实施"两化"融合，推动制造业组织模式、管理模式和生产模式变革，95家企业通过"两化"融合管理体系贯标评定，形成常态化企业管理提升机制，推动粗放管理向精益、精确、精准管理转变。五是渠道创新。顺应"互联网+"趋势，积极布局服务型制造业，从单纯生产加工向"制造+服务"转型，从单纯出售产品向"产品+服务"转变，拓展市场空间。

三、晋江实体经济高质量发展存在的问题

（一）产业外移化趋势

随着劳动力成本的快速攀升，晋江传统劳动力密集型制造业工厂也在不断加速外迁，产业外移化的趋势日益明显。近十年来，一些地区抛出各种优惠政策如税收、土地等，凭借人才、信息、环境等优势，不断地吸引晋江龙头企业把总部或运营中心迁入。据不完全统计，迄今为止，至少有10家晋江龙头企业总部或运营中心外迁厦门、上海、深圳等地，每年流失税源以百亿计。

未来的竞争关键将是城市之间的竞争，人口是第一竞争要素。一个丧失人口吸引力的城市将面临可持续发展动力的下降。晋江外来务工人员在最高峰时期达到了130万人，目前不到110万人。靠什么吸引人口？靠就业机会，

靠良好的、有区域乃至全国竞争优势的就业机会，而就业机会是依托发展良好的产业来提供，产业外移严重影响晋江安身立命的基本盘。

（二）产业链松散化趋势

产业链的实质就是不同产业的企业之间的关联，是各产业中的企业之间的供给与需求的关系。政策是宏观的，一些中小企业因信息不对称，不知如何把那些不适合自己做的"解链"，更不知如何将高端链条"接链"。以晋江鞋业为例来考察晋江产业链和发达地区的差别。首先，从鞋业狭义的产业链来看，产业链的完整性相对不足是最大的问题。目前，晋江传统产业链完整度更加集中在中低端产品领域，在新型材料、高端面料、高端装备等中高端领域存在"缺链"短板，所以产业链完整性相对不足。其次，从鞋业广义的产业链来看，上游的皮革材料要从浙江等地输入，下游的销售品牌和渠道相对单一，特别是跨境电商和外贸类商家都集中在广东和厦门。

（三）三产增力不强趋势

从产业结构看，全国正从工业型经济向服务型经济转变。2020年，晋江三次产业结构比为 0.8：60.3：38.9，属于"二三一"型，仍停留在第二产业支撑县域经济发展的状况，与"三二一"型产业结构存在差距。

表3　2019年百强县（市）前五第三产业增加值占 GDP 比重比较

百强县（市）前五位	江阴市	昆山市	张家港市	常熟市	晋江市
第三产业增加值占 GDP 比重	48%	45.2%	60.4%	38.0%	36.9%

数据来源：各县市统计局。

从表3看，同为五强县（市）的晋江，2019年第三产业占比最低，第三产业发展明显不足。现代服务业成为短板，推进新型工业化进程中现代服务业发展较为滞后，有效反哺制造业的功能作用不太明显，以现代服务业为主的新动能明显不足，新旧动能接续转换不顺畅。由此可见，有效促进第三产发展将是晋江未来经济结构调整的主方向。

（四）资金吸附能力减弱趋势

比起周边县域，晋江的民间金融规模较大，但是，从表4金融机构本外币各项存款余额来看，同为五强县（市）的晋江，2019年为1793.1亿元，排第五位。晋江市经济结构以民营经济作为主体，晋江金融机构本外币各项存款余额比起前四位而言较弱，更重要的问题是民间资本服务实体经济问题难以解决。目前要从规范的渠道上获取民间资本的投资是非常困难的。对于民间借贷市场存在的诸多问题，银监会缺少一把"尺子"去量化某些不合法的交易行为，从而造成了民间借贷市场弊端的放大，严重影响实体经济高质量发展，这要引起足够的重视。

表4　百强县（市）2019年前五金融机构本外币各项存款余额（单位：亿元）

百强县（市）前五位	江阴市	昆山市	张家港市	常熟市	晋江市
金融机构本外币各项存款余额	4179.7	5108.3	3170.7	3498.8	1793.1

数据来源：各县市统计局。

（五）经济发展水平偏低趋势

"人均GDP"反映了人均经济发展的水平，通常是将一个国家或地区一年实现的国内生产总值与这个国家或地区的常住人口相比计算得出的，是衡量一国或一地区人民生活水平的一个标准，同时也是比较各国或各区域经济发展水平的主要指标。

表5　2019年百强县（市）前五经济发展水平情况（单位：万元）

百强县（市）前五位	江阴市	昆山市	张家港市	常熟市	晋江市
人均GDP	24.21	24.65	23.04	9.56	12.06

数据来源：各县市统计局。

从表5看，同为五强县（市）的晋江人均GDP为12.06万元排第四位。晋江的经济发展水平总体上高于全国人均1万美元的平均水平，但与其他经济发展水平高的地区相比，差距明显。这意味晋江市的经济发展水平在国民收入水平、消费结构、市场规模、创新条件等方面与其他发展水平较高的县市存在一定差距。

四、晋江实体经济高质量发展的思路

实体经济高质量发展关键是要推动质量变革、效率变革、动力变革速度。如何开辟新路径、培育新动能，在危机中育新机、于变局中开新局，切实推动晋江实体经济高质量发展？笔者提出如下思路：

（一）加大科技创新，增强高质量发展的动力

从世界上公认的创新型国家的共同特征看，一个创新型国家的标准，科技进步贡献率在70%以上，研发投入占GDP比重在2%以上，对外技术依存度30%以下。目前，晋江传统优势产业对外依存度较高，比如集成电路产业核心技术、关键部件主要从美国进口。下一步，晋江要坚持创新在经济高质量建设中的核心地位，把自立自强作为晋江发展的战略，努力提升科技创新能力。

1. 聚焦"四个抓手"，激发创新主体活力

企业是创新实践活动的承担者，是推动创新的重要主体。要聚焦"四个抓手"，充分激发创新主体活力。一是抓高新技术企业培育。大力培育高新技术企业，未来至少要认定国家高新技术企业100家，确保总数突破300家。二是抓创新联合体组建。支持龙头企业联合高校、科研机构组建创新联合体，力增企业新型研发机构5家以上。三是抓企业家队伍建设。始终把企业家作为晋江最宝贵的财富，弘扬企业家精神，培养一批新生代、创二代，打造一支能坚守、会创新、有情怀、高素质的企业家队伍，引导新生代企业家多元参与人才引育和科技创新。四是抓科技创新优惠政策落实。推动规上企业研发投入、研发机构、发明专利"三个覆盖"，推进规上企业研发活动覆盖率达20%，带动全社会研发投入增长20%以上。

2. 汇聚"八方贤才"，建设一流创新团队

人才是实施科技创新的第一要素资源，也是创新活动中最为活跃、最为积极的因素。坚定不移推进人才强市战略，编制急需紧缺人才专业目录，推动产业与人才深度融合。从晋江六万多家企业的需求出发，将晋江科教园区建成功能性的人才培养区，通过载体升级推动创新型、应用型、技能型人才

培养。实行更加开放的人才政策，加大政府保障力度，迎接部分留学生人才回归晋江本土，特别是集成电路产业核心技术、关键部件研究人才。健全以创新能力、质量、实效、贡献为导向的科技人才评价体系。健全创新激励和保障机制，构建充分体现知识、技术等创新要素价值的收益分配机制和发明成果权益分享机制。

3.突出"四个创新"，构建一流创新平台

（1）创新举措。加速"一廊两区"落子布点，推进10个国家双创示范基地项目建设，开建国科大智能制造学院、福大科教园二期。（2）创新模式。促成中关村中试熟化平台、兵装研究所成果转化基地、福大国家科技园启动运营，实现哈工大机器人研究中心企业化运作，争设集成电路、鞋服产业省级制造业创新中心，筹建食品、建陶产业公共创新平台。（3）创新落实。深化校院企合作、产学研用融合、科创与招商协同，用好国家科技成果转化引导基金，打通科研"最先一公里"和"最后一公里"，全面提高科研成果本土落地转化率。（4）创新业态。通过新动能的增量来对冲传统动能的减弱，加快培育新技术、新产业、新的经济增长点；通过大众创业万众创新、"互联网+"等创造出新业态、新模式来改造传统动能。

（二）加快产业升级，夯实高质量发展的基础

只有构建实体经济、科技创新、现代金融、人力资源协同发展的现代产业体系，才能推动产业迈向全球价值链中高端，为高质量发展提供强大支撑。紧紧围绕加快产业全链条全流程升级，紧盯后疫情时代趋势，系统谋划"布链、建链、补链、强链"，全力打造"4341"现代产业体系，夯实晋江实体经济发展基础。

1.坚持问题导向，把脉产业发展问题

充分发挥相关职能部门的作用，成立由市政府牵头，发改局、工信局、商务局、金融局、人才办、统计局等经济部门和党校为成员的"诊断委员会"，专门对晋江产业发展进行"找茬"，在产业链上找痛点、找堵点。同时，委托聘请专业机构，选取300—500家企业针对产业链和供应链的脱链断链的问题，进行调研问卷，抽出50—80家（每个产业5—10家左右）企业进行座谈，精准诊断存在的问题，提出解决办法，通过新技术新动能提升产业链供

应链现代化水平，为晋江实体经济发展指明方向。

2. 着力布链建链，筑牢产业发展根基

（1）布链：谋划产业布局与区域合作。瞄准国家"十四五"重大发展战略，特别是围绕"一带一路"建设，发挥好晋江自身优势，在深化晋江区域内城乡之间产业布局的基础上，积极探索建立晋江与其他地区之间产业的分工合作、互补互动、协调发展，为实现晋江产业链现代化打下坚实的基础。（2）建链：发展三个新兴产业，着力培育信息技术、先进装备制造、医疗健康产业集群。完善集成电路产业园"三园一区"功能布局，强化晋华、渠梁等龙头带动，推动中探针、广塑、创电等项目落地建设，持续完善全产业链生态圈；聚焦产业机械、工程机械等领域，强化"一区一院一所一园一基地"平台载体建设，吸引一批高新技术资源、高端装备项目落地；发挥上海六院等高端医疗资源带动作用，延伸防疫物资生产体系，积极筹建医疗器械产业园，加快引进落地医疗耗材、医疗装备、生物医药等上下游企业。

3. 突出补链强链，提升产业发展质量

（1）坚持以大带小。引导龙头企业扎根本土，支持中小微企业"专精特新"发展、小批量定制企业规范转型，加快布局新型材料、高端染整、智能制造等产业链薄弱环节，提升产业垂直整合、配套联动水平，培育更多行业引领型企业和 OEM/ODM 示范企业。（2）坚持以新促老。推进城市"工业大脑"建设，加快人工智能、5G、区块链、物联网等技术在制造业领域应用融合，促进产业和行业融通，培育一批数字赋能应用标杆企业。深入研究晋江产业外迁现象和产业链连接等问题，积极引导企业和相关产业，该嫁接的链条帮他们连上，该切断的链条果断切割，针对新型材料、高端染整、智能制造等产业链薄弱环节，研究产业链补链问题，让优质产业链尽可能地向上下游拓展延伸，确保产业完整性和优质性。

4. 着眼产业现代化，构建"4341"现代产业体系

（1）做强四大优势主导产业。推行产业链"链长制"，突出产业链供应链循环畅通，培育一批主导型"链主"企业，掌控价值链关键环节；加快数字赋能，筹建产业大数据平台，推动 SAP 创新中心嵌入服务中小微企业，运营华为工业互联网平台，推动 300 家企业"上云上平台"。（2）聚力做强三大

新兴产业。集聚发展信息技术产业，重点推动集成电路产业全链条拓展；壮大发展先进装备制造产业，启动智能装备产业基地拓区，筹建机械基础加工产业园；孕育发展医疗健康产业，主动链接上海六院、中国通用等高端资源，筹建医疗器械产业园。（3）"四做"壮大四大现代服务业。做强商贸物流，做活文体旅游，做优研发创意，做优研发创意。（4）奠基未来产业。策划建设人机交互产业基地，组建军警后勤装备产业发展联盟；前沿布局海洋生物、生命科学、柔性电子、数字诊疗等新技术、新能源、新材料，引育一批具备爆发式增长潜力的未来产业。

（三）深耕项目建设，增添高质量发展持续力

实体经济稳定增长需要重大项目来支撑。重大项目作为高质量发展的突破口，应重在对接需要、进行有效投资。新冠疫情对我国的经济环境和投融资市场产生了重大影响，稳民生、促经济是当前的首要之举。中央推出扩大有效投资的一系列政策，分区域分领域落实责任，发挥好重点项目投资，对冲疫情影响，稳定社会预期、稳定经济运行。晋江要立足市情，抢抓发展机遇，狠抓项目建设，为市域经济高质量持续发展增添动力。

1. 精准生成项目，着力提升项目质量

一是深入研究市情。发改部门牵头统筹协调，深入研究国家和福建省"十四五"发展战略，深入研究晋江经济发展布局、产业结构状况、城市建设空间布局、横向比较优势与短板等，抢抓政策机遇，找准项目争取的切入点，谋划一批符合晋江市情、人民群众急切期盼、解决制约长远发展问题的重大项目。二是抓好项目规划入盘。聚焦引领性、带动性、根植性强的重大项目，聚焦产业补链强链、重大基础设施，新基建、新业态、生态环保、老旧工业区改造提升以及社会事业、公共服务短板领域，争规列盘策应国家产业导向，列入市级"十四五"规划及专项规划；同步申报列入上级规划盘子，争取要素保障、政策扶持。三是抓经费保障。向市级财政和上级争取支持重大基础设施、产业和社会事业项目前期工作资金。

2. 创新招商举措，努力提高招商成功率

（1）深化以侨招商。加强新时代侨务工作，发挥以"侨"为"桥"的国际网络和商业网络优势，推动本土企业、产品更好地走出去，抢滩布局"一

带一路"等新兴市场；鼓励引导侨胞回乡投资兴业，促进与晋江经济融合发展，带动引进更多外资大项目好项目。（2）突出精准招商。重点关注产业链需求系统梳理，动态完善招商目录图谱，精确瞄准对接央企、500强、民企、外企平台载体、科研院所等优质标的，全方位、多层次挖掘招引项目来源。（3）狠抓机制优化。加大招商选资工作市域统筹力度，优化招商体制机制，推进"主官招商""全员招商""专业招商"，组建一批招商专班，强化年度招商工作任务的分解考核与政策激励，拓展产业链招商、高端嫁接招商、基金招商、第三方招商、创新人才和创新团队招商、晋企回归招商等渠道，提速招商项目落地见效。（4）切实创新方法。用好"6·18民企对接会"、"9·8投洽会"、鞋体博会等各类展会，依托门户网站、微信、微博等媒介平台，大力开展"网络招商""线上洽谈""云签约"。运用大数据、物联网、人工智能等技术，精准推送项目对接需求，拓展智能招商。

3.突出服务落实，不断提升项目"成活率"

（1）实施领导联系制度。针对不同的项目组建强有力的专班，按照"为民务实清廉"的要求，实行"市级领导＋责任部门"的模式，建立"市级领导＋责任部门"分别联系挂包重点项目，推动领导及相关部门深入项目一线，专题研究解决项目建设的"难点""堵点"问题。（2）抓"后勤保障"。在严守安全底线的前提下，帮助解决在建项目用工、建材供应、资金、防疫物资保障等问题，加快实现满负荷复工，挂图作战、交叉施工，充分释放有效投资。（3）抓多元融资。专项对接国开行、农发行等银行机构融资，支持新开工和续建的基础设施、补短板重点产业项目，全力支持疫情防控重点名单企业拓展多元化融资渠道；鼓励金融机构创新推出重大项目"快服贷"等金融产品，提高审批效率，降低融资成本。

（四）推进数智化转型，打造高质量实体经济

晋江有很多生产型企业，各自所处的阶段不一样，因此数字化需求也不一样。一般来说，数字化转型分为四个阶段：数据连接、信息可视、精益分析、全面转型。每个企业所处的阶段各不相同，应采取的策略也不一样。

1.更新发展理念，抓好数据连接

处于数据连接阶段的企业，其关键点在于设备的数据采集。处于该阶段

的企业大多数对数字化有初期的萌芽，意识到要对生产过程进行管理，从而实现量化和标准化，但对转型升级只有模糊的概念。现在晋江大多数小企业都处于该阶段，对这种类型的企业要大力推广数字化理念，为其数字化转型升级指出实现途径。可以让科技特派员进入企业开展培训、数字化服务，同时举办数字化沙龙、企业参观等活动，强化数字观念，培养数字意识。对某些企业因为技术限制而无法进行数据连接的情况，可引进外部力量开展联合诊断和攻关。

2. 建立人才队伍，促进信息可视

处于信息可视阶段的企业，基本上已经有一定的数字化基础了，他们的诉求是如何将已经连接好的设备与主营业务进行互动。此时关键点在于企业要培育自己的数字化人才队伍，打通设备层与业务层，最终实现信息可视化。对这种类型的企业要鼓励其自建队伍，设立数字化人才激励政策。鼓励企业上云，自行开发软件或应用第三方软件进行生产、业务数据可视化，对上云企业和软件开发应用的企业予以一定程度的政策支持。对已经实现数据可视化的企业对外开展经验推广和交流活动，促使其进一步成长。

3. 强化龙头带动，推动精益分析

处于精益分析阶段的企业，已经拥有一支数字化经验丰富的 IT 团队，正处于数字化转型的最关键时期。处于该阶段的企业多为行业龙头企业。之前两步都是打基础，而这一步企业主要任务是通过数字化实现真正的盈利，需要挖掘数字化的价值，数字化战略的意义开始逐渐显现，并成为未来企业发展的指明灯。处于该阶段的企业最需要的是人工智能关键技术在具体场景中的应用，涉及两方面内容：一方面是人工智能技术，另一方面是对行业的理解。因此，建议引入外部高端技术对行业开展问诊活动，设立专项资金促进专家与企业一对一的服务，大力引进院校人工智能高端人才落地企业，为其提供各项科研生活配套措施。同时，联合龙头企业，对企业内部的行业专家开展集中培训，提高行业专家的知识水平，赋予其数字化转型的关键任务。高端人才结合行业专家开展工作，对落地成果进行评定，根据评定结果予以政策激励。

4. 着眼长远发展，铺垫全面转型

处于全面转型的企业目前晋江并没有，但是考虑到以后企业的发展和产业需求，也应未雨绸缪。可提前布局相关优势产业如制鞋、纺织、机械、食品等供应链的数字化协同战略，如统一协议、统一接口，开展产业上下游企业之间的深度互动，形成产业同盟，开展科技合作和数字化互助等活动。共同培育和打造全供应链产品，打造全过程的数字化、智能化以及相关服务，实现新型的商业模式、盈利模式和分配模式的结合。

（五）优化营商环境，打造实体经济发展高地

2018年11月5日，习近平在首届中国国际进口博览会开幕式上的主旨演讲中指出：营造国际一流营商环境。营商环境就是生产力。一个地方要发展，短期靠项目，中期靠政策，长期靠环境。晋江是一个非公经济高度发达的地区，正在打造"国际化品质城市"，坚持以国际化视野谋划发展、国际化标准完善城市配套、国际化思维汇聚全球资源，城市开放水平不断提升，国际影响力不断提高；对标世界银行测评标准，努力打造稳定公平透明、便捷高效、可预期的国际一流营商环境。

1. 对标国际标准，建好营商环境评价指标体系

建立"一套标准"，让国际化营商环境建设目标更加量化、细化、具体化。参照世界银行等国际机构的研究成果和先进经验，编制一套既立足实际又对标国际，具有可比性、可操作性、主观与客观相结合的营商环境评价指标体系，并将每年指标任务下达至各部门、镇（街道），强化督查，推动落实，持续改善营商环境。

2. 加强制度建设，打造优良的制度和政策环境

组织协调各部门组成联合工作组，梳理晋江关于推动实体经济发展的相关政策制度等，坚持"适用则留，不宜则废"的原则，把好的制度保留进而完善，把过时的政策制度废除，尽快补齐政策制度缺失"短板"。着力建立和完善产权有效激励、要素自由流动的经济体制机制；着力构建按照市场供求规律的要求有效配置各种生产要素的体制机制；着力构建不断增强实体经济企业的市场自主决策和自我发展能力的体制机制。

3. 转变政府职能，为实体企业提供专业化服务

坚持当好"三种角色"，落实"四到"服务理念，持续深化"放管服"、社会信用体系建设、知识产权保护等重点领域改革，推行"一件事"套餐办

理，提升"一窗受理、一网通办"水平，拓展不见面服务，最大限度减环节、减证明、减时间；加强政务服务标准化、规范化、便利化建设，完善"互联网＋政务服务"体系，加快推动部门间数据共享、业务协同；严厉查处"公事胆小、私事胆大"行为，让企业群众能办事、好办事、快办事；落实减税降费、中小微企业贷款延期还本付息，推动产业信贷投放"增户扩面"；构建"审管执信"一体闭门平台，开展市场主体公共信用综合评价，让市场主体放心安心经营。

4. 深化对外开放，构建合作共赢发展新的格局

坚持以开放求发展，深化交流合作，推动全球价值链、供应链更加完善，共同培育市场需求。坚持扩大内需战略基点，发挥民生消费品制造业优势，引导企业实施增品种、提品质、创品牌"三品"战略，提高供给体系对国内需求适配性。大力发展专业市场、会展经济、现代物流，加快构建海陆空铁多式联运通道，打造区域商贸物流重要集聚地。紧抓"一带一路"、RCEP协议签订、福建自贸区扩区等重大机遇，用好政策叠加优势，深度拓展市场采购贸易、跨境电商、海外建仓等对外通道，构建"晋江制造"海外供应链。深化晋台融合，密切与港澳同胞合作，推动侨商回归、侨智回家、侨资回流，把"晋江人"优势转换成开放融通优势，全面提升开放型经济水平。

（六）创新供应链金融模式，稳住高质量发展"生命线"

晋江市的经济结构以民营经济作为主体，当前晋江有 7 万多家企业，中小企业占大多数，贡献了 90% 以上 GDP，创造了 90% 以上的就业机会。中小企业融资难融资贵融资乱是当前最大的困境，所以，政府要重视并集中精力专项解决这个问题，要发挥晋江金融机构本外币各项存款余额 1793.1 亿元的资金效用，规避热线走向虚拟经济的风险，盘活实体经济生产要素，用活用好这笔资金，必将成为下一个五年推动实体经济高质量发展的重要力量。创新供应链金融模式可从以下几方面进行。

1. 创新供应链金融服务模式，开拓供应链金融模式"新局"。传统金融机构服务覆盖不足，传统银行在开展保理业务融资时，往往要求融资主体以大中型企业为主，对买方的资信实力配合程度要求较高，单笔金额百万元以上规模都受一定时限的限制，因此，大多数中小企业难以获得正常的融资服务。

所以，供应链金融是供给侧改革和产业发展的必然要求，是企业应对经济新常态的必然选择。因此，要以政府资金带动民间资本，创新无抵押且风险可控的供应链金融模式，更好引导社会资金进入实体经济；推行金融企业混合所有制改革，撬动社会资金参股运营。同时，按混合所有制模式组建金融供应链管理公司，国有企业和民营规模企业共同作为股东，委托社会资本投资人管理运作，通过国有企业相对控股，增加公司公信力，通过社会资本参股和委托专业运营，保障专业化运作，提高公司决策运行效率。

2. 构建更和谐的产业金融生态。创造产业生态共赢，可达"一箭三雕"目标。比如，对于核心企业来说，可以降低采购营销成本，提高供应链稳定性，获得财务收益，提升资本市场表现；对于中小链属企业来说，可以降低生产成本，提高资金周转，降低融资成本，改善经营连续性；对于金融机构来说，可批量获取优质的低风险资产，开发存量客户的增量业务，获取增量客户开拓的新业务，改善利润结构，增加中间性收益。

3. 推进大数据融入供应链金融服务。将金融业务嵌入四大传统产业和高新产业等支柱性产业链条，围绕"龙头"企业梳理价值链条。依托核心企业和现代物流平台的货流、商流、资金流、信息流，有效衔接上下游关联企业的业务特点和融资需求，定制一体化融资方案，鼓励供应链金融公司按照市场机制加大对有订单、有市场、有前景的企业资金扶持力度，进一步发挥供应链金融模式的作用，利用订单、应收账款、产成品等质押，持续纾困惠企，打通供应链金融的"乘数效应"，倍数撬动更多资金流转。构建第三方贷后监管等全链条综合管理服务，进而快速、便捷地为供应链上的企业提供金融产品供给，填补传统金融市场空白。

4. 加强监管确保运营模式风险可控。设置风险预警机制来控制危机，以信用为主，促进金融资源与产业资源相融合，建设健康和谐安全的供应链服务平台，"一链一策"定制风险预警方案。首先要做好基础性调研工作，精准授信，做实企业筛选和合规管理，"一对一"调研掌握申请企业的生产经营、财务、产品美誉度、是否愿意接受贷款和账户被监管、人行征信、有无涉诉等情况，按照"企业净资产＋银行贷款"的一定比例为上限予以授信。其次，做好资金运行封闭监管，合作企业要提供监管仓及银行账号，供应链金融管理公司要对生产交易全过程和所有原材料、半成品和产成品进行监管，全过程封闭资金流，督促企业专注生产经营，专款专用，提高订单消化能力，实现产值和利润良性增长循环。设置企业收回货款后主动还款扣款机制，供应链金融管理公司按照实际用款额度、时间以及约定的月利率收取利息，保证其自身资金良性运转。

【参考文献】

[1]安虎森、肖欢：《我国区域经济理论形成与演进》，《南京社会科学》，2015年第9期。

[2]王磊、张建清：《集群、创新与发展——国外区域经济发展理论及流派述评》，《国外社会科学》，2010年第4期。

[3]何雄浪、李国平：《国外区域经济差异理论的发展及其评析》，《学术论坛》，2004年第1期。

[4]李运祥：《国外区县经济发展模式和经验对中国的启示》，《社会科学家》，2010年第6期。

[5]梁兴辉、王丽欣：《中国县域经济发展模式研究综述》，《经济纵横》，2009年第2期。

[6]廖建辉、金永真、李钢：《中国县域经济发展的六大挑战》，《经济研究参考》，2012年第48期。

[7]辜胜阻、李华、易善策：《推动县域经济发展的几点新思路》，《经济纵横》，2010年第2期。

[8]朱敏：《新经济视角下县域产业转型升级面临的主要问题与路径——以福建省晋江市为例》，《经济纵横》，2016年第12期。

[9]张艺、徐夕湘、何宜庆、吴扬：《金改背景下民间资本规范利用与金融创新研究——以福建省晋江市为例》，《中共福建省委党校学报》，2014年第4期。

[10]肖茜茜：《民间借贷监管问题研究》，《青年与社会：下》，2015年第6期。

[11] Vernon, R. (1966).International Investment and International Trade in the Product Cycle Material Source.*The Quarterly Journal of Economics, 80*（2），

190-207.

[12]习近平:《研究借鉴晋江经验　加快县域经济发展——关于晋江经济持续快速发展的调查与思考》,《人民日报》,2002年8月20日。

[13]刘文儒:《在中共晋江市第十三届代表大会第五次会议上的报告》,2021年1月5日。

[14]张文贤:《在晋江市第十七届人民代表大会第五次会议上的报告》,2021年1月12日。

推进乡村振兴的"晋江经验"①

[摘　要] 党的十九大提出实施乡村振兴战略。乡村振兴战略是全面建设社会主义现代化国家的必然选择。晋江市坚持以"晋江经验"为指引，从建设新农村到实施"百村示范、村村整治"和"家园清洁行动"，再到全面推进乡村振兴，通过政策规划先行、促进产业融合、土地集约经营、壮大集体经济、振兴乡村文化、实施生态立市、打造善治乡村、构筑人才支撑等，不断探索与实践，努力推动晋江城乡融合发展，打造乡村振兴"晋江样板"，书写乡村振兴晋江篇章。

[关键词] 乡村振兴　晋江经验　实践举措　实践启示

党的十九大报告提出，实施乡村振兴战略。中共中央、国务院《关于全面推进乡村振兴加快农业农村现代化的意见》指出："民族要复兴，乡村必振兴。"众所周知，我们已如期全面建成小康社会，已踏上全面建设社会主义现代化国家新征程。全面建设社会主义现代化国家，实现中华民族伟大复兴，最艰巨最繁重的任务、最广泛最深厚的基础、最大的潜力和后劲都在农村。实施乡村振兴战略，是实现中华民族伟大复兴的必然要求，其意义重大而深远。

2002年6月，时任福建省长的习近平同志到晋江市调研，总结提出了"晋江经验"。在"晋江经验"的指引下，晋江经济社会发展迅速，2020年位居全国县域经济综合竞争力100强排名第五位。这些年来，晋江持续加强"三农"工作，深化"三农"体制改革，积极推进乡村振兴战略在晋江落地落实，

---

①　本文系2021年7月福建省乡村振兴研究会首届老区苏区乡村振兴研讨会参会论文，后收录于研讨会论文汇编。作者：徐夕湘。

全力推进农村创业创新，激发农民创业热情，加快培育农业农村发展新动能；全市农业农村发生翻天覆地的变化，基础配套更加完善，环境面貌显著改善，农民收入不断增长。2018年4月，晋江市被农业农村部评为全国农村创业创新典型县（市）范例；2019年5月23日至25日，全国推进农村创业创新现场交流会暨经验推介活动在晋江举行。在"晋江经验"指引下，乡村振兴战略在晋江这片热土上得到生动实践。

一、晋江推进乡村振兴的实践与成效

改革开放以来，晋江经济高速发展，为乡村振兴奠定了良好的基础。从2006年党的十六届五中全会提出建设社会主义新农村，到2017年党的十九大提出乡村振兴战略，晋江市委、市政府认真贯彻党的战略方针，准确把握市情，坚持"让农业成为有奔头的产业，让农民成为有吸引力的职业，让农村成为安居乐业的家园"的总体目标，奋力推动晋江新农村建设和乡村振兴。

（一）政策规划先行

晋江作为福建省县级市，具有得天独厚的区位优势和丰富的资源优势。晋江市地处闽南金三角的核心，位于福建省东南沿海、泉州市东南部，与台湾一水之隔；全市陆地面积649平方公里，海域面积957平方公里。市域交通发达便捷，有泉厦、泉三高、晋石三条高速公路，有福厦铁路，有围头港、深沪港、晋江陆地港，还有泉州晋江国际机场。晋江属亚热带海洋季风气候，拥有丰富的植物资源和旅游资源。2018年至2020年，全市GDP总量分别为2229.00亿元、2546.18亿元、2616.11亿元，其增速分别为9.0%、8.0%、4.2%，具有深厚的发展基础和强大的比较优势。

自2005年以来，晋江市委、市政府先后制订了新农村建设"十一五""十二五"规划纲要，动员组织全市广大干群，按照新农村建设二十字方针建设美好家园、建设美丽晋江。2006年12月15日，晋江市第十五届人民代表大会第一次会议提出，今后五年的主要目标：以整洁的村容村貌优化城市环境，认真实施"百村示范、村村整治"和"家园清洁行动"，以百企联百村推动共建新农村。晋江市委、市政府立足市情，结合面临的发展形势，深入研究、精心谋划、认真实践，逐步探索出了富有晋江特色的美丽乡村十种模式，即侨资带动型、集体推动型、产业带动型、公司运作型、环境整治型、生态旅游型、村企共建型、乡风文明型、文化保护型、生态农业型。十种模式契合晋江的市情,有力地推动了晋江新农村建设和乡村振兴战略在晋江的实践。

（二）促进产业融合

农村改革 40 余年的实践告诉我们:只有产业振兴,才能增强乡村吸引力,带动资本、人才等生产要素向乡村汇聚,才能让农民看到希望。晋江坚持以"晋江经验"为指引,立足自身优势条件,坚持以市场为导向,坚持把产业发展作为推动乡村振兴的重要抓手,努力打造晋江特色产业;同时,认真贯彻《关于推进农村一二三产业融合发展的指导意见》,努力推动农村一二三产业紧密连接、融合发展。

晋江在近几年加快发展特色农业产业,形成"五色"特色优势产业。其中,黄色产业之衙口花生,晋江常年种植面积 2.5 万亩左右,年产"衙口花生"8000 吨左右,年产值约 4 亿元。绿色产业之辣椒种植,是新落户晋江的种植业,种植面积 2 万多亩,年产值约 3 亿元。紫色产业之晋江紫菜,晋江汇聚了 50 多家紫菜精深加工企业,年加工、销售紫菜 4 万多吨,产值 20 多亿元。蓝色产业之鲍鱼养殖,晋江现拥有专业鲍鱼养殖户 158 家,年产鲍鱼2000 多吨,年产值 15 亿元左右。

晋江在发展特色产业的基础上,积极推进农村一二三产业融合发展,通过产业联动、要素集聚、技术渗透、体制创新等方式,将生产要素进行优化配置,整合生产、加工和销售、餐饮、休闲以及其他服务业,努力延伸产业链、扩展产业范围。2020 年,在确定的 259 个镇(乡)开展农业产业强镇建设名单中,福建省 10 个乡镇入选,晋江市东石镇以胡萝卜主导产业优势上榜。晋江是全省最大的胡萝卜种植基地,冬种胡萝卜面积占全省四分之一,年产值超 7 亿元。胡萝卜不仅是晋江的特色农产品,也是国家农产品地理标志登记产品。东石镇胡萝卜生产基地面积 1.95 万余亩,主要种植坂田七寸等高产优质胡萝卜品种,年总产量保持在 12.68 万吨,平均年产值达 5.2 亿元,产品主要销往欧美日和国内大商场,受到高端市场的欢迎。东石镇胡萝卜产量产值占晋江市的 1/3,占全省约 1/6。标准化生产规模效益明显,拥有绿色食品认证 3 个,无公害产品认证 22 个;按照无公害生产标准生产 16300 亩,覆盖率达 80%。东石镇充分发挥企业主体与资金配套政策的牵引力，构建"公司 + 农户 + 企业"发展模式，发挥工业基础优势进行胡萝卜深加工，全镇有产品加工企业 32 家，年加工 223 万吨；创新合作平台，成立院士专家工作站，推动产学研融合；利用技术优势与营销网络拓展冷藏物流配送和销售渠道；利用合作营销优势提升抗击市场风险的能力。

（三）土地集约经营

改革开放以来，家庭联产承包责任制加速了我国农业农村的发展，但土地分散经营也带来了问题：土地零碎分散，专业化规模化程度低；对接市场抗御风险的能力差；劳动力弱质化，现代农业技术难以推广；市场议价能力弱，农业专业化程度低；职业化的新型农民难以成长等。这些问题既制约了农业的规模经营和提质增效，也不利于农村新产业与新业态的发展。晋江市针对这些问题，以提高土地资源使用效率为根本目的，紧紧扭住"改革创新"这个牛鼻子，深入实施农业供给侧改革，盘活乡村土地资源，实现乡村资源最优配置，让市场在乡村资源配置中起决定性作用，让土地产生更多的财富。

早在 1996 年，晋江市委、市政府提出并实施四个集中，即耕地向规模经营集中、企业向工业园区集中、民宅向居住新区集中、人向城镇和市区集中。针对农业用地，2014 年晋江市就成为国家农村产权制度改革试点，将所有权、承包权、使用权分置，部分乡村开始实行土地集约经营。如西园街道社区，党支部把发展壮大集体经济作为推动乡村振兴的动力之源。自 1997 年始，西园街道社区将近 960 亩抛荒地收归集体统一经营流转，每年出租收入 70 多万元。2018 年，将集体土地 568.47 亩流转给田园风光项目，每年创收 180 多万元；建成 15 栋物流仓库发展仓储物流业，每年租金收入 260 多万元；投入 9000 多万元建设富仕山庄安置房，对外出售剩余的住房、车库，增加收入 750 多万元。目前，社区集体资产达 7500 多万元。内坑镇黎山村，拥有基本农田近千亩。2018 年 11 月成立了黎山村经济联合社，通过"联社"进行土地流转，统一运营，提高土地利用率，同时获得新增耕地指标。此项 2021 年起每年可新增集体收入 50 万元以上，可增资产 600 万元以上。针对宅基地，推出三大举措：落实宅基地集体所有权，打造宅基地抵押、活态利用的"农房乐"新业态；保障宅基地农户资格权，出台《晋江市农村集体经济组织成员资格认定指导意见》，保障集体成员获取宅基地的资格权；放活宅基地和农房使用权，推动宅基地抵押贷款从独立授信向批量授信提升。针对村集体建设用地，通过实施建设统一用地市场、盘活退出宅基地、打通宅基地退出入市途径三项措施，实现村集体建设用地综合开发、挂牌转让。与此同时，积极创新土地管理模式，在出台《晋江市村庄规划编制指导意见》、村级土地利用规划和城乡建设规划相融合（"两规合一"）的基础上，利用"互联网+"新技术，开发全省首个宅基地审批系统，实现审批扁平化、分析智能化、管理规范化、服务便利化。探索实施"集体经济+个人"模式，通过发挥主体多元参与作用、建立城市改造利益共享机制、完善群众利益多元保障机制、统筹建立土地收益分配机制等措施，不断增添推动乡村振兴的发展活力。

（四）壮大集体经济

习近平同志在《摆脱贫困》中明确地指出，加强集体经济实力是实现共同富裕的重要保证；发展集体经济实力是振兴贫困地区农业的必由之路，是促进农村商品经济发展的推动力。发展壮大集体经济，能为农村（社区）公益事业建设持续推进提供重要的经费来源，是巩固农村基层党组织领导核心地位的重要手段，是强农业、美农村、富农民的重要举措，是构建和谐农村（社区）和实现乡村振兴的必由之路。晋江坚持问题导向，以改革创新为动力，准确把握集体经济的内涵，积极发展壮大集体经济，夯实发展根基，丰富"晋江经验"。

在发展壮大集体经济过程中，晋江发扬敢为人先的精神，勇于先行先试，积极探索实践。2013年，晋江出台了《关于进一步发展壮大村级集体经济的若干意见》，并制定九项配套政策，形成"1+9"系列政策，逐步探索出了推动集体经济发展的"三大抓手"。一是三产融合壮大集体经济。实施"5515"工程，将农村产业融合发展与新型城镇化建设有机结合，通过延伸农业产业链、发展农业新型业态、加快农业结构调整、拓展农业多种功能、引导产业集聚发展等举措，促进农村三次产业融合发展，并发展壮大集体经济。二是改革农村土地盘活集体经济。通过产权制度改革，把农村分散的土地集约起来，统筹进行土地流转、获得新增耕地指标等，以增加集体收入。三是激活生态资源培育集体经济。通过保护山水林田、修缮古老房屋、打造文化古街等，盘活生态资源，发展旅游，壮大集体经济。全市村（社区）集体经营性收入全部突破 20 万元。

（五）振兴乡村文化

文化是一个国家、一个民族的灵魂。文化兴国家兴，文化强民族强。广大的乡村是中华优秀传统文化的沃土，积淀着中华民族五千多年来最深沉的精神追求，是中华民族"根"与"魂"的守望者。推动乡村振兴，文化建设既是重要内容，也是重要保障。在晋江，中原文化、海洋文化、闽南文化、华侨文化、宗教文化等多元文化相互交融、相映成辉。晋江市深入贯彻习近平总书记关于乡村振兴的重要论述，坚持以人民为主体，坚持以社会主义核心价值观为引领，以城乡文化融合引领乡村文化振兴，保护传承发展乡村优秀传统文化，提升乡村公共文化服务质量，丰富乡村群众文化生活，努力促进乡村文化产业、文化经济的繁荣。

在推进乡村振兴的过程中，晋江市努力为乡村振兴插上文化的翅膀，赋予文化的内涵，寻求文化的价值，让美丽乡村成为美丽晋江的底色。一是乡村规划建设融入文化元素。与村情相结合，认真分析空间位置、气候特征、文化底蕴、生态本底、产业特色、基础设施、人才保障等资源要素禀赋，突出地域文化特征，努力打造特色乡村；凸显现代社会乡村价值，把生产价值、生活价值、社会价值、生态价值、人文价值、美学价值体现于乡村规划建设中。二是以制度建设执行引领新风尚。通过制定实施《晋江市移风易俗、弘扬时代新风行动方案》和《主体责任清单》，努力破除陈规陋俗、遏止不良风气，从而树立守法、文明、环保、节约的民俗新风。三是培育建设特色文化乡村。加强基层文化阵地建设，完善群众体育组织网络和服务体系，建设一批群众体育锻炼的场地设施。遵循"一村一特"的工作思路，制定多样化的发展路径；充分挖掘古村落历史人文价值、旅游价值和建筑价值等；按照保护为主、合理布局、适度开发的思路，通过探索建立古村落保护基金会、股份制等形式，吸引社会各界参与特色文化乡村建设。

（六）实施生态立市

"绿水青山就是金山银山。"农村要美，关键在于生态保护，讲究人与自然和谐共生。晋江在实施乡村振兴中，认真贯彻新发展理念，将"生态立市"

的理念融入经济、社会发展全局，坚持绿色发展、实施绿色工程、发展绿色产业、培育绿色文化，通过推进"一革命四行动"，推动交通、能源、市政、水利、信息化、环保和社会事业等"6+1"基础设施向农村倾斜延伸，全力建设天蓝、地绿、水清、岸美的大美晋江，让百姓看得见山、望得见水、记得住乡愁，让田园变公园、农房变客房、劳动变体验，使乡村的经济价值、生态价值、社会价值、文化价值日益凸显。

晋江把生态文明建设当作民生工程，以改善环境质量为核心，坚持"攻坚治理"与"顺应保护"两手抓，积极发展生态产业。一是打好农业农村污染治理攻坚战。新塘街道南塘社区，以主题党日活动"动真格"推动农村污染治理。自2017年5月25日，南塘社区正式启动党支部"主题党日"活动试点以来，每个月25日，开展社区环境卫生整治，全民参与环境卫生整治成"新潮流"。二是尊重自然顺应自然保护自然。金井镇的塘东村，坚持不挖山、不填塘、不大拆大建，不改变田园肌理，不破坏河流沟渠，不砍伐成形竹木，依托原有水系、田园、林地、道路布局乡村建设；不简单地拆除老旧村落，以自然生态构建"绿道环"、串联"景观链"、联通"河湖网"，形成清新明亮的乡村生态民居布局。三是探索生态文化旅游强村新路。紫帽镇紫星村，2014年被列入泉州市级新农村建设试点示范村，并申报福建省生态文化村，2020年被命名为福建省森林村庄。近年来，紫星村还结合美丽乡村建设、五水共治等工作，充分利用现有闲置地资源，大力开展植树造林，有针对性地开展植树增绿。紫星村有4个公园、13处微景观，林木覆盖率70%左右，人均公共绿地40平方米以上；干道、河道等宜林地绿化率达到95%以上，平原林网控制率达到95%以上，村级骨干道路绿化率100%，形成全村贯通的绿色通道网络。

（七）打造善治乡村

乡村治则百姓安，乡村稳则国家稳。实现乡村振兴需要良好的秩序，而良好的秩序则源自有效治理。党的十九大把"治理有效"作为实施乡村振兴战略的总要求之一，并提出："有事好商量，众人的事情由众人商量，是人民民主的真谛。"晋江市认真贯彻党的十九大精神，积极把基层社会治理与乡村振兴结合起来，以健全乡村治理体系着力打造善治乡村。

晋江在推动乡村治理中，一是健全乡村社区治理体系。构建社区权责体系，以村务（社区）专职工作者队伍管理体制改革为突破口，整合村级各机构人员，构建"一个中心、若干网格"运转机制，从纵向上厘清市镇村三级的事、权、责；探索经联社运作、股份制改革、第三方托管等办法，推动党的基层组织、群众自治组织、集体经济组织相分离，从横向上理顺村经关系，逐步推进375家经联社取得牌照，以村集体名义开展村级集体经济运作，避免干部群众之间、新老居民之间围绕权属、分配等经常产生一些纠纷。二是坚持法治、自治、德治相结合，以创新之举推动乡村振兴。构建"一核多元"理念，以党组织为核心多元化发展，推进治理体系和治理能力现代化。大力引导乡村社区制定具有"草根宪法"性质的自治章程，以协商民主为载体，构建化解农村矛盾纠纷新机制，坚持在党组织的领导下，从协商民主议事会的组建、议题的确定、会议的召开、成果的落实等入手，建立程序化运行机制。2017年，港塔村作为英林镇试点协商民主治理机制的试点村之一，率先在全镇召开首个村级协商民主议事会，协商红旗楼的改造重建项目。从当年7月13日组建18人的议事会开始，利益相关人12名全程参与，港塔村召开村民代表大会，经过公示事项、征求意见，召开协商议事会，公告协商结果，石屋代表签订协议，发放征迁补偿款，拆除石屋，公告协商结果执行情况，到11月7日改造启动，仅仅花了不到四个月时间，大大提高了工作效率，盘活了宅基地资源，增强了村集体经济。

（八）构筑人才支撑

党政军民学，东南西北中，党是领导一切的。"党管人才"要管到关键处。新型乡村社区治理体系，首要的是人才，最难的也是人才，夯实乡村人才支撑，关键在党建引领。工业支持农业、城市反哺农村，重中之重是"人才反哺"。

在推进乡村振兴中，晋江市着力构建人才反哺体系。一是构建人才认定机制。2017年，晋江市全国首创基层村书记人才认定机制。在优秀村级党组织带头人中开展农村（社区）治理人才认定工作，释放重才、引才的强烈信号，吸引更多优秀人才回乡担任村干部特别是书记、主任。村书记一旦被正式认定为人才，并发放证书，在经济待遇上、政治待遇上、生活待遇方面，将实现"真金白银"的津贴报酬与个人能力、业绩、贡献更好的挂钩，有力促进"想干事者有机会、能干事者有舞台、干成事者有地位"。二是拓展思路引人才。让经济能人、退休干部、专家学者、海外侨亲等离乡精英"回得来、用得上"，让创新创业、经营经销、科技科研等外来团队"进得来、用得上"；持续推动农业人口转移进城，注重解决农村人口和农业劳动力的老龄化问题，引导部分农民工返乡，大学生回乡"任村官"，科技人员下乡，知识青年上山下乡到农村去创业，高起点发展现代农业、乡村休闲旅游养老等产业。三是创新载体引来筑巢"金凤凰"。在实践中，长期合作的高校达 14 所，专业团队帮助村社规划设计乡村微景观，开展为期三年的"百生百村"乡村志愿服务等活动，逐步引导农村"双创"人才集聚，培育出一批坚强有力的本地创业创新人才；举办农业农村创业创新带头人培训班，聘请创业导师、成功人士分享创业经验及管理知识；组织相关人才赴外县市区学习先进农业技术和经营理念，及时为他们"加油""充电"，帮助创业者更有头脑、更懂技术、更能经营、更善管理。截至 2020 年底，晋江市共培训新型职业农民 3500 多人，认定新型职业农民 477 人，涌现出一批有文化、懂技术、会经营、善管理的农民。

二、晋江推进乡村振兴的实践启示

在推进乡村振兴的进程中，晋江广大党员干部以高度的政治自觉、思想自觉和行动自觉，深刻认识市情、研究市情、把握市情，开拓创新、勇于探索、积极实践，把党中央的决策部署创造性地运用于晋江，努力打造乡村振兴"晋江样板"，其过程带给我们深刻启示。

（一）必须坚持党建引领

100 年的党史启示我们：中国共产党领导是中国特色社会主义最本质的特征，是中国特色社会主义制度的最大优势。只有始终坚持党的领导，我国社会主义革命和建设才不断书写新辉煌。党政军民学，东西南北中，党是领导一切的。在推进乡村振兴的进程中，晋江市坚持党对农村工作的全面领导，以高质量党建引领乡村振兴，突出政治引领、思想引领、组织引领、先锋引领，将打造一套抓农村基层党建的责任机制、打造一支忠诚担当实干的村干部队伍、打造一支识大体顾大局的党员队伍协调推进，努力构建科学的体制机制，筑牢富有战斗力的支部堡垒，把党建工作和乡村振兴工作有机结合起来，有力促进了乡村振兴的"晋江样板"实践。

（二）坚持共同富裕

为中国人民谋幸福，为中华民族谋复兴，是中国共产党人的初心和使命。共同富裕是社会主义的本质要求，是人民群众的共同期盼。实现全体人民共同富裕是我们党一贯的追求。第一个百年奋斗目标全面建成小康社会已经实现，我们已经踏上全面建设社会主义现代化国家新征程，我们必须把促进全体人民共同富裕摆在更加重要的位置。晋江在推进乡村振兴过程中，通过发展特色产业、推动农村一二三产业融合发展、盘活农村土地资源、激活农村生态资源，构建公司运营模式、村企合作模式、资源盘活模式、服务配套模式、产权置换模式，增加农村劳动的就业，促进农民增收致富；通过成立村慈善协会实现弱有所扶，通过成立养老院实现老有所养，努力提高村民福利，改善村民生产生活条件，让发展成果由村民共享，不断提高村民幸福指数，从而有力彰显社会主义的优越性。

（三）坚持壮大集体经济

集体经济是我国社会主义公有制经济的重要组成部分，是中国特色社会主义的显著特征。发展壮大农村（社区）集体经济，可以为农村（社区）公益事业建设持续推进提供重要的经费来源，为促进农村群众共同富裕、推动农村持续稳定发展奠定坚实的基础。晋江在推进乡村振兴中，坚持把发展壮大集体经济作为实现乡村振兴的根本基础，通过三产融合壮大集体经济，通过农村土地改革盘活集体经济，通过激活生态资源培育集体经济，加快发展村集体经济。2020 年全市村均财政收入超 100 万元，为中国特色社会主义现代化乡村振兴提供了借鉴。

（四）坚持统筹协调

习近平同志在宁德工作的时候就提出"经济大合唱"。2015 年 10 月，党的十八届五中全会提出创新、协调、绿色、开放、共享五大发展理念。乡村振兴是一项复杂的系统工程，包括产业振兴、人才振兴、文化振兴、生态振兴、组织振兴。晋江在推进乡村振兴中，按照"产业兴旺、生态宜居、乡风文明、治理有效、生活富裕"的总要求，坚持把实现人民生活富裕作为第一目标，把产业发展作为重要抓手，协调乡村振兴各项工作，坚持以农村供给侧结构性改革激发内生动力，走出了一条兴旺、和谐、美丽的乡村振兴发展之路。晋江先后被确定为全国首批乡村治理体系建设试点示范县、全省乡村振兴重点县，英林镇、磁灶镇被确定为省级乡村振兴特色乡镇，深沪镇运伙村等 20 个村被确定为省级乡村振兴试点村。

（五）坚持一张蓝图绘到底

习近平同志曾指出，要有"功成不必在我"的精神，一张好的蓝图，就要一茬一茬接着干。一个地方的发展好比一场没有终点的接力赛，既需要前人打下良好的基础，又需要一茬又一茬的党员干部群众齐心协力、持续推动。从制定新农村建设二十字方针到实施"百村示范、村村整治"和"家园清洁行动"，再到中共晋江市第十三届代表大会第五次会议提出以做强做优特色现代农业、建设美丽宜居乡村、深化农村综合改革举措，进一步推进乡村振兴，始终都是围绕"实现人民幸福"这个初心，围绕"乡村振兴"这个目标，坚持一张蓝图绘到底、一棒接着一棒干，使一张科学的、切合实际的、符合晋江人民愿望的美好蓝图逐渐变为现实，以实实在在的成效向晋江人民交出满意的答卷。

二、课题设计

>>>>>>>>>

晋江模式新动力——资本市场——基于晋江上市公司的制度分析

民营企业股权融资风险预警机制及控制策略研究——以晋江市境外上市公司为例

政府在推进企业上市中的制度效用分析——基于"晋江经验"的实证分析

政府信用激活民间资本的政策思考——以晋江为例

福建省人口—空间—产业城镇化协调性研究

福建省财政金融政策支持新型城镇化建设的 VAR 模型测度分析

《"晋江经验"样本 ——大埔村乡村振兴的实践与启示》现场教学方案

晋江坚守实业之路研究

晋江模式新动力——资本市场

——基于晋江上市公司的制度分析 ①

一、选题

（一）本课题国内外研究现状述评

学术界总结县市经济发展的实践，把我国经济发展的模式分为三种：苏南模式、温州模式和晋江模式，分别代表政府主导型、市场主导型和政府与市场结合型的发展战略。自 20 世纪 80 年代以来，苏南模式呈现出经济发展后劲不足，温州模式难以形成规模经济、经济发展结构难以转型的发展困境，而晋江模式却形成了以产业集群、品牌经济为标志的工业化现代化发展道路，晋江成为"中国石材之乡""中国陶瓷重镇""中国鞋都""中国纺织名城""中国伞都""中国运动服装名城""中国体育产业基地"等，同时具有一批全国和国际影响的品牌企业。晋江模式遂成为我国县市经济发展的典范。

研究和探索晋江发展模式新动力，成为当前区域经济研究的焦点。当前研究晋江模式的特点主要从政治、社会结构、社会事业、城乡建设等宏观层面把握（陆学艺，2007；黄陵东，2007；贺东航，2007；樊纲，2004），得出许多深刻的结论。但是我们认为，晋江宏观经济层面的改善源于微观经济的发展，即晋江宏观经济的发展是微观经济兴盛的结果而不是原因，从微观机制分析晋江模式的新动力，特别是从资本市场的角度出发，探索企业为上市而改善其治理结构即由传统合伙制走向现代企业制度，从而改善企业经营管

① 福建省社会科学规划 2008—2009 年度基金资助项目（项目编号：2008B050）。项目负责人：徐夕湘；项目参加人：高伟生、陈燕华、李光军、谢云。

理体制，提高微观企业的经营绩效，达到以"制度"创造资本、以"制度"促进经济发展的目的，为企业在资本市场融资创造软条件，推动企业经营机制的转型。

（二）选题的意义和价值

党的十七大提出壮大"县域经济"的号召，福建省的"十一五"规划纲要提出建立海峡西岸经济开发区的长景规划，晋江作为我国的"百强县"、福建省经济的前哨，其经济发展将直接影响整个福建的经济幅度。

晋江是我国民营企业主要地区之一，晋江民营企业的转型一直以来是学术领域讨论的焦点问题。但是相对集中于传统领域以家族管理为主的晋江企业，其经济发展是否已走到了一个拐点？产业能否进一步升级？要保持在福建县域经济中持续走在前列的地位，其新的经济增长点在哪里？新动力在哪里？我们认为晋江民营企业以上市为契机，做大做强企业，达到健全企业制度、实现企业转型的目的。我们的课题将通过对当前在资本市场上市的十家晋江品牌公司的实体研究和制度分析，综合这些品牌企业经营制度的改善模式，为晋江即将上市的公司及后续想上市的公司提供指导；同时通过总结晋江民营企业的经营机制的转型，更好地诠释晋江模式，推广晋江的发展经验，填补过去仅从宏观层面研究而忽视微观层面研究的空白，为我国探索符合国情、市情、县情的发展道路提供参考。

（三）预期价值

1. 本课题从晋江上市公司通过资本市场融资达到改善微观经营机制，进而提高晋江宏观经济发展动力的角度出发，首次从微观的角度诠释晋江经济发展模式，为我国县域经济的发展提供一个新的视角。

2. 本课题具体从十家上市公司的背景、企业治理结构的制度改进与替代、晋江板块整体的制度变迁、上市公司制度的二次变迁进行分析，总结上市公司的制度结构变迁经验，为晋江企业的上市和整体经济的转型提供参考，为海峡西岸的发展出谋划策。

3. 本课题分析晋江模式在新的历史条件下，政府为企业的转型所起的作用和企业经营效果的改善对政府所产生的影响，论证在新的历史条件下科学发展观在政府与市场关系中的作用。

二、内容

（一）主要内容

本课题从制度变迁的角度出发，从四个方面对晋江十家上市公司展开论述：公司的背景分析，企业治理结构的制度规范化分析，正在形成中的晋江板块整体的制度建设分析，上市公司制度的二次变迁的思路。我们认为通过资本市场的引入将对上市公司产生积极的影响，主要表现在改制前的状况和改制后的效果。

改制前的状况：1.公司的信用度得不到有效认可，融资途径不广泛，企业发展主要通过内部资本积累和少量银行贷款，企业难以做大做强；2.民营企业在资本积累过程中得益于产权、税收、财务等方面政策的"不清晰"，民营企业是由家族成员或亲戚朋友、同学乡邻等创立的，创业入股内容、比例很多不明确，产权不清晰，容易产生纠纷，威胁企业发展；3.晋江民营企业主要采用家族式管理，公司在运营系统、资讯、财务、人力资源管理等方面不透明，没有完善的现代企业制度，优秀人才很难吸引，企业经营决策往往不够科学，危及企业的生存和发展；4.晋江民营企业对企业的宣传主要通过广告进行，成本投入大，覆盖面有限，市场对品牌认识度不够深，成功率相对不高。

改制后的效果：1.企业借助资本市场的直接融资机制和市场化的低成本扩张机制，迅速提升主营业务，实现了做大做强。2.明晰了产权，促进资产增值，提供企业退出机制，上市规范化过程中，企业借助政府的支持，以最快的速度、最低的成本妥善地解决和纠正以往存在的问题和缺陷，使资产阳光化，受到法律的保护。3.规范了企业的经营管理，企业上市后在证监机构的监管和股东的监督下，完善公司治理结构，改善公司的监控、资讯管理及营运系统，健全财务、税收和人力资源管理制度，提高公司的管理水平。同时，企业上市后吸引高端人才加盟，为公司提供科学的决策支持。4.提升了企业品牌的影响力，通过资本市场自动宣传，可以起到广告效果，其覆盖面广阔，从晋江走向中国走向世界，增强了企业的知名度和员工的向心力。

在取得直接的企业效应的同时，也达到了增加政府的财政收入、促进产业的发展与升级、实现企业的技术创新和产业升级等间接效果。

（二）重点和难点

1. 重点

本课题将构建有关恒安国际、安踏体育、凤竹纺织等十家上市公司为主要内容的案例分析框架，通过上市公司前后经济绩效的比较，论证企业制度的改善对企业发展的影响；同时应用时间序列方法分析企业制度改进对自身和晋江整体经济发展的实际影响。

2. 难点

由于课题建立的分析框架在国内的研究相对较少，文献不多，因此我们需要搜索相关的外文文献；我们要做的时间序列分析，很多数据涉及企业的商业秘密，需要和晋江市政府紧密合作。

（三）主要观点

1. 晋江民营企业只有通过资本市场运作，才能有效地进行低成本扩张，改善企业本身的经营业绩，理顺内部企业管理制度，建立符合现代企业竞争的企业制度。

2. 大力开展宣传培训工作，努力提高企业上市知识水平。许多企业较少涉及资本市场，企业家对资本市场的功能、作用缺乏全面的了解，因此必须让企业明白上市给企业本身带来的好处，做好舆论宣传，创造良好的资本市场运作氛围。

3. 政府应切实加大帮扶力度，加快推进企业上市工作进程。晋江民营企业发展过程中累积的问题较多，改制上市工作较其他地区更复杂。为此，政府要建立联络协调机制，把解决某些政策性障碍和历史遗留问题作为工作重点来抓，以消除企业思想顾虑，增强工作内在动力。

（四）创新

根据我们掌握的资料和对当前关于晋江模式研究情况的理解，我们认为本课题有以下两大创新之处：

1. 研究角度的创新：从微观的角度分析晋江模式发展的动力。传统的研究关注晋江政府与市场结合型的发展模式，从宏观或中观的角度分析晋江经济的发展，我们认为这样的战略在经济转型的前期对经济发展起了很大的作用，但是在经济转型的后期，企业的制度建设应该是经济发展的主要动力。

2. 研究方法的创新：将制度分析与时间序列分析相结合。传统的有关晋江经济发展的文章，主要从定性的角度分析晋江模式的合理性。本课题不仅从制度分析的角度出发，论证企业制度改善的收益，还应用时间序列分析方法，从定量的角度分析企业制度改善对企业在资本市场的走势、对晋江整体的经济发展、产业结构产生的影响给出解释。

（五）基本思路和方法

以恒安国际、安踏体育、凤竹纺织等十家上市公司为案例，通过上市前后企业产值、研发投入、经营效益以及企业治理结构的比较，同时根据股票的走势，应用时间序列分析方法预测其长期增长率，分析说明制度作为一个变量为企业经济高速增长提供的约束激励和保护自身的作用。如何运用一种效率更高的制度取代原有制度？怎样解决制度短缺，扩大制度供给以获得潜在收益？本课题通过梳理晋江板块制度变迁的实践操作，为上市公司推进制度变迁提出一些对策，希望能够给晋江各企业提供一些有一定参考价值的分析。

同时，结合企业改制后主要经营指标改善和晋江建市以来经济发展的成就，建立二者之间的经济联系，应用时间序列的分析方法，意在验证：1. 晋江企业制度的改进是否带来晋江产业结构的提高以及经济的发展；2. 当前晋江企业的上市对整体经济的短期和长期影响是什么；3. 主打企业的上市对晋江其他企业的影响绩效是多大；4. 在存在"破坏者"即上市以短期利益为主、在资本市场圈钱的情况下，晋江市政府应该建立什么样的制度安排，规范企业上市。

三、研究基础

（一）已有相关成果

[1] "美中贸易与美国对华直接投资相互关系研究"，科研项目。

[2] "中国核心通货膨胀的应用及研究"，科研项目。

[3] "泉州民营企业融资难的成因与对策研究"，科研项目。

[4]《区域内地方政府合作与竞争的博弈分析》，经济论文，2007 年。

[5]《地方政府间竞争行为的博弈分析》，经济论文，2008 年。

[6]《转型时期地方政府间竞争成本与收益的阶段性特征》，经济论文，2008 年。

[7]《网络经济的伦理问题》，经济论文，2004 年。

[8]《不容忽视的遗憾指数》，经济论文，2007 年。

[9]《中国网络期待激情》，经济论文，2005 年。

[10]《社会主义市场经济所有制问题》，经济论文，2005。

（二）主要【参考文献】

[1] 陆学艺:《晋江模式新发展——中国县域现代化道路探索》，社会科学文献出版社 2007 年版。

[2] 黄陵东:《内发的变迁》，社会科学文献出版社 2007 年版。

[3] 贺东航:《从内生型城市化到建构型城市化——我国城乡一体化中的"晋江模式"》，《东南学术》，2007 年第 2 期。

[4] 贺东航:《地方社会、政府与经济发展——闽南晋江模式的生成与演变》，厦门大学博士学位论文，2004 年。

[5] 樊纲:《晋江发展模式:政府公共服务推动下充分发挥市场配置资源的基础性作用》（课题报告），2004 年 12 月。

[6] 吕振奎:《"晋江模式"新内涵与晋江民营企业品牌发展策略》，《福建论坛（人文社会科学版）》，2007 年第 8 期

[7] Williamson，O.，& Winter，S.（1993）. *The Nature of the Firm：Origins，Evolution，and Development.* Oxford University Press，Inc.

民营企业股权融资风险预警机制及控制策略研究

——以晋江市境外上市公司为例 ①

一、选题

（一）本课题国内外研究现状述评

1. 本课题国外研究现状

20 世纪 30 年代西方学者就陆续开始对企业财务预警问题进行研究，一般把它们分为定性预警分析和定量预警模型两类。由于定性分析具有主观性过强等缺陷，因此很多国外学者开始了定量财务预警分析方法和模式的研究，提出了各种不同的财务预警的方法和模型。美国的比弗（Beaver，1966）最早运用统计方法建立了单变量财务预测模型，他首先以单变量分析发展出财务危机预测模型，使用债务保障率等五个财务比率分别作为变量对样本进行一元判定预测。最早应用 MDA 模型的是美国学者奥尔特曼（Altman，1986）建立的 Z 分数模型，Z 分数模型是建立在单变量模型的度量指标的比率水平基础之上的多变量模型，能够区分破产与非破产的公司。自 20 世纪 70 年代末以来，Logistic 方法在财务危机预警中应用较多，比较著名的是奥尔森（Ohlson，1980）的研究。该方法是根据样本数据使用最大似然估计法估计出各参数值，经一定的数学推导运算，求得公司陷入财务危机的概率。

2. 本课题国内研究现状

国内学者的研究也是侧重于定量方面的研究。周首华、杨济华、王平

———————————

① 福建省社会科学规划 2011—2012 年度基金资助项目（项目编号：2011B252）。项目负责人：徐夕湘；项目参加人：王海静、石作洲、张志金。

（1996）介绍了如何建立 F 分数模式这一财务预警系统，以供管理决策当局定期地计算 F 分数并作表分析。随着市场上功能日益增强的统计软件的开发与会计资料库的建立，财务管理决策当局可较容易地建立特别适用于本公司或本行业的类似 F 分数模式，以供警告财务危机使用。吴世农、卢贤义（2001）以我国上市公司为研究对象，选取了 70 家处于财务困境的公司和 70 家财务正常的公司为样本，首先应用剖面分析和单变量判定分析选定 6 个预测指标，应用 Fisher 线性判定分析、多元线性回归分析和 Logistic 回归分析三种方法，分别建立三种预测财务困境的模型。王斌、宋鹏（2007）以我国上市公司为研究对象，通过预警模型的建立及检验，寻找到能够预测企业财务危机发生的敏感性指标，旨在建立重点指标观测体系以提高预警效果和效率，同时节约预警成本。于富生、张敏、姜付秀、任梦杰（2009）以我国证券市场 2002—2005 年的上市公司为研究对象，研究了公司治理对企业财务风险的影响。实证结果表明，我国上市公司的公司治理结构对企业财务风险具有一定的影响。朱发根、刘拓、傅毓维（2009）阐述了基于公司治理与会计信息进行财务危机预警的理论依据，从股东、董事会和管理层等三个维度选择了公司治理变量，从偿债、营运、盈利、现金和成长等五方面遴选了会计信息变量；应用非线性支持向量机构建了财务危机预警模型，实证分析表明该模型具有良好的学习和预测能力。

3.国内外研究现状述评

综上可知，国内外对企业风险预警机制的研究，主要侧重于对财务风险预警机制的研究。从上述文献可知，对企业风险预警机制的理论基础研究得少，而对风险预警模型研究得较多；对风险预警机制的理论基础的研究侧重于企业内部控制的较多，而从公司治理角度来分析风险预警的很少，也就近两年来才引起关注。此外，有关风险预警模型的研究又主要侧重财务预警模型分析，并且现有预警模型主要侧重于财务定量数据的使用，对于像宏观经济状况、国家政策的变化、公司治理等定性指标的考虑还较少。因此，本课题将从公司治理和内部控制双视角，采用定量和定性相结合的方式来研究晋江市民营企业境外上市融资风险的预警机制及控制策略。

4.本课题研究意义

地处福建省东南沿海的晋江市有 32 个民营企业在境内外上市，其上市数量超过了我国江阴市，位居我国县级市首位。在 32 家民营上市企业中，有 28 家在境外上市，占 87.5%。晋江的民营企业对接国际资本市场的同时，在境外上市融资过程中存在的许多问题逐渐暴露出来，识别境外上市融资背后的风险就显得非常必要。研究民营企业境外股权融资风险控制，建立风险预警机制，对未来不利因素的不确定性预先警提，以尽量减少损失，成为当前晋江市上市公司的重要课题。因此，本课题通过对资本市场"晋江板块"的实证研究，希望取得以下理论价值和实践价值。

第一，在理论上，尽管内部控制、公司治理与风险管理三者关系的探讨在学术界日渐趋热，但将其放在风险预警机制上讨论还很少。因此，本课题的研究可以丰富风险预警理论知识，为企业风险预警机制的研究扩展新的视角。

第二，在实践上，本课题建立的风险预警机制：（1）可及时监测经营偏差，提出警告，减少损失。（2）可诊断风险预警偏差的原因，及时提出预防措施。（3）可控制企业风险的影响范围，寻求危机的解决办法。（4）可预防同类风险再次出现。总而言之，风险预警机制的构建，对于提高企业的抗风险能力，及时跟踪、监控、预测企业的风险信号，促进上市企业的持续发展，都有重要的实践意义。

二、本课题研究的主要内容、基本思路、研究方法、主要观点

（一）本课题的主要内容

1. 民营企业境外股权融资风险分析：企业境外上市风险是受企业内外界不确定的因素影响的，主要有信息披露的法律风险、上市的发行风险、公司治理结构风险、再融资风险。因此，本课题主要借助公司治理、内部控制及风险管理等理论来阐述。企业战略风险预警的主要理论基础是经济周期理论、扩散理论、公司治理和风险管理等理论，而经营、财务风险预警的主要理论基础是内部控制和风险管理等理论。

2. 民营企业境外股权融资风险预警机制研究：以晋江市 28 家境外上市公司为研究对象，划分处于财务困境的公司和财务正常的公司两类样本，进行剖面分析和单变量判定分析，选定 6 个预测指标，应用 Fisher 线性判定分析、多元线性回归分析和 Logistic 回归分析三种方法，分别建立三种预测财务困境的

模型。目前学术界对企业风险预警的研究大部分局限于财务风险预警模型建立的微观层面，缺乏风险预警的一整套流程的设计和全面评价企业风险的指标体系；研究视野狭窄，没有站在企业全局战略角度来研究。因此，本课题在收集相关文献的基础上，从公司治理和内部控制双视角，采用定量和定性相结合的方式来研究晋江市民营企业境外上市融资风险的预警机制。

3. 民营企业境外股权融资风险控制策略研究：主要从企业风险预警机制建立的意义与原则、企业风险预警机制流程的设计、企业风险预警机制指标体系的设计及风险预警模型的设计等四个方面来论述。从战略、经营管理、财务等企业管理的三个维度，基于风险预警的组织机构及其相应的权责、风险信息的收集与传递系统、风险指标分析系统以及风险应急处理系统等四个流程，分别采用定性和定量的方法对晋江市民营企业境外上市融资风险控制策略进行设计，具体包括：（1）民营企业境外上市风险防范策略；（2）民营企业境外上市风险转移策略；（3）民营企业境外上市风险自留策略；（4）民营企业境外上市风险分摊策略等。本课题主要以晋江市 28 家境外上市公司为分析对象并对所建的预警模型逐一验证与应用。

（二）基本思路

本课题的主要思路是沿着理论分析→现状分析→机制重构→应用分析路线来研究，即在研究前人相关文献基础上，从公司治理、内部控制及风险管理等理论上寻找造成企业风险的原因，找到影响因素并确定变量，选用主成分、多线分析及熵权法等多种数理统计方法，通过比较分析各种已有的风险预警模型，来构建较完善的风险预警模型，并对风险控制策略进行验证比较，得出实证结果并加以解释。

（三）研究方法

1. 定性研究与定量研究相结合：企业风险预警的指标包括公司治理、宏观经济等定性指标，也包括财务等定量指标。

2. 规范研究与实证研究相结合：对企业风险预警机制理论基础及流程设计等进行规范研究，对企业风险预警数学模型建立及应用进行实证研究。

3. 理论研究与应用研究相结合：采用制度经济学、系统动力学及风险管理、组织结构、公司治理、内部控制等理论来构建企业风险预警机制的理论框架；以晋江市境外上市公司为分析对象，采用查找上市公司年报和问卷调查等多种方法对所建立的预警模型进行验证和应用。

（四）主要观点

1. 企业风险预警机制的建立不能只重视风险预警模型的建立，更应注重企业风险预警机制的理论基础研究和风险预警流程的设计，并加强风险的事前、事中和事后的管理。

2. 企业是一个复杂动态的开放系统，从系统科学的角度来讲，企业风险不仅包括财务风险及经营风险，还包括企业整体战略层面风险，因此建立的风险预警机制应分别从战略层面、经营管理层面与财务层面三个维度着手。

3. 企业风险预警指标分析不仅要注重定量指标的分析，还要关注定性指标的分析；指标不仅要包括财务指标等定量指标，还应包括公司治理指标、内部控制指标等定性指标。

三、预期价值：本课题理论创新程度或实际应用价值

1. 研究的理论基础是以公司治理和内部控制双视角来分析。

2. 研究的视野更广，将企业财务风险预警扩大到企业整体层面上来，且细分成三个维度来探讨风险预警机制的研究。

3. 系统动力学和熵权法将在本研究中得到应用。

四、研究基础：课题负责人近年已有相关成果；主要【参考文献】（两类限填 20 项）

（一）课题负责人近年已有相关成果

[1]《基于交易费用视角分析家族式治理模式的优势——以晋江上市公司为案例》，《中央社会主义学院学报》，2009 年第 3 期。

[2]《信息技术创造学习新模式》，《学习时报》，2007 年 2 月（第 372 期）。

[3]《不容忽视的遗憾指数》，《管理与创新》，2007 年第 12 期。

[4]《晋江民营企业融资难的现状及其解决途径》，《福建省社会主义学院学报》，2008 年第 4 期。

[5]《泉州上市企业发展的优势分析》,《中共福建省委党校学报》, 2009年第5期。

[6]《民营企业上市的成本收益分析》,《哈尔滨市委党校学报》, 2009年第5期。

[7]《基于晋江先进装备制造业的思考》,《商场现代化》, 2010年第29期。

（二）主要【参考文献】

[1]Beaver, W.H.（Supplement 1966）.Financial Ratios as Predictors of Failure, Empirical Reseach in Accounting : Selected Studies. *Journal of Accounting Research*, 179-199.

[2]Bland, J. M., & Altman, D.G.（2010）.Statistical Methods for Assessing Agreement between Two Methods of Clinical Measurement.*International Journal of Nursing Studies*, 47（8）, 931-936.

[3]Ohlson, J.T.（1980）.Financial Ratios and the Probabilistic Prediction of Bankruptcy. *Journal of Accounting Research*, 18（1）, 109-131.

[4]周首华、杨济华、王平:《论财务危机预警分析——F分数模式》,《会计研究》, 1996年第8期。

[5]吴世农、卢贤义:《我国上市公司财务困境的预测模型研究》,《经济研究》, 2001年第6期。

[6]王斌、宋鹏:《构建财务危机预警重点指标观测体系——基于中国上市公司的实证分析》,《生产力研究》, 2007年第16期。

[7]于富生、张敏、姜付秀、任梦杰:《公司治理影响公司财务风险吗？》,《会计研究》, 2008年第10期。

[8]朱发根、刘拓、傅毓维:《公司治理与会计信息视角下上市公司财务危机预警研究——理论依据、模型与实证》,《现代管理科学》, 2009年第6期。

政府在推进企业上市中的制度效用分析

——基于"晋江经验"的实证分析 ①

一、选题

（1）本课题国内外研究现状述评

关于制度与经济的关系，国内外学者有过深入的研究：诺斯认为，经济增长的根本原因是制度的变迁，一种提供适当个人刺激的有效产权制度体系是促进经济增长的决定性因素。科斯认为，制度结构以及制度变迁是影响经济效率以及经济发展的重要因素。国内学者苗壮认为，改革就是制度变迁，是一种收益更高的制度（即所谓"目标模式"）对另一种制度（即所谓"起点模式"）的替代过程。改革开放以来，晋江经济发展取得巨大成就，其发展的动力机制问题被广泛关注，成为当前县域经济研究的焦点。对此，许多国内学者及高层管理者从不同的角度对经济发展的原因进行了探讨：如晋江经验其中最重要的一条启示就是"始终坚持加强政府对市场经济发展的引导和服务"（习近平，2002）。在现代化进程中，"强政府"之强，并不停留在政府自身的适应性改革和升级，而是这种升级变迁能否带来强大的经济效应和社会效应（颜烨，2007）。在本课题中我们将制度安排作为推进晋江企业上市的重要引擎进行实证分析，拟说明政府选择最优制度安排打造资本市场"晋江板块"推动区域经济新一轮发展的动因。

---

① 福建泉州市哲学社会科学研究 2011 年规划合作项目课题立项，项目编号：2011H02。项目负责人：徐夕湘。

（二）选题意义

继国务院《关于支持福建省加快建设海峡西岸经济区的若干意见》之后，2011 年两会期间海西发展规划获国务院批准，福建省的"十二五"规划纲要提出建立海峡西岸经济开发区的长景规划，福建省面临新一轮的大发展，时任省委书记孙春兰指出，要创新"晋江经验"实现福建经济跨越式发展。晋江是我国民营经济的先发地区，其产业集群、品牌打造、资本运作成为晋江县域经济最突出的特点和最鲜明的优势，晋江探索走出的具有显著特色的由制度安排来引导和服务市场经济的经验，是福建改革和发展的重要经验。可以说，晋江经验、晋江模式就是福建经济发展的缩影。因此，探讨资本市场"晋江板块"的内在机制和形成动因，能够更好地诠释晋江经验，推广晋江经验，对新形势下推动县域经济实现跨越式发展具有重要的借鉴意义。

二、内容本课题研究的主要内容、基本思路和方法；主要观点

（一）本课题的主要内容

1."晋江板块"发展动因分析。推进企业上市有两大原因：一是来自于政府产业结构政策因素，即通过对产业结构的管制，促进竞争，鼓励产业的发展。发展资本市场可规避由于企业规模扩大而导致的垄断及低效率。在资本市场由于公司控制权的竞争，将竞争机制引入大公司身上，可以促进大企业提高资源使用效率。二是来自于企业本身的动机组合因素。因此，本课题主要从晋江 1998 年以来恒安国际在香港上市到 2011 年"晋江板块"34 家企业在境内外上市的产业状况、总产值增长率、税收增速等几个指标的变化考量其在晋江经济社会发展中的地位，分析企业上市的动机和政府推进企业上市的经济学意义。理论支撑主要有制度经济学方面制度与经济的关系理论、主流经济学政府产业结构理论。

2.晋江政府制度效用分析。以晋江市推进企业上市发展的几个关键时点上出台的重要扶持政策为研究对象，选定几个项目指标，通过政策扶持帮助企业改制到成功上市的效用分析，说明针对性制度安排及其变迁对单项经济增长具有促进作用。目前学术界对促进经济增长动因研究大部分是局限于成本收益理论、劳动生产率增长理论、投入增长理论，缺乏对制度一整套评估

体系及数据考量，同时研究的视野过于笼统，没有站在不同区域的不同发展阶段的产业结构调整和区域发展战略角度将制度作为一个专题来分析。因此，本课题在收集相关文献和数据的基础上，从晋江政府制度安排及变迁推进企业上市的视角，采用定量和定性相结合的方式来研究晋江市政府制度安排和制度变迁推进企业上市的作用。

3. 政府制度变迁策略分析。主要从晋江的制度安排和制度变迁对晋江企业上市发挥的关键性作用来分析。制度变迁是"晋江经验"的重要部分，晋江的制度变迁符合诺斯模型的一般路径，即在地方政府对产权的改造和对企业转型成本的投入方面出台一系列扶持政策，使得当地企业得以轻装上市。由此得出启示：只要存在显著的促进作用，就应该继续保持与经济环境相适应的制度，反之就要变迁，以便达到推动区域经济发展的目标。面对新一轮发展应该如何创新晋江经验，政府应如何选择最优制度加大力度助推好企业上市？策略为：（1）应该引导上市企业建立真实信息披露制度，防范"信任危机"风险；（2）引导后备企业构建标准会计制度，为企业上市降低转型成本和维护成本；（3）出台鼓励产业转型升级制度，使主营业务在利润高端参与国际市场竞争；（4）引导企业把握股权融资及增发方式，控制接管约束等。

（二）基本思路

本研究的主要思路是沿着理论分析→现状分析→未来制度变迁策略研究，即在研究前人相关文献基础上，从"晋江板块"发展动因分析、晋江政府力推企业上市制度效用分析及政府制度变迁策略分析等寻找晋江企业成功上市内在动因，选用项目类别数理统计方法，通过比较分析各种已有的数据，得出实证结果并加以解释，来构建较完善的未来制度模式。

（三）研究方法

1. 定性研究与定量研究相结合：对衡量制度政策安排的经济指标如后备上市企业改制上市成本扶持、上市改制前后税收补缴扶持、上市后三年的税收奖励扶持、公共资源外部性利益的丧失补偿等进行定性与定量分析。

2. 规范研究与实证研究相结合：通过制度变迁理论进行规范研究，通过企业上市成本数据建立及制度安排扶持数据进行实证研究。

3. 理论研究与应用研究相结合：采用制度经济学、发展经济学及区域战略管理等理论来构建政府制度安排理论框架；通过 34 家上市公司数据变量，采用效益对比分析法、效应对比分析法导出制度安排对企业上市的作用。采用查找统计年鉴和职能部门问卷调查等多种方法对所建立的制度模式进行验证和应用。

（四）主要观点

1. 地方经济发展的因素不仅仅是单个企业的成本收益增长、劳动率增长、投入增长，政府制度的变迁也是促进经济发展的重要因素。

2. 晋江板块形成的内在机制是政府在关键的时点上在策应国家宏观政策的前提下安排了最优正式制度和非正式制度进行引导扶持。

3. 制度变迁要遵循经济运行规律。当一个地区人均 GDP 超过 5000 美元之后，经济发展格局、模式、外在要求都会发生变化。晋江人均 GDP 已经超 8000 美元，因此应适应新变化构建一系列最优制度。

三、预期价值

本课题以 2007 年以来晋江政府在力推企业上市过程中出台的一系列引导扶持政策制度为对象，论述政府制度改进与替代对晋江企业上市的促进作用，预期能实现以下价值：

1. 首次从制度变迁的角度诠释晋江经验，为我国县域经济研究提供了一个新的视角和思路；

2. 总结晋江的制度变迁经验，为我国县域经济发展提供参考，为海峡西岸的发展出谋划策；

3. 为新的历史时期经济制度优化方向提供参考，为促进福建县域经济跨越式发展提供理论引导。

四、研究基础

（一）已有相关成果

[1]《基于交易费用视角分析家族式治理模式的优势——以晋江上市公司为案例》，《中央社会主义学院学报》，2009 年第 3 期。

[2]《信息技术创造学习新模式》，《学习时报》，2007 年 2 月（第 372 期）。

[3]《不容忽视的遗憾指数》,《管理与创新》, 2007 年第 12 期。

[4]《晋江民营企业融资难的现状及其解决途径》,《福建省社会主义学院学报》, 2008 年第 4 期。

[5]《泉州上市企业发展的优势分析》,《中共福建省委党校学报》, 2009 年第 5 期。

[6]《民营企业上市的成本收益分析》,《哈尔滨市委党校学报》2009 年第 5 期。

[7]《基于晋江先进装备制造业的思考》《商场现代化》, 2010 年第 29 期。

（二）主要参考文献

[1] 陆学艺：《晋江模式新发展——中国县域现代化道路探索》, 社会科学文献出版社 2007 年版。

[2] 习近平：《研究借鉴晋江经验, 加快县域经济发展》,《人民日报》, 2002 年 8 月 20 日。

[3] [美] 道格拉斯·C. 诺斯：《制度、制度变迁与经济绩效》, 格致出版社 2008 年版。

[4] [美]R. 科斯、A. 阿尔钦、D. 诺斯等：《财产权利和制度变迁》, 上海人民出版社 1994 年版。

[5] 樊纲：《晋江发展模式：政府公共服务推动下充分发挥市场配置资源的基础性作用》（课题报告）, 2004 年 12 月。

[6] 张君良、唐春晓：《解读晋江：改革开放 30 年晋江研究论文选集》, 社会科学文献出版社 2008 年版。

[7]《用"晋江经验"加快推进全省县域经济发展》,《福建日报》, 2011 年 2 月 17 日。

政府信用激活民间资本的政策思考

——以晋江为例 ①

一、本课题国内外研究现状述评及研究意义

（一）本课题国内外研究现状述评

1.学术界总结县域经济发展的实践，把我国经济发展的模式分为三种：苏南模式、温州模式和晋江模式，分别代表政府主导型、市场主导型和政府与市场结合型的发展战略。自 20 世纪 80 年代以来，苏南模式呈现出经济发展后劲不足，温州模式在经济结构转型中"实业微利，全民放贷"导致民间借贷崩盘，而晋江模式进行了顺利转型，建立了资本市场"晋江板块"堪称"中国资本第一县"。晋江模式形成了"晋江经验"。继国务院决定设立温州市金融综合改革试验区后，2012 年晋江获国务院批准"海西金融改革创新先导示范区"。

2.近年来，受金融危机影响，中小企业面临资金难题愈发凸显，而与此相矛盾的是，巨大的民间资本无法通过合法的渠道走上台面进入实体经济领域。面对国内金融市场的结构性缺陷，国内学者提出政府激活、引导民间资本，特别是进入金融领域大有可为（韩榗，2005），指出民间资本进入金融领域对于发展经济的重要性（胡岳岷，2004），明确在市场经济条件下政府信用的重要性（李长江，2003），提出运用财政贴息方式激活民间资本（李放等，2005），提出政府赠股激活民间资本（王兴继，2007）。

---

① 福建泉州市哲学社会科学研究规划 2013—2014 年立项课题（项目编号：2013Y14）。项目负责人：徐夕湘；项目参加人：吴扬。

3. 美国耶鲁大学经济学家 Patrick 指出，在研究金融与经济的关系问题上，有两种模式：一是"需求追随"模式，即经济主体对金融服务的需求，导致了金融机构、金融资产与负债的产生，强调的是金融需求引致金融发展。另一是"供给导向"模式，金融机构、金融资产与负债的相关金融服务的供给先于需求，强调的是金融供给拉动经济增长的作用。1973 年，美国斯坦福大学经济学教授罗纳德·麦金农和同事爱德华·肖两人都以发展中国家的货币金融问题作为研究对象，分别从"金融压制"（Financial Repression）与"金融深化"（Financial Deepening）这两个不同角度，详细地分析了发展中国家货币金融的特殊性，提出了与传统货币理论迥异的政策主张。

4. 由于国内外对政府信用激活民间资本的研究不多，研究文献极少；从研究内容看，由于我国金融改革试验还处于起步阶段，政府对于金融改革的支持多停留在政策层面。因此，本课题以晋江金融改革为样板对政府应如何激活民间资本进行研究，希望能填补在这方面的研究空白。

（二）研究意义

党的十八大提出，要全面深化金融体制改革，健全促进宏观经济稳定、支持实体经济发展的现代金融体系，加快发展民营金融机构。晋江作为全国县域经济发展的模板之一，在 2012 年获国务院批准成为"海西金融改革创新先导示范区"，晋江金改先行先试，结合温州金改的经验教训，鼓励民间资本进入金融领域、服务实体经济。本课题从政府层面出发，从税收、就业、GDP、产业转型升级等四个方面探索民间资本如何服务实体经济，政府信用对于激活、引导民间资本的作用，为中国县域经济发展提供重要参考。

二、本课题研究的主要内容、基本观点、研究思路、研究方法、创新之处

（一）本课题研究的主要内容（以福建省晋江市为样本展开调研）

1. 实体经济发展金融供需缺口、金融宽度与金融深度的评价分析

本课题在对晋江市金融改革与发展回顾的基础上，对"一区九园"工业区开展调研，重点调研工业园区实体经济发展过程中对金融的供需状况；重

点对劳动密集型、资金密集型、技术密集型三大行业进行调研，了解企业资金需求情况。在此基础上，给出福建省晋江市实体经济发展金融供需缺口（或麦克米伦缺口）。

2. 政府信用激活民间资本进入金融领域的对策研究

本课题借鉴我国县域经济发展的成功模式，吸取其他地区民间资本集聚管理无序所造成的影响的教训，依据福建省晋江市实体经济发展的自身特点，提出政府应该出台具体的配套政策，引导民间资本进入金融领域，为民间资本提供信用支持，在税收、利息上给予一定减免，同时做到有保有压、有扶有控。

（二）本课题的基本观点

1. 金融是国民经济的核心，可以带动资源流动，县域实体经济发展离不开金融；

2. 政府在激活民间资本进入实体经济方面的作用重大。

3. 金融改革是改革中最困难的部分，是个坎，只有跨过这个坎，中国特色社会主义改革才会成功。

（三）本课题的研究思路

本课题的主要思路是沿着理论分析→现状分析→实地调研路线来研究，在研究前人相关文献基础上，从民间资本进入金融领域发挥的作用出发，研究政府信用如何促进民间资本进入金融领域并支持实体经济的发展。

（四）本课题的研究方法

本课题主要采用实地调研的方法，调查并搜集有关福建省晋江市技术密集型、劳动力密集型、资金密集型行业的资金结构、资金需求等内容，提出政府信用如何激活民间资本。

（五）本课题的创新

综观国内外的研究成果，对政府信用如何更加有效地引导民间资本进入实体经济，如何激活民间资本、提供有效的信用担保等方面的政策支持、细则的成果还不多，本课题研究填补了这一空白。

三、课题前期相关研究成果

[1]《基于 logit 模型的企业境外股权融资财务困境预测分析——以晋江市境外上市公司为例》,《中共福建省委党校学报》,2012 年第 5 期。

[2]《政府在推进企业上市中的制度效用分析——基于"晋江经验"的实证研究》,《江西省青年干部学院学报》,2012 年第 3 期。

[3]《晋江民营企业融资难的现状及其解决途径》,《福建省社会主义学院学报》,2008 年第 4 期。

[4]《泉州上市企业发展的优势分析——与苏州上市公司的比较》,《中共福建省委党校学报》,2009 年第 5 期。

[5]《基于交易费用视角分析家族式治理模式的优势——以晋江上市公司为案例》,《中央社会主义学院学报》,2009 年第 3 期。

四、主要参考文献

[1] 胡岳岷:《激活民间资本 促进经济发展》,《中央财经大学学报》,2004 年第 5 期。

[2] 王兴继:《政府赠股 激活民间资本》,《中国财政》,2007 年第 8 期。

[3] 韩榴:《激活民间资本 政府大有可为》,《中国水运》,2005 年第 5 期。

[4] 陈星:《探索政府投资带动民间投资的有效途径》,《调研世界》,2011 年第 11 期。

[5] 李放、许美娟:《运用财政贴息方式激活民间资本的思考》,《华中农业大学学报》,2005 年第 4 期。

[6] 李长江:《市场经济条件下政府信用研究的重要性及政府信用模型构建》,《东南大学学报》,2003 年第 4 期。

[7] 易晓文:《民间资本的集聚对区域经济增长的影响——基于温州的实际经验》,《江西社会科学》,2010 年第 12 期。

福建省人口—空间—产业城镇化协调性研究①

一、选题：本项目国内外研究现状述评；选题的意义

（一）国内外研究现状述评

城镇化和新型城镇化概念都是本土创造的新词汇。1991年，辜胜阻在《非农化与城镇化研究》中首先使用并拓展了"城镇化"的概念。新型城镇化概念最早见于 2007 年 3 月习近平的《走高效生态的新型农业现代化道路》一文。

我国城镇化发展经历了新中国成立前的起步发展时期、新中国成立至改革开放前的探索发展时期和改革开放后的快速发展时期。国内对城镇化的理论研究较晚，但起点较高，特别是 20 世纪 90 年代以来，国内城镇化研究呈现良好的发展态势，大致可分为三个阶段和四大学派：90 年代以前的量化实证学派（代表人物：周一星、费孝通）、90 年代的经济地理学派（代表人物：姚士谋、崔功豪和王振亮）和生态环境学派（代表人物：周复多）、现实问题研究学派（21 世纪以来）。随着我国城镇化建设的不断推进，城镇化理论研究取得了丰硕的成果，研究热点包括城镇化一般理论研究、动力机制研究、等级规模研究、体制机制研究等。

国外学者主要是针对城市化的研究，文献较多。城市化程度（水平）是指在任何固定的日期，城市人口占总人口的百分比；城市的大小取决于生活在城市的人口。城市化在增加社会总产出和促进经济增长过程中起着重要的作用。Stopher（1993）和 Kim（1997）的研究先后表明：投资水平影响了美国和英国的城市化发展，城市化受资本投入影响最为显著；城镇化对交通提

---

① 2015 年福建省党校、行政学院系统中国特色社会主义理论体系研究基地课题。项目负责人：徐夕湘；项目参加人：何宜庆、陈林心、吴扬。

出了更高要求，金融应该顺应城镇化发展趋势支持交通网络建设。Muhammad Shahbaz（2016）从人口数量、富裕度和贸易开放角度，探讨了马来西亚城市化对能源消耗的影响。

国内学者对新型城镇化的研究体现为四个方面的内容：

一是对财政或金融支持新型城镇化的研究。彭江波等（2013）基于土地增值收益角度，构建了"财政诱导 + 金融跟进"的新型城镇化融资体系。张明等（2014）测度了城镇化进程中的财政金融政策支持效率。郭江山（2011）和张庆宪等（2014）都运用向量自回归模型（Vector Autoregressive Model，简称 VAR 模型）进行实证研究，分别证明了金融发展能够显著促进城镇化的发展；金融规模、金融效率和城镇化发展存在互促关系。张立（2015）以厦门为研究样本，测算了人口城镇化的资金需求与金融支持。以上学者的研究范围涉及全中国许多省份，从而结论具有一定的普遍性。

二是对新型城镇化发展对策的研究。伍长南（2013）认为要围绕提高城镇化发展质量，因势利导、趋利避害，把统筹城乡一体化发展、有序推进农业转移人口市民化作为重要抓手，把生态文明理念融入城镇化发展全过程。杨雪星（2014）提出推进户籍制度改革、以人为核心、产城互动、把握生态示范区的重大契机、推进绿色城镇化和改善地方政府治理等新型城镇化发展对策。

三是对城镇化影响因素的研究。孙沛瑄（2014）通过建立 VAR 模型对江苏城镇化动力机制进行了实证分析，结果表明，工业现代化是新型城镇化的主要推动力，农业现代化和现代服务业的拉力作用不足。卢丽文等（2013）研究了人口城镇化的九个因素，其中区位因素是最重要的因素。

四是对人口城镇化、土地城镇化和产业城镇化（经济城镇化）之间关系的研究。熊柴等（2012）研究了人口城镇化与空间城镇化的不协调问题；蔡卫红（2013）采用城镇用地增长弹性系数测度和解释了福建省土地城镇化快于人口城镇化的成因。刘娟等（2012）、李秋颖等（2015）分别测量了重庆市和山东省人口城镇化与空间城镇化（土地城镇化）协调度；李子联（2013）解释了人口城镇化滞后土地城镇化的原因；潘爱民等（2014）研究了湘江流域人口城镇化与土地城镇化失调程度及时空特征；沈亚男（2015）测度了山东省人口城镇化与产业城镇化的协调性；刘法威等（2014）分析了人口—土地—经济城镇化的时空耦合协调性；张玉霞等（2012）运用典型相关分析路径分析探讨了新疆生产建设兵团金融发展水平与人口城镇化、产业城镇化、空间城镇化四者之间的关系及效应。这些研究极大地丰富了新型城镇化的内涵，为本课题研究提供了很好的理论和现实基础。

综合现有研究，从研究内容来看，国内外研究重点，一是单纯研究城镇（市）化和金融支持之间的关系，二是研究城镇化内部层次的协调性；从研究方法来看，主要是运用 VAR 模型和耦合协调度函数进行实证。本课题组长期关注福建省新型城镇化建设，特别是近期福建省出台了 2014—2020 年新型城镇化规划，多个地区将放开城镇落户限制，这必将开创福建省新型城镇化新局面。目前关于福建省新型城镇化建设背景下人口—空间—产业城镇化耦合协调机制的研究尚没有，因此有必要通过构建系统分析框架，通过人口—空间—产业城镇化空间耦合协调度函数，从人口城镇化、空间城镇化和产业城镇化三个层面探究新型城镇化的深刻内涵以及提出促进新型城镇化顺利展开的相应对策。

（二）选题的意义

党的十八大再次提出坚持走中国特色新型城镇化道路，新型城镇化建设成为拉动我国经济继续保持高速增长的引擎。新型城镇化是以城乡一体统筹、产城互动、节约集约、生态宜居、和谐发展为基本特征的城镇化，是大中小城市、小城镇、新型农村社区协调发展、互促共进的城镇化（张荣寰，2007）。人口城镇化、空间城镇化和产业城镇化是新型城镇化的基本要素，新型城镇化的核心是人口城镇化。

就福建省来说，产业城镇化发展历史相对较长，现阶段人口城镇化滞后于空间城镇化。2014 年 4 月，福建省政府正式批复《晋江市推动农业转移人口市民化促进城镇化健康发展试点方案》，晋江继石狮、德化、光泽后，成为福建省又一个县级新型城镇化试点单位。实际上，本课题组系列调研结果显示，这些县的产业城镇化是超前于人口城镇化和空间城镇化的，此次晋江推动农业转移人口市民化的举措，"人—城—业"共谋互融，必将迎来福建新型城镇化的大发展时期。

2014 年 5 月，《福建省新型城镇化规划（2014—2020 年）》出台，《规划》是今后一个时期指导全省新型城镇化健康发展的战略性、基础性规划，要求各地市、县因地制宜，科学组织，认真实施，积极稳妥，确保提出的各项任务落到实处，走出具有福建特色的新型城镇化道路，实现"百姓富、生态美"有机统一，促进福建科学发展、跨越发展。目前，福建省新型城镇化建设中的突出问题是：市民化进程滞后、空间布局欠合理、市政设施有待完善。所以，本课题从福建省人口城镇化—空间城镇化—产业城镇化角度深入刻画新型城镇化内涵，探求三者之间的空间耦合协调关系，根据实证分析所提出的对策具有强烈的现实意义。

二、内容：本项目研究的主要内容、主要思路（包括视角、方法、途径、目的）和主要观点

（一）研究的主要内容

2006 年，福建省城镇人口 1807 万，城镇建成区面积 777.55 平方公里，城镇人均规模以上工业增加值 1.75 万元，到了 2013 年，城镇人口 2293 万，城镇建成区面积 1263.2 平方公里，城镇人均规模以上工业增加值 5.68 万元。粗略看来，福建省产业城镇化走在最前端，城镇空间扩张速度快于人口城镇化，本课题以"福建省人口—空间—产业城镇化空间耦合协调关系"为研究对象。

研究内容一：对福建省人口城镇化、空间城镇化和产业城镇化进行定性描述后，建立相应指标体系并根据历史数据进行定量评价；

研究内容二：建立人口城镇化、空间城镇化和产业城镇化的耦合协调度函数关系，并就耦合协调度进行纵向对比分析，从总体上把握福建省新型城镇化特征；

研究内容三：对内容二确立的人口城镇化、空间城镇化和产业城镇化的耦合协调度函数关系，进行 σ 收敛性分析检验，验证人口城镇化、空间城镇化和产业城镇化耦合协调的差距是否存在收敛趋势，最后提出相应的政策建议；

研究内容四：对福建省市县人口城镇化、空间城镇化和产业城镇化耦合协调性进行分析检验，得出各地市县推进新型城镇化建设的不同路径选择。

（二）主要思路

自 20 世纪 90 年代以来，福建省第二产业对经济增长的贡献率一直超过
50%。2014 年，第二产业增加值 12515.36 亿元，同比增长 11.7%，在三次产
业中增幅最大；第二产业增加值占地区生产总值的比重为 52.0%，而第三产
业仅占 39.6%。可见，福建省产业结构还处于失衡阶段，有待转型升级。福
建省可以利用新型城镇化契机，调整产业结构，实现跨越发展。

本课题围绕福建省人口城镇化、空间城镇化和产业城镇化展开研究，旨
在通过建立耦合协调度函数对新型城镇化特征进行测度分析，由此提出更具
针对性的新型城镇化和产业结构升级的实现路径，更加有效地引导新型城镇
化建设。在国家、福建省开展新型城镇化建设试点工作之际，相关实施方案
鼓励各试点城市探索城镇化创新路径，这为本课题的开展提供了大量可供研
究的范本，打下了良好的基础。

（三）主要观点

1. 城镇化对于经济发展方式的转变和产业结构的调整具有重要的促进作
用，以产兴城、以城促产、产城融合，新型城镇化的主要特点是人口的城镇
化，产业城镇化是新型城镇化发展的动力，空间城镇化是新型城镇化发展的
基础。

2. 工业化促进了产业城镇化，产业城镇化更早地得到了发展。工业化进
程的加速，地方政府对土地财政的过度依赖，土地流转机制的缺乏，是导致
人口城镇化滞后于空间城镇化的主要原因。

3. 福建省产业城镇化有减速的趋势，各地市县人口城镇化、空间城镇化
和产业城镇化的发展速度并不一致，要因地制宜，科学组织，积极落实，走
出一条具有福建特色的新型城镇化之路。

三、预期价值：本项目创新程度、理论意义、现实意义

（一）本项目创新程度

对前期相关文献的查阅发现，学术界一般只选取人口城镇化、空间城镇
化和产业城镇化之中的两者进行研究，对三者统一进行研究的文献较少。

创新之一：建立了福建省人口城镇化、空间城镇化和产业城镇化的空间

耦合协调度函数，并进行了测度对比分析，从而便于总体上把握福建新型城镇化建设现状；

创新之二：对福建各地市县的空间耦合协调关系进行 σ 收敛性检验，探索新型城镇化建设的动态变化和未来趋势，为各地市县找出适合自身特点的新型城镇化发展之路。

（二）理论意义

本项目可丰富具有福建特色的以人为本、优化布局、生态文明、文化传承的新型城镇化建设的基础理论。当前福建已进入全面建成小康社会的决定性阶段，产业城镇化基础扎实，空间城镇化迅速发展，人口城镇化已经取得一定成果，本项目吸收最新研究成果，运用最新数据，研究福建人口城镇化、空间城镇化和产业城镇化的内在逻辑关系和联动机制，有利于准确研判新型城镇化发展的新趋势和新特点，把握城镇化蕴含的巨大机遇和妥善应对新型城镇化面临的风险和挑战。

（三）现实意义

改革开放以来，福建城镇化经历了一个起点低、速度快的发展历程，城镇人口迅速增长，城镇数量不断增加，城乡协调发展水平不断提高。城镇化率从 1978 年的 13.7% 提高到 2013 年的 60.8%，高于全国平均水平。但在新型城镇化进程中，仍存在一些必须高度重视并着力解决的深层次矛盾和问题，如城镇内部出现新的二元矛盾、大中小城市和小城镇协同发展水平较低、公共服务供给能力不足。新型城镇化以有序推进农业转移人口市民化为主要内容，加快以福建为主体的海峡西岸城市群建设，城市群与产业群、港口群联动发展。

基于此背景，本项目研究人口城镇化、空间城镇化和产业城镇化空间耦合协调机制，实证分析得出的新型城镇化发展对策，具备一定程度上的普遍意义和可复制性，给决策者提供一定的参考，对福建省其他地区探索新型城镇化之路也具有很强的典型示范意义，为今后向全省层次推广提供指导。

四、开展本项目研究的主要中外参考文献

[1]Stopher, P.R.（1993）.Financing Urban Rail Projects:The Case of Los

Angeles.*Transportation*，*20*（3），229–250.

[2]Kim，Kyung-Hwan（1997）.Housing Finance and Urban Infrastructure Finance.*Urban Studies*，*34*（10），1597–1620.

[3]Shahbaz，M.,et al.（2016）.How Urbanization Affects Co2 Emissions in Malaysia? The Application of Stirpat Model.*Renewable and Sustainable Energy Reviews*，*57*（May），83–93.

[4] 彭江波、王媛：《新型城镇化融资中的财政与金融协调模式研究——基于土地增值收益管理的视角》，《理论学刊》，2013 年第 11 期。

[5] 张明、张桐源、黄庆华：《中国城镇化进程中财政金融政策支持效率研究》，《北华大学学报（社会科学版）》，2014 年第 4 期。

[6] 郭江山：《基于 VAR 模型的城镇化、工业化与金融发展动态分析——以河北省为例》，《河北师范大学学报》，2011 年第 4 期。

[7] 张庆宪、许小苍：《金融支持对城镇化贡献度的实证研究》，《海南金融》，2014 年第 5 期。

[8] 张立：《人口城镇化资金需求测算与金融支持：厦门样本》，《福建金融》，2015 年第 3 期。

[9] 伍长南：《福建积极稳妥推进新型城镇化发展的建议》，《中共福建省委党校学报》，2013 年第 10 期。

[10] 杨雪星：《福建省新型城镇化发展现状与对策》，《台湾农业探索》，2014 年第 2 期。

[11] 孙沛瑄：《基于 VAR 模型的新型城镇化动力机制研究》，重庆工商大学硕士学位论文，2014 年。

[12] 卢丽文、张毅、李永盛：《中国人口城镇化影响因素研究——基于 31 个省域的空间面板数据》，《地域研究与开发》，2014 年第 3 期。

[13] 熊柴、高宏：《人口城镇化与空间城镇化的不协调问题——基于财政分权的视角》，《财经科学》，2012 年第 11 期。

[14] 蔡卫红：《福建省土地城镇化快于人口城镇化的现状及成因分析》，《福建论坛（人文社会科学版）》，2013 年第 7 期。

[15] 刘娟、郑钦玉、郭锐利、李美荣 :《重庆市人口城镇化与土地城镇化协调发展评价》,《西南师范大学学报（自然科学版）》, 2012 年第 11 期。

[16] 李秋颖、方创琳、王少剑、王洋 :《山东省人口城镇化与空间城镇化协调发展及空间格局》,《地域研究与开发》, 2015 年第 1 期。

[17] 李子联 :《人口城镇化滞后于土地城镇化之谜》,《中国人口·资源与环境》, 2013 年第 11 期。

[18] 潘爱民、刘友金 :《湘江流域人口城镇化与土地城镇化失调程度及特征研究》,《经济地理》, 2014 年第 5 期。

[19] 沈亚男 :《山东省人口城镇化与产业城镇化协调性测定研究》,《发展战略研究》, 2015 年第 1 期。

[20] 刘法威、许恒周、王姝 :《人口—土地—经济城镇化的时空耦合协调性分析——基于中国省际面板数据的实证研究》,《城市发展研究》, 2014 年第 8 期。

[21] 陈文新、张玉霞 :《金融发展水平与人口、产业及空间城镇化关系实证探讨》,《无锡商业职业技术学院学报》, 2012 年第 6 期。

福建省财政金融政策支持
新型城镇化建设的VAR模型测度分析①

一、[选题依据] 国内外相关研究的学术史梳理及研究动态；本课题相对于已有研究的独到学术价值和应用价值等

2014年5月福建省出台了《福建省新型城镇化规划（2014—2020年）》，福建要走出具有自身特色的新型城镇化道路，实现"百姓富、生态美"的有机统一。目前福建省新型城镇化建设中的突出问题是：市民化进程滞后、空间布局欠合理、市政设施有待完善和政府性债务等财政金融风险。所以，本课题研究财政金融政策支持新型城镇化（人口城镇化、空间城镇化和产业城镇化）建设十分必要且具有较强的现实意义。

18世纪下半叶，工业革命导致世界城镇化加速发展。1867年西班牙工程师塞德拉（A. Sedra）提出城市化概念。19世纪中叶，英国学者霍华德（E. Howard）提出"田园城市"（Garden Cities）模式。20世纪初，德国地理学家克里斯泰勒（W. Christaller）提出了著名的中心地理论，第一次把区域内的城镇系统化。20世纪80年代后半期，西方国家开始了全球城市（Global Cities）、网络城市（Network Cities）、世界城市体系（World Urban System）之类的崭新研究。实际上，城镇化发展轨迹遵循一条S型曲线（1979年由美国地理学家诺瑟姆[Northam]发现），它分为早期、中期和晚期三个阶段。国外有关城市化的主要理论有：区位理论（代表人物：约翰·冯·杜能、韦伯）、城乡结构转换理论（代表人物：刘易斯、拉尼斯、费景汉、钱纳里）、城市发展理论

① 福建省社会科学规划2015—2017年度基金资助项目（项目编号：FJ2015B210）。项目负责人：徐夕湘；项目参加人：何宜庆、陈林心、吴扬、张明娟。

（四个阶段：城镇化、少数城镇郊区化、城镇郊区化以及后城镇化）和生态学派理论（代表人物：帕克、卡斯托）。发达国家城镇化发展的成功经验可以总结为：坚持非均衡发展的战略思想，城镇化建设需要产业支撑，多层次城镇体系协调发展和重视人的需求和创造力。

城镇化和新型城镇化概念都是本土创造的新词汇。1991年，辜胜阻在《非农化与城镇化研究》中首先使用并拓展了"城镇化"的概念。新型城镇化概念最早见于2007年3月习近平的《走高效生态的新型农业现代化道路》一文。

我国城镇化发展经历了新中国成立前的起步发展时期、新中国成立至改革开放前的探索发展时期和改革开放后的快速发展时期。国内对城镇化的理论研究较晚，但起点较高，特别是20世纪90年代以来，随着我国城镇化建设的不断推进，城镇化研究呈现良好的发展态势，大致可分为三个阶段和四大学派：90年代以前的量化实证学派（代表人物：周一星、费孝通）、90年代的经济地理学派（代表人物：姚士谋、崔功豪和王振亮）和生态环境学派（代表人物：周复多）、21世纪以来的现实问题研究学派。城镇化理论研究取得了丰硕的成果，有四大研究热点，即城镇化一般理论研究、动力机制研究、等级规模研究、体制机制研究等。

20世纪90年代，国外学者研究了金融对城市化的支撑作用。研究结果表明：投资水平影响了美国和英国的城市化发展，城市化受资本投入影响最为显著；城镇化对交通提出了更高要求，金融应该顺应城镇化发展趋势支持交通网络建设（Stopher，1993；Kim，1997）。

国内学者关于财政金融政策与新型城镇化的研究内容体现为三个方面：一是对财政或金融支持新型城镇化的研究。彭江波等（2013）基于土地增值收益角度，构建了"财政诱导＋金融跟进"的新型城镇化融资体系。张明等（2014）测度了城镇化进程中的财政金融政策支持效率。郭江山（2011）和张庆宪等（2014）都运用向量自回归模型（Vector Autoregressive Model，简称VAR模型）进行实证研究，分别证明了金融发展能够显著促进城镇化的发展；金融规模、金融效率和城镇化发展存在互促关系。以上学者的研究范围涉及全中国许多省份，从而结论具有一定的普遍性。

二是对新型城镇化发展对策的研究。伍长南（2013）认为要围绕提高城镇化发展质量，因势利导、趋利避害，把统筹城乡一体化发展、有序推进农业转移人口市民化作为重要抓手，把生态文明理念融入城镇化发展全过程。杨雪星（2014）提出推进户籍制度改革、以人为核心、产城互动、把握生态示范区的重大契机、推进绿色城镇化和改善地方政府治理等新型城镇化发展对策。

三是对人口城镇化和土地城镇化关系的研究。熊柴等（2012）研究了人口城镇化与空间城镇化的不协调问题；蔡卫红（2013）采用城镇用地增长弹性系数测度和解释了福建省土地城镇化快于人口城镇化的成因。

从文献研究内容来看，国内外研究重点，一是单纯研究城镇化和金融支持之间的关系，二是研究城镇化内部层次的协调性；从研究方法来看，主要是运用 VAR 模型和耦合协调度函数进行实证。本课题组长期关注福建省新型城镇化建设，特别是新型城镇化规划出台后，多个地区将逐步放开城镇落户限制，这必将开创福建省新型城镇化建设的新局面，对财政金融政策支持福建省新型城镇化建设的定量研究适逢其时，因此有必要通过构建系统分析框架，建立 VAR 模型和系统动力学流图模型，从人口城镇化、空间城镇化和产业城镇化三个层面探究新型城镇化建设的深刻内涵以及财政金融政策对新型城镇化建设的促进作用及优化路径。

二、[研究内容] 本课题的研究对象、总体框架、重点难点、主要目标等

本课题以"福建省财政金融政策支持新型城镇化建设"为研究对象。城镇化是未来一段时间拉动中国经济增长的强大动力。推进城镇化需要大量资金。据国家开发银行预计，2014—2016 年三年间，我国城镇化融资需求量将达 25 万亿元。然而，政府的财力是有限的，光靠财政资金来支撑城镇化进程不仅不可持续，还蕴含巨大风险。因此，有必要研究财政金融政策支持新型城镇化建设的测度问题。本项目研究内容主要有：

研究内容一：对福建省的财政金融政策、人口城镇化、空间城镇化和产业城镇化进行定性概述后，建立相应指标体系和根据历史数据进行定量评价；

研究内容二：分别建立财政金融政策与三个类型城镇化（即人口城镇化、空间城镇化和产业城镇化）的 VAR 模型和脉冲响应函数关系，并就财政金融政策对人口城镇化、空间城镇化和产业城镇化的支持程度进行对比分析，然后从总体上讨论财政金融政策对新型城镇化建设的支持力度；

研究内容三：对内容二确立的财政金融政策与人口城镇化、空间城镇化和产业城镇化的函数关系，作为表函数嵌入系统动力学（System Dynamics，简称 SD）模型中，对财政金融政策与新型城镇化建设进行动态仿真，探究财政金融政策支持新型城镇化建设的路径，最后提出相应的政策建议。

本课题研究重点，一是如何准确地选取指标，二是如何通过 VAR 模型确立财政金融政策与人口城镇化、空间城镇化、产业城镇化之间的函数关系。研究难点在于：财政金融政策支持新型城镇化建设的 SD 动态仿真分析，并提出相关的对策建议，这是一项极其需要耐心的工作。

通过本课题研究，探索如何借助财政金融杠杆作用，有效降低融资成本和化解金融风险，为新型城镇化建设提供更加多样、灵活的融资机制，进而推动新型城镇化建设健康地发展。

三、[思路方法] 本课题研究的基本思路、具体研究方法、研究计划及其可行性等

本课题围绕政府的财政金融政策与人口城镇化、空间城镇化和产业城镇化展开研究，旨在通过对财政金融政策与这三个类型城镇化的 VAR 模型测度分析，建立脉冲响应函数和系统动力学模型，深入分析这四者之间的关系，由此提出更具有针对性的财政金融政策，更加有效地引导新型城镇化建设。在国家、福建省开展新型城镇化建设试点工作之际，相关实施方案鼓励各试点城市探索投融资机制创新路径，这为本课题的开展提供了大量可供研究的范本，打下了良好的基础。

四、[创新之处] 在学术思想、学术观点、研究方法等方面的特色和创新

通过对相关文献的查阅笔者发现，学术界一般只选取财政金融政策、人口城镇化、空间城镇化和产业城镇化之中的两者或三者进行研究，对四者统一进行研究的文献较少。本课题创新之一是分别建立了财政金融政策与人口城镇化、空间城镇化和产业城镇化的 VAR 模型，并进行了测度分析；然后，用脉冲响应函数就财政金融政策支持这三个层次的城镇化进行了对比分析。创新之二是借鉴了系统动力学模型仿真方法，反映了财政金融政策作用于新型城镇化建设的动态变化和未来趋势。

本课题在理论分析和实证研究的基础上，提出财政金融政策支持新型城镇化建设的政策建议，进一步完善了财政金融政策与新型城镇化发展的理论体系，为福建省乃至全国新型城镇化综合试点工作提供可复制、可推广的经验。这既在理论上有一定创新，同时又能对新型城镇建设的实践工作有一定的指导意义。

五、[预期成果] 成果形式、使用去向及预期社会效益等

本课题拟形成至少两篇（一篇定量，一篇定性）以上论文并寄送相关刊物发表，并希望借助本课题研究成果能够为各级政府在新型城镇化建设方面制定财政金融政策提供决策依据。

六、[研究基础] 课题负责人前期相关研究成果、核心观点等

[1]《基于 logit 模型的企业境外股权融资财务困境预测分析——以晋江市境外上市公司为例》，《中共福建省委党校学报》，2012 年第 5 期。CSSCI 扩展版，选入福建省党校系统 2013 年学术年会优秀论文；第一作者。

[2]《基于交易费用视角分析家族式治理模式的优势——以晋江上市公司为案例》，《中央社会主义学院学报》，2009 年第 3 期。中文核心期刊，获福建省党校系统第八届社会科学优秀成果三等奖；第一作者。

[3]《政府在推进企业上市中的制度效用分析——基于"晋江经验"的实

证研究》，《江西省青年干部学院学报》，2012 年第 2 期。CN 期刊，入选福建省民营经济论坛交流并作论坛发言；第一作者。

[4]《金改背景下民间资本规范利用与金融创新研究——以福建省晋江市为例》，《中共福建省委党校学报》，2014 年第 4 期。中文核心期刊，第二作者。

[5]《晋江民营企业融资难现状及解决途径》，《福建省社会主义学院学报》，2008 年第 4 期。CN 期刊；第一作者。

[6]《民营企业上市的成本收益分析》，《哈尔滨市委党校学报》，2009 年第 3 期。CN 期刊；第一作者。

[7]《泉州上市企业发展的优势分析——与苏州上市公司的比较》，《中共福建省委党校学报》2009 年第 5 期。中文核心期刊，第一作者。

[8]《政府信用激活民间资本的政策思考》，《福州党校学报》，2014 年第 5 期。CN 期刊；第一作者。

[9]《基于晋江先进装备制造业的思考》，《商业现代化》，2010 年第 29 期。CN 期刊；第二作者执笔。

[10]《发展跨境电子商务，助推晋江经济转型升级》，《发展研究》，2015 年第 1 期。CN 期刊；第三作者。

[11]《晋江市民间资本规范发展与金融创新的建议》（咨政报告），发表于福建省调研咨询工作联席会议、中共福建省委政策研究室《调研文稿》2013 年 12 月 20 日第 77 期，获得市委书记肯定性批示；第三作者。

七、[参考文献] 开展本课题研究的主要中外参考文献

[1] Stopher，P.R.（1993）.Financing urban rail projects：the case of Los Angeles. *Transportation*，*20*（3），229-250.

[2] Kim，Kyung-Hwan（1997）.Housing finance and urban infrastructure finance. *Urban Studies*，*34*（10），1597-1620.

[3] 彭江波、王媛：《新型城镇化融资中的财政与金融协调模式研究——基于土地增值收益管理的视角》，《理论学刊》，2013 年第 11 期。

[4] 张明、张桐源、黄庆华：《中国城镇化进程中财政金融政策支持效率研究》，《北华大学学报（社会科学版）》，2014 年第 4 期。

[5] 郭江山:《基于 VAR 模型的城镇化、工业化与金融发展动态分析——以河北省为例》,《河北师范大学学报》,2011 年第 4 期。

[6] 张庆宪、许小苍:《金融支持对城镇化贡献度的实证研究》,《海南金融》,2014 年第 5 期。

[7] 伍长南:《福建积极稳妥推进新型城镇化发展的建议》,《中共福建省委党校学报》,2013 年第 10 期。

[8] 杨雪星:《福建省新型城镇化发展现状与对策》,《台湾农业探索》,2014 年第 2 期。

[9] 熊柴、高宏:《人口城镇化与空间城镇化的不协调问题——基于财政分权的视角》,《财经科学》,2012 年第 11 期。

[10] 蔡卫红:《福建省土地城镇化快于人口城镇化的现状及成因分析》,《福建论坛（人文社会科学版）》,2013 年第 7 期。

《"晋江经验"样本——大埔村乡村振兴的实践与启示》现场教学方案①

一、习近平同志关于"晋江经验"的重要论述

2002 年，时任福建省省长的习近平同志深入晋江调研，总结提炼了"晋江经验"，这是对晋江发展的深刻总结，对改革开放规律的深刻把握，对中国特色社会主义发展道路的深刻思考。"晋江经验"的总结形成过程可以概括为"567"：5 即正确处理五个关系，6 即六个始终坚持，7 即从 1996 年到 2002 年，习近平同志 6 年 7 次深入晋江一线，进基层、下企业、访农村。"晋江经验"成为多年来晋江快速发展的行动指南和制胜法宝，既为创造晋江奇迹提供了"金钥匙"，也为实现转型升级提供了"助推器"，更为引领改革开放提供了"导航仪"。2018 年，中宣部"壮阔东方潮　奋进新时代——庆祝改革开放 40 周年"大型主题采访深入晋江，并对晋江进行深度报道，指出在"晋江经验"引领下，晋江已经成为全国县域经济发展典范、中小城市建设样板。2019 年，习近平总书记在参加十三届全国人大二次会议福建代表团审议时再次强调"'晋江经验'现在仍然有指导意义"。

二、大埔村现场教学点情况简介

2018 年 6 月 13 日，由中宣部组织的"壮阔东方潮　奋进新时代"改革开放 40 周年大型采访活动走进了晋江市磁灶镇大埔村。同月 16 日，中央广

---

① 福建泉州市哲学社会科学研究规划项目 2018 年课题（党建教学专题），项目批准号：2018C29；项目类别：重点项目。项目负责人：徐夕湘；项目参加人：吴扬。

播电视总台国际在线以"〔壮阔东方潮　奋进新时代〕晋江磁灶镇大埔村：闽南大地上的'华西村'"为题，报道了大埔村。

改革开放以来，晋江坚持统筹城乡全面协调发展，走共同富裕道路，城乡面貌发生翻天覆地的变化，多年的城镇化、新农村建设催生了一大批美丽乡村，它们以"村庄秀美、环境优美、生活甜美、社会和美"的崭新形象展现在世人面前，构成一道城乡互动互融、共建共享的亮丽风景线。一镇一特色，一村一美景，大埔村是实现共同富裕体现中国共产党初心使命的典型范例。

大埔村位于晋江西北次中心的磁灶镇镇区，面积 2.5 平方公里，户籍人口 5400 人、外来人口 2000 余人。村党委下设 4 个党支部，党员 119 名。近年来，大埔村坚持以新农村建设为抓手，改善人居环境，狠抓"三个文明"建设，关心、重视、支持困难群众救助和慈善公益事业，积极开展各项民生保障和慈善救助工作。先后被评为"晋江市'爱心社区'"、"泉州市宽裕型文明村"、"泉州市先进基层党组织"、"福建省村镇住宅小区建设试点"、"福建省先进基层党组织"、"福建省美丽乡村"、"福建省文明村"、"福建省乡村振兴实绩突出村"、"福建省乡村治理示范村"、"全国先进基层党组织"、全国"美丽乡村"创建试点乡村、"全国乡村治理示范村"、"全国'扫黄打非'先进基层示范点"，是 2014 年全省新型城镇化工作（晋江）现场会参观点之一、2015 年中国新型城镇化高端研讨会暨国家新型城镇化综合试点工作交流会参观点之一。2018 年晋江入选"壮阔东方潮　奋进新时代"纪念改革开放 40 周年专题片，2019 年 10 月大埔村党委（2016 年被评为全国先进基层党组织）书记吴金程受邀进京观礼。

三、大埔村乡村振兴现场教学方案

（一）背景材料

习近平总书记曾指出："实现共同富裕不仅是经济问题，而且是关系党的执政基础的重大政治问题。"这一重要论述，从全面建设社会主义现代化国家和夯实党的执政基础的战略高度，深刻阐明了推动全体人民共同富裕的重大意义。共同富裕既是社会主义最大的优越性，也是人民群众的共同期盼，大埔村是实现共同富裕体现中国共产党初心使命的典型范例。

2019 年 10 月大埔村党委书记吴金程受邀进京观礼，他激动地说："太激动，太震撼了！这是一次值得铭记一生的'不忘初心、牢记使命'主题教育。"吴金程说。在观礼过程中，他深感祖国的伟大，深感中国共产党的伟大，为自己身为一名共产党员感到自豪："我们今天的幸福生活，是革命先辈们辛苦奋斗换来的，我们更应好好努力，做好当下应该做的事。"

人民对美好生活的向往就是党和政府的奋斗目标。从 2006 年党的十六届五中全会提出的新农村建设的 20 个字到 2017 年党的十九大提出的乡村振兴战略的 20 个字，是乡村建设 1.0 版到 2.0 版的跨越。晋江市大埔村正是践行"晋江经验"打造乡村振兴 2.0 版的典型。时代进步了，乡村发展了，人民生活水平提高了，如何满足乡村升级需求？如何更好地推进乡村振兴？本专题以晋江大埔村坚持统筹城乡全面协调发展，走共同富裕道路的探索与实践为案例展开教学。

（二）教学目的

1. 深入学习和领会习近平同志提出的"晋江经验"精神。习近平同志在福建工作期间，关于县域经济发展提出了许多前瞻性的理念，进行了一系列开创性的探索和实践，表现了传承弘扬"晋江经验"，促进社会主义市场经济发展的高境界、大格局，来自于全国各地的培训班学员，通过实地参观大埔村乡村振兴的成就，建立感官认识。

2. 乡村，中国特色社会主义现代化的关键。通过一个个旧村改造案例、一幅幅照片、一段段文字带着我们重温大埔村自 20 多年前"敢为天下先、爱拼才会赢"盘活宅基地发展村级集体经济，达到共建共治共享的事迹，使学员在感官认识的基础上，进行交流和互动，将所在地乡村建设与大埔村做法进行对比，内化于心，找出差距。

3. 教师有意识引导分析原因，达到从感性认识到理性认识的目标，教师从理论上总结大埔村乡村振兴启示，帮助广大干部更好地思考和探索适合本地的乡村振兴路子。

（三）教学线路设计方案

大埔村乡村振兴：现场教学行程安排（半天）

时　间	教学地点
14：00—14：30	统一坐车至大埔村 在车上说明教学安排
14：30—16：30	地点：晋江市大埔村 双井小区（约15分钟） 大埔村党群服务中心、发展史馆（约8分钟） 大埔村敬老院（约20分钟） 互动教学：《晋江市大埔村乡村振兴的实践与启示》（约60分钟）
16：30—17：00	课程结束　愉快返程

（三）现场教学点情况介绍

1. 双井小区

1999年，大埔村被泉州市列为100个"旧村改造、新村建设"示范村之一，在改造规划中严格执行"一户一宅"政策，并且十分重视对古民居、古建筑的文化遗迹保护工作，在保留古民居的基础上，新房建设也充分体现闽南特色。2000年，大埔村正式启动旧村改造，目前已经完成一、二、五期改造，三、四期也已经全面启动。村子同时深入开展"全民绿化行动""家园清洁行动"，大力进行环境整治，实施美化、绿化工程，村容村貌得到极大改善。全村绿化面积达到100余亩，道路硬化达到98%以上，已完成全部自来水入户工作。村里还建立18人的村环卫队伍，购买垃圾转运车，实现垃圾日产日清。昔日脏、乱、差的村庄，变成了如今一座美丽的花园。

生态宜居——土地集约、"绿水青山"是"晋江经验"的一大特点。而乡村振兴就是要让农村成为"看得见一城山色、听得见清水波涛、记得住乡愁记忆"的地方。近年来晋江市财政每年统筹投入1亿多元用于环卫保洁，村村都有保洁队伍、保洁设施。大埔村通过"绿水青山"创造"金山银山"，全力实施乡村振兴战略。

2. 大埔村发展史馆

大埔村发展史馆真实记录了大埔村践行"晋江经验"的实践——乡村振

兴战略发展历程及历史变迁。

（1）"晋江经验"最鲜明的特色就是紧紧咬住实体经济不放松。大埔村在乡村振兴过程中，注重发展工业制造，从20世纪七八十年代就开始了早期的工业制造，现在主要做陶瓷建材、印刷包装业，辖区内现在有企业20多家，吸纳本村村民就业500余人，并为2000多个外来人口提供就业机会；此外，大埔村还积极发展以仓储和租赁为主要业务的第三产业。

（2）乡风文明——物质精神"两个袋子"。"晋江经验"已经走向全面发展，所谓两个袋子，就是既要富口袋也要富脑袋。乡风文明是乡村振兴的灵魂。大埔村把传统优秀文化和现代文化融为一体，潜移默化地渗透到乡村生产和社会生活方式中，并转变成人们的自觉行动，内化为人们的信仰和习惯。

（3）治理有效——治理体系"三个结合"。乡村振兴战略治理有效要求法治、德治、自治有机贯通。大埔村办好民生事，依靠"平安、民生、文明""三张网络"以提高村民的安全、幸福、满意指数。

3. 大埔村敬老院

福建省晋江市磁灶镇大埔村有个占地二十亩的敬老院，本村65周岁以上的女性和70周岁以上的男性均可免费拎包入住，生活用品也由敬老院提供。在这里，老人可以自由选择室友，三两个人合住一间整洁有序的房间。敬老院每周均有家庭医生为老人坐诊，还提供"小病免费拿药"的服务。此外，在精神生活方面，老人们还享有心理疏导室和图书阅览室。记者了解到，大埔村的户籍人口有5400人，其中将近2000人在外经商务工，村里留下不少空巢老人。"以前有老人一天就做一顿饭，这样的生活不健康。"敬老院的负责人说。为了让老人们老有所养，2012年8月，大埔村成立敬老院，使符合条件的老人能够免费入住，在此安享晚年。目前，居住在敬老院的老人有100余人，运营资金主要来源于村慈善协会资金。

晋江坚守实业之路研究①

一、[选题依据] 国内外相关研究的学术史梳理及研究动态；本课题相对于已有研究的独到学术价值和应用价值等

实体经济作为国民经济的根基，对于提供就业岗位、改善人民生活、实现经济持续发展和社会稳定具有重要意义，是一个国家保持国际竞争力的关键。改革开放 40 余年来，特别是 2002 年习近平同志提出"晋江经验"以来，晋江始终立足优势条件，坚持以市场为导向，紧抓实体经济不放松，确立"先进制造业立市、高新产业强市、现代服务业兴市"的新实体经济发展思路，以民营经济为主导放活社会生产力，市场主体突破 16 万户，民营企业突破 5 万家，形成纺织服装、制鞋两个超千亿和食品饮料等 5 个超百亿产业集群，民营经济创造出的经济总量、税收和就业岗位占比都在全市的 95% 以上，形成"十分天下有其九"的发展格局，有效抵御多次金融危机冲击；以转型升级为主线推动结构调整，传统优势产业加速向先进制造业跃升，集成电路、石墨烯、新能源等高新产业加速向全链条发展，现代服务业加速向专业化、个性化、高端化延伸，不断深化供给侧结构性改革，加快推动高质量发展，为全国提供了一个县域发展的晋江样本。

1. 国外对于县域实体经济的研究较少，而较多集中在区域实体经济，实际上县域实体经济的概念包含于区域实体经济的概念当中。在对区域实体经济的研究当中，对于区域内的研究相对较少，而对区域间的发展差异、协调发展的理论较多。安虎森等（2015）认为国外区域实体经济理论，经历了从生产区位研究到区域经济研究，从微观研究到宏观研究的过程。王磊等（2010）

---

① 福建省校院系统首次实施的（2018 年度）科研与决策咨询项目。项目负责人：徐夕湘；项目参加人：吴扬。

根据研究视角的不同，把近30年来区域实体经济研究的主要流派归纳为交易成本学派、新制度学派和创新体系学派，并通过分析其优势和不足，指出未来可能的发展方向。何雄浪等（2004）将区域实体经济发展差异理论概括为均衡发展理论（包括新古典区域均衡发展理论、发展经济学中的平衡增长理论等）、非均衡发展理论（包括循环累计因果理论、不平衡增长理论、倒"U"理论等）和新差异理论（包括现代企业区位选择论、区域收敛和发散理论等）。针对区域间协调发展，李运祥（2010）选取美国、日本和印度三个国家如何支持县域实体经济发展中的政府行为来进行分析，提出中国发展县域实体经济需要规范政策、完善法律法规；优化产业结构，增强东、中和西部地区之间的优势产业互补；完善区县经济政策工具，采用灵活多样的政府援助方式；以人为本，大力开发人力资源，促进人才素质的提高；加快中国的区县基础设施建设，不断改善中国的区县投资环境；保护环境，治理生态，保持可持续发展。

2. 在国内，对县域实体经济的研究可以说是随着改革开放而发展起来的。安虎森等（2015）将我国区域实体经济理论的形成与发展概括为三个阶段：改革开放以前的生产力均衡布局理论、区际非均衡发展理论的形成与演进和区域协调发展理论的形成与发展。梁兴辉等（2009）将中国县域实体经济发展模式概括为县域主导产业视角的发展模式（农业主导模式、工业主导模式、服务业主导模式）、空间地域视角的发展模式（产业空间布局发展模式、地域文化视角的发展模式）、区位视角的发展模式、生产要素及资产所有权视角的发展模式（生产要素视角、资产所有权视角的发展模式）和经济运行机制视角的发展模式（政府推动型模式、市场推动型模式）。廖建辉等（2012）认为中国县域实体经济发展面临六大挑战，即政府资源的有限性与县域实体经济发展，农业现代化和工业协调发展，工业发展与农业稳定的关系，工业反哺农业、城乡统筹和工业劳动力需求，县域劳动力素质与产业升级，产业聚集发展与企业成本，可持续发展与工业发展。辜胜阻等（2010）认为推动县域实体经济发展要以农村城镇化为支撑，依托县城发展一批中小城市，增强县城城镇功能，培育县域实体经济发展的增长极；以民营经济为主体，鼓励支持返乡农民工创业，重视引进外来企业和企业家群体，激发县域实体经济发展的活力；以新型工业化为主导，把承接产业转移与引导农民工返乡创业、就业结合起来，大力发展具有竞争力的县域特色产业；以农业产业化为抓手，稳步推进农村土地流转制度改革，探索农业产业化的有效组织模式，完善农业产业化的服务体系，夯实县域实体经济发展的基础；以"扩权强县"的改革为契机，实施积极有效的财政金融政策，调动县级政府发展县域实体经济的积极性。

3. 2002 年，时任福建省省长习近平提出"六个始终坚持"和"处理好五大关系"的"晋江经验"；2014 年习近平总书记对《福建晋江推进新型城镇化试点工作》作出批示，指出："眼睛不要只盯在大城市，中国更宜多发展中小城市及城镇。"中国社会科学院社会学研究所副所长王春光指出：晋江的发展是人民的发展，是不同人群参与的发展。"晋江经验"在实践中充分体现了习近平新时代中国特色社会主义思想的精髓，践行了以人民为中心的新发展理念。晋江人用坚持全面发展的决心，紧紧咬住实体经济不放松，对中国特色社会主义发展道路大胆探索和成功实践，晋江县域发展成为全国县域实体经济发展的典范。

二、[研究内容] 本课题的研究对象、总体框架、重点难点、主要目标等

1. 研究对象："晋江经验"最为鲜明的特色，就是紧紧咬住实体经济发展不放松。实体经济发展是一国社会财富增长的真正载体。本课题以创新引领晋江实体经济转型升级为重点，研究晋江在不同发展阶段所遇到的挑战以及如何坚持以实体经济引领发展。

2. 总体框架：

（1）晋江产业生态发展历程与成就

A. 产业集群是产业发展的关键因素

B. 全球供应链物流的打造是产业发展的保障

C. 品牌立市，打造千亿产业群

D. 大力培育创新推动力

E. 出口贸易展现新型生态发展形势

（2）晋江产业升级的"羁绊"

A. 传统产业占比过重，新旧动能转换不畅

B. 质量管理体系缺失，产业集群趋向松散化

C. 传统经营理念陈旧，陷入重资产怪圈

D. 创新能力不足，科技金融服务薄弱

E. 民间借贷缺乏监管，亟须预警金融风险

F. 要素制约日益凸显，城市功能配套滞后

G. 产业处于较不利的国际贸易地位

（3）创新引领晋江实体经济转型升级

A. 调整产业结构，加快发展新经济，以与实体经济高度融合

B. 推进供给侧结构性改革，提升传统产业

C. 提升企业家素质，重视轻资产运营

D. 强化创新驱动，构建创新生态网络

E. 推进金融改革，以金融支持产业升级

F. 发展直接融资，丰富产业基金种类

G. 高质量建设新型城镇化，破解要素制约困局

3. 重点难点：系统总结晋江改革开放以来紧抓实体经济相关做法，由于时间跨度长，在部分材料的收集整理上可能存在一定难度，需要重点花时间去研究考证。

4. 主要目标：课题通过回顾总结晋江产业发展的历程，总结其发展特色及经验，分析其发展的现状及面临的挑战，结合当前经济新常态、供给侧改革及"一带一路"时代背景，提出以创新引领产业转型升级的观念，以及相应的措施。

三、[思路方法] 本课题研究的基本思路、具体研究方法、研究计划及其可行性等

1. 研究思路、方法：文献检索法，综合运用各种途径（文件、报刊、网络等）获取文献资料，以此作为本课题研究的参考资料，进行研究；对比分析法，通过将晋江与珠三角、长三角县域实体经济进行对比，寻找优势、不

足，提出发展对策建议。

2. 研究计划：2018 年 9—12 月开展调研走访、资料检索收集；2019 年 3 月完成论文写作框架和初稿；2019 年 4—7 月开展二次调研走访，完善文稿；2019 年 8 月完成定稿并投稿。

3. 可行性：课题负责人有前期相关学术成果 10 篇，同时具备完成本课题所需的时间和条件；目前在全省、全国范围内正掀起一场学习"晋江经验"的热潮，本课题研究有利于进一步丰富"晋江经验"相关内涵。

四、[创新之处] 在学术思想、学术观点、研究方法等方面的特色和创新

在新常态下，在跨越赶超的关键时间节点，系统总结晋江在产业转型升级方面的成功做法，及时发现问题并提出解决措施，不仅对晋江县域实体经济发展至关重要，而且对全国各地区的产业转型升级具有极大的借鉴和激励作用。

五、[参考文献] 开展本课题研究的主要中外参考文献

[1] 安虎森、肖欢：《我国区域经济理论形成与演进》，《南京社会科学》，2015 年第 9 期。

[2] 王磊、张建清：《集群、创新与发展——国外区域经济发展理论及流派述评》，《国外社会科学》，2010 年第 4 期。

[3] 何雄浪、李国平：《国外区域经济差异理论的发展及其评析》，《学术论坛》，2004 年第 1 期。

[4] 李运祥：《国外区县经济发展模式和经验对中国的启示》，《社会科学家》，2010 年第 6 期。

[5] 梁兴辉、王丽欣：《中国县域经济发展模式研究综述》，《经济纵横》，2009 年第 2 期。

[6] 廖建辉、金永真、李钢：《中国县域经济发展的六大挑战》，《经济研究参考》，2012 年第 48 期。

[7] 辜胜阻、李华、易善策：《推动县域经济发展的几点新思路》，《经济纵横》，2010 年第 2 期。

三、资政报告

>>>>>>>>

晋江市民间资本规范发展与金融创新的建议①

2012 年 12 月 21 日，国务院正式批准《福建省泉州市金融服务实体经济综合改革试验区总体方案》，泉州市成为继温州金改、珠三角金改之后第三个国家级金融综合改革试验区。晋江市作为泉州市经济社会发展的重要力量，积极开展规范利用民间资本服务实体经济改革试验，为泉州市民营企业"二次创业"提供坚实的金融政策支持，为金融改革服务创新发展注入新的生机和活力。

一、晋江市民间资本支持实体经济的现状及存在问题

（一）民间资本融资形式呈现组织化，积极涉足金融领域

晋江市民间资本投向实体经济是以个人之间、企业主与个人之间的民间借贷为主，但是近年来民间资本融资主体普遍采取了组织化形式。特别是担保公司、典当商行、小额贷款公司、民资管理公司等民间资本出资成立的准金融机构相继成立并参与到民间融资市场中去。仅 2013 年，晋江市近 20 亿元民间资本进入准金融领域。

（二）民间资本流向具有脱实向虚的倾向，呈现投机性及暴利性

从晋江市经贸局获悉，当前晋江市企业平均利润率仅为 5%，许多中小企业面临零利润甚至负利润。民间资本的逐利性决定了它不会进入无利可图的企业和行业。因此，民间资本趋利的特征致其青睐虚拟经济成为必然结果。

---

① 本文为 2013 年中共晋江市委党校与南昌大学合作课题"晋江市民间资本支持实体经济发展的对策研究"的阶段性成果，登载于福建省调研工作联席会议、中共福建省委政策研究室 2013 年重点课题成果《关于地方金融创新发展的研究》，于 2013 年 12 月 30 日获时任晋江市委书记签批。徐夕湘参与执笔。课题指导：曾清金、何宜庆；课题负责：陈志雄、许明月；课题成员：徐夕湘、张艺、吴扬。

少数担保公司以高于银行存款利率向民间融资，企业通过委托担保公司间接参与资金运作，只为获得高额的利润分红。

（三）民间资本积极参与金融改革，初步形成多元化金融体系

民间资本参与金融改革的积极性较高。晋江市初步形成以银行、证券、保险、期货等机构为主体，其他金融机构并存的多元化金融体系。当前晋江市共有银行类金融机构17家、保险机构市级分（支）公司9家、证券期货业营业部11家、小额贷款公司3家、融资性担保公司10家、典当行11家、民间资本管理公司3家、资产管理公司1家、金融服务公司1家、融资租赁公司3家、各类股权投资公司15家。

（四）社会信用体系建设进程加快，中小微企业信用体系亟待完善

社会信用体系不健全是造成晋江市中小微企业融资难、融资贵的重要原因，也是阻碍民间资本支持实体经济发展的重要因素。当前晋江市大力推动社会信用体系建设，积极开展"守合同重信用企业""工商信用良好企业""诚信市场"等创建活动，但是依然有一些中小微企业存在对社会信用体系建设认识不足、财务制度不健全、财务信息失真等现象，导致中小微企业信用体系不完善。因此，为引导民间资本服务实体经济，晋江市应重点完善中小微企业信用体系建设。

二、晋江市民间资本规范发展与金融创新的建议

当前，晋江市推动民间资本支持实体经济发展，应加快金融创新，鼓励民间资本进入金融领域，重视民间资本进入金融领域后的可持续发展，做到监管与扶持并重。

（一）组建晋江市金融工作局，完善地方金融管理体制

目前泉州市金融工作局已经成立，晋江市政府应利用金融改革试验区的"先行先试"政策优势，积极推动将金融工作办公室职能扩容，并升格为金融工作局，理顺金融管理权力的纵横关系，构建权责相称的激励约束机制，不断完善县域金融监管体系。完善地方金融管理体制，明确地方政府对农商银行、村镇银行、小额贷款公司等地方金融机构的监管地位和职责，强化地方政府在防范和处置金融风险、维护地方金融稳定的责任；理顺金融管理权力

的纵横关系，完善"一行三会（人行、银监会、证监会、保监会）垂直条线监管"与"地方政府块状管理"的双层金融管理格局，统筹协调好地方政府与中央监管部门之间的关系；完善监管机构对于民间资本的风险控制能力和监管能力，促进民间资本的规范利用。

（二）拓宽民间资本进入金融业的领域，积极组建民营银行

降低资本准入门槛，打破金融准入的隐性"玻璃墙"。如放宽村镇银行中法人银行最低出资比例的限制，适度放宽农村商业银行、小额贷款公司单一投资者持股比例限制。逐步扩大民间资本进入金融业的范围，支持民间资本以入股方式参与金融机构改制和增资扩股工作，鼓励民间资本发起或设立村镇银行、小额贷款公司、创业投资公司、股权投资公司、担保公司、典当行等金融组织。放宽金融机构经营管理权，即民间资本不但可以参股、控股金融机构，而且拥有独立的经营管理权。积极组建民营银行。金融国十条明确提出，扩大民间资本进入金融业。目前，晋江市可考虑"品牌＋银行"模式来组建民营银行，如恒安银行、安踏银行、金冠银行等。

（三）细化政策措施，加大政策引导和扶持力度

财税政策。一是对民间资本发起或参与设立的村镇银行、小额贷款公司等金融组织给予一定的财政补贴政策。二是建立小额贷款公司、村镇银行等新型金融组织的考核激励机制，对小额贷款公司的涉农业务实行与村镇银行同等的财政补贴政策。

金融政策。一是在风险可控的基础上，逐步解除民间资本跨区域经营贷款业务的限制，促进金融资源合理流动，可优先考虑在福建省范围内解除民间资本经营业务的限制。二是对以民间资本为主设立的金融机构给予差别准备金、利率等优惠政策。三是在不影响宏观调控的前提下，适当放宽小微金融机构同业拆借的限制，给予相对较低的同业拆借利率，不断拓宽民资金融机构的后续资金来源。四是推动村镇银行、小额贷款公司等单位接入人民银行征信系统，以便及时查询个人和企业信用记录。

（四）加快金融创新，促进民间资本在金融领域的健康发展

加快金融体系创新。加快民间资本进入村镇银行、小额贷款公司和私募股权基金等新型金融组织，不断建立和完善多元化、多层次金融服务体系，

着力破解民营企业融资问题。大力发展股票、债券、基金市场，发展场外市场和股权交易市场，引导民间资本进入规范的金融市场体系。

加快金融制度创新。一是建立责任追究和惩戒制度，强化小微金融机构责任意识，促进其合法合规经营，主动防范金融风险。二是放开微型金融领域的资金价格管制，实行民间资本自主定价，提高贷款利率市场化程度和信贷风险的补偿能力。

（五）构建区域信贷征信系统，不断完善社会信用体系

尽快制订各类信用信息统一的技术标准。信用信息技术标准的同一性程度决定了征信系统规模效应的大小。完善构建区域信贷征信系统的相关制度，界定信贷信用信息的征集、使用权限，并开放查询窗口，统一收费标准。建设消费信贷登记咨询系统。进一步完善系统功能，发挥社会征信主干系统的作用。

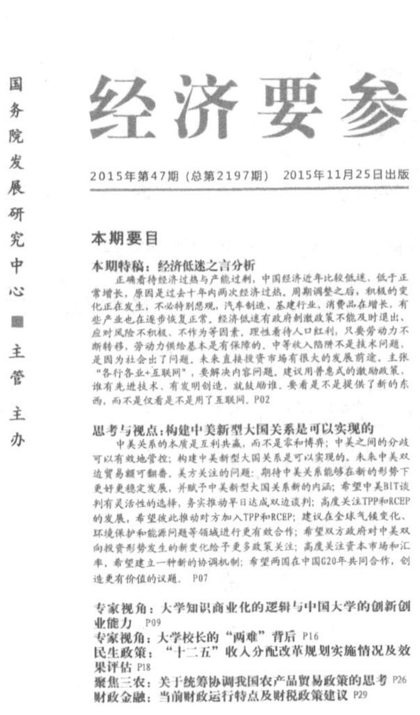

国务院发展研究中心 主管 主办

经济要参

2015年第47期（总第2197期） 2015年11月25日出版

本期要目

本期特稿：经济低迷之言分析

正确看待经济过热与产能过剩，中国经济近年比较低迷，低于正常增长，原因是过去十年内两次经济过热。周期调整之后，积极的变化正在发生，不必特别悲观，汽车制造、基建行业、消费品在增长，有些产业也在逐步恢复正常。经济低迷有政府刺激政策不能及时退出、应对风险不积极、不作为等因素。理性看待人口红利，只要劳动力不断转移，劳动力供给基本是有保障的。中等收入陷阱不是技术问题，是因为社会出了问题。未来直接投资市场有很大的发展前途。主张“各行各业+互联网”，要解决内容问题。建议用普惠式的激励政策，谁有先进技术、有发明创造，就鼓励谁。要看是不是提供了新的东西，而不是仅看是不是用了互联网。P02

思考与视点：构建中美新型大国关系是可以实现的

中美关系的本质是互利共赢，而不是零和博弈；中美之间的分歧可以有效地管控；构建中美新型大国关系是可以实现的。未来中美双边贸易额可翻番。美方关注的问题：期待中美关系能够在新的形势下更好更稳定发展，并赋予中美新型大国关系新的内涵；希望中美BIT谈判有灵活性的选择，务实推动早日达成双边谈判；高度关注TPP和RCEP的发展，希望彼此推动对方加入TPP和RCEP；建议在全球气候变化、环境保护和能源问题等领域进行更有效合作；希望双方政府对中美双向投资形势发生的新变化给予更多政策关注；高度关注资本市场和汇率，希望建立一种新的协调机制；希望两国在中国G20年共同合作，创造更有价值的议题。 P07

专家视角：大学知识商业化的逻辑与中国大学的创新创业能力 P09
专家视角：大学校长的“两难”背后 P16
民生政策：“十二五”收入分配改革规划实施情况及效果评估 P18
聚焦三农：关于统筹协调我国农产品贸易政策的思考 P26
财政金融：当前财政运行特点及财税政策建议 P29

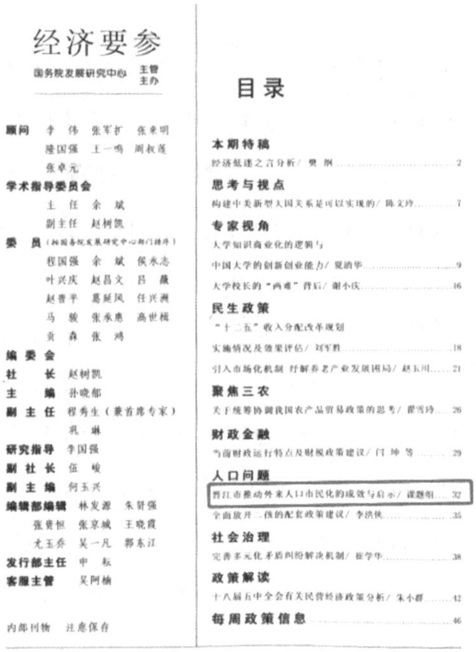

经济要参

国务院发展研究中心 主管 主办

顾问 李 伟 张军扩 张来明 隆国强 王一鸣 周叔莲 张卓元

学术指导委员会
主 任 余 斌
副主任 赵树凯

委 员（按国务院发展研究中心部门排序）
程国强 余 斌 侯永志
叶兴庆 赵昌文 吕 薇
赵晋平 葛延风 任兴洲
马 骏 张承惠 高世楫
贡 森 张 鸿

编委会
社 长 赵树凯
主 编 孙晓郁
副主任 程秀生（兼首席专家）
巩 琳
研究指导 李国强
副社长 伍 峻
副主编 何玉兴
编辑部编辑 林发源 朱贤强
张费恒 张京城 王晓霞
尤玉乔 吴一凡 郭东江
发行部主任 申 耘
客服主管 吴阿楠

内部刊物 注意保存

目录

资政文章《晋江市推动外来人口市民化的成效与启示》刊载于国务院发展研究中心主办的《经济内参》。时任国务院发展研究中心领导和时任福建省委书记作重要签批

晋江市推动外来人口市民化的成效与启示①

晋江市于 2014 年 2 月被列入国家新型城镇化综合试点县。晋江作为福建制造业最发达的县级市，本地户籍人口 109 万，吸引集聚的外来人口也超 100 万，这些外来建设者是晋江工业化、城镇化、现代化建设的主力军，让他们融入晋江、扎根晋江，是晋江新型城镇化要解决的最核心问题。近年来，晋江努力探索外来人口市民化，坚持"同城同待遇、保障全覆盖"的基本理念，不断丰富居住证制度市民化待遇内涵，深化户籍制度改革，提高外来人口基本公共服务均等化水平，让外来人口"进得来、融得人、留得住"。

一、几点做法

（一）让外来人口"进得来"

晋江市"双管齐下"解决外来人口的户籍落户、户籍福利问题，让人"进得来、落得下"。一是率先实行居住证制度，让外来人口成为晋江"新居民"。2011 年就在福建省率先实施流动人口居住证管理制度，并于 2014 年 8 月进行修订完善，逐步拓展居住服务内涵。只要年满 16 周岁、拟在晋江居住 1 个月以上，就可以就地在"市、镇、村、企"四级流动人口服务管理站（所）申领办理居住证，享受社会保险、医疗互助、义务教育等 30 项市民化待遇。目前，累计办理居住证 200 多万张（有效期内 110 万张）。二是放开人

① 本文系福建省 2015 年社科规划基金项目"福建省财政金融政策支持新型城镇化 VAR 测度分析研究"（FJ2015B210）；福建省党校、行政学院系统中国特色社会主义理论体系"福建省人口空间产业城镇化协调性研究"闽委校科研〔2015〕16 号；中共晋江市委党校与南昌大学合作课题"晋江市新型城镇化建设的财政金融政策研究"的阶段性成果。本文登载于国务院发展研究中心主管主办的《经济要参》（2015 年第 11 期）；获时任国务院发展研究中心领导重要签批，获时任省委书记签批，获时任泉州市委书记等领导签批。项目负责人：徐夕湘；项目参加人：何宜庆、许明月、陈军、陈林心。

口落户限制，让外来人口成为晋江"新市民"。2012年出台、2014年修订《流动人口落户管理实施意见》，实行"无房也可落户""先落户后管理"政策，并实施综治单列管理，在村（社区）、规模以上企业设立集体户，让外来人口"落户无门槛，转入无障碍"。截至目前，已办理外来人口落户19313人。

（二）让外来人口"留得住"

晋江市全方位解决外来人口的就业、住房、社保和公共服务等问题，让外来人口愿意留在晋江安居乐业。一是提供就业保障。通过提供免费就业创业培训、免费就业对接服务等举措帮助外来人口"找工作"，通过维护外来人口合法工作权益，让外来人口"安心工作"。比如，薪资保障方面，建立健全工资支付监控网络，投入1000万元在全省率先设立企业欠薪保障调剂金，筹集1.6亿元建筑领域员工保证金，并建立欠薪举报奖励等制度，不让一名务工人员因恶意欠薪领不到工资；维权保障方面，在全市规模企业建立337个劳动争议调解室，将劳动争议调解组织贯穿市、镇、村、企四级，健全劳动争议预防、调解、处理体系，不让一名务工人员维不了权。2013年以来，共受理涉及外来人口劳务纠纷、劳动争议案件6200多起，审结率达98%以上。二是提供住房保障。从廉租房、公租房、经济适用房、企业员工宿舍、安置房和人才房等6方面构筑多元化外来人口住房保障体系，让外来人口"有房住"。目前，累计向外来人口提供保障性住房3650套，占全市配售配租总数的42.9%。特别是安置房方面，通过设立安置房交易服务平台，实行"直接落户、就近入学、低额计税"等鼓励措施，探索外来人口同等享受购房按揭贷款的办法，创造条件让外来人口购买安置房。三是提供社会保障和公共服务。不仅让外来人口平等享受证照办理、生殖保健、急难救助、公共卫生等基本公共服务，还赋予外来人口平等参加各项社会保险、职工医疗互助、新型农村合作医疗的社保待遇，目前在参加城镇职工养老、医疗、失业、生育、工伤等社会保险的人员中，外来职工参保比例已分别占71.6%、62%、71.6%、71.6%和65%。同时，在全省率先开启新农合异地结报工作，在保持外来人口户籍所在地新农合政策补偿标准、管理审核权限、基金运转方式等不变的基础上提供异地结报服务。目前，已经实现重庆垫江、丰都和福建漳浦等三地外来人口可在晋江办理新农合异地结报。此外，还于2014年8月出台流动人口积分优待办法，实行流动人口积分管理，起始年度先推出1000个公办学校起始学位（初中200个、小学600个、幼儿园200个）、1000个安置房购房（或自行购房补助）资格优待（逐年根据实际确定优待措施），吸引优秀外来人口。

（三）让外来人口"融得入"

晋江市从情感融入和文化融合入手，在工作、生活、政治和教育等方面，增强"新晋江人"的认同感和归属感。一是工作上融入，以创建"和谐企业"为载体，发动非公企业党群组织配合党政部门加强企业文化建设、流动人口管理、社保办理、慈善救助、矛盾化解和员工权益保障，让员工从内心真正融入企业。近年来，晋江龙头企业的员工返厂率都在95%以上。二是生活上融入，率先在全省成立市级流动人口服务管理专门机构，在镇、村建设流动人口服务管理所（站），在规模企业设立流动人口综合服务中心，形成市、镇、村、企业"四位一体"的外来人口服务管理网络，为外来人口提供就业、子女就学、咨询办事等"一条龙"服务。三是政治上融入，鼓励外来人口参与晋江的社会政治生活，平等参与"两代表一委员"推选和选举，充分表达利益诉求。目前，全市共有341名外来人口担任市、镇两级的"两代表一委员"。四是教育上融入，将全市公办学校向外来人口子女零门槛开放，赋予外来人口子女享受与晋江本地学生一样的就学升学权益。目前，晋江的外地学生已达21.53万，占在校生的59.9%，基本实现外来人口子女免费接受义务教育全覆盖。

二、几点启示

经过一段时间以来的探索和实践，我们认为，推进外来人口市民化，必须坚持四个方面：

（一）必须坚持以人为本

新型城镇化本身就是人的城镇化。在推进外来人口市民化过程中，从率先出台居住证制度到全面放开落籍限制，到实行积分优待政策，推动外来人口变"新晋江人"，正是不分内外，始终把外来人口的住房保障、就业培训、诉求满足、权益维护放在重要位置，才能得到外来人口的积极参与、广大企业和群众的大力支持，才能凝聚上下的共识意志，才能充分释放人的潜力活力。

（二）必须坚持改革创新

面对 130 万外来人口带来的义务教育、治安管理等压力，晋江始终坚持改革创新导向，把打破外来人口与本市户籍人口之间的制度藩篱作为解决问题的根本之道，不断探索实践、改革创新，从实行居住证制度到全面放开落户限制，从"有房落户"到"无房也可落户"，从"允许在晋江参加医保"到"实现新农合异地结报"，等等。只有先行先试、持续创新，才能破除体制机制的束缚，才能打开新型城镇化的新局面。

（三）必须坚持系统推进

推进外来人口市民化，必须全方位考虑外来人口的工作、生活、健康、荣誉等各方面需求，对户籍落户、就业就学、住房医疗、社会保障、情感融入、文化融合等各个领域进行系统设计、整体谋划、统筹推进，才能形成改革合力、提升改革实效。

以法治思维创新晋江政企互动[①]

党的十八届四中全会强调，"深入推进依法行政，加快建设法治政府"。法治经济的核心问题是处理好政府和市场的关系，使市场在资源配置中起决定性作用和更好发挥政府作用。面对严峻的企业逆境和政府职能转变的双重考验，晋江市政府如何扮演好同现代市场经济相适应的法治政府角色，如何实现政府职能双重转变、助推晋江民营企业转型升级，已成为法治政府所要面临的首要问题。

一、新常态下晋江法治政府建设的现状与问题

在东南沿海最发达的晋江，政企互动作为"晋江经验"的一大特色，被全国各地仿效、复制。但是受国际国内经济形势急剧变化、经济下行的大气候影响，晋江企业也面临高产能过剩、高材料、高用工成本、高负债问题，企业破产现象时有发生。严峻的形势给晋江政企互动带来巨大挑战，下面就晋江企业和政府面临的新问题作一个梳理。

（一）晋江民营企业面临的三大问题

1.民营企业的破产现象严重影响地方稳定

2012年以来，晋江民营企业遭遇了产能过剩、库存过多、龙头企业带动作用明显减弱的巨大困境。晋江民营企业面对国内外严峻宏观形势的影响和转型期调整的阵痛，更是出现了相继破产的现象。如2014年以来晋江中小纺织服装企业面临着前所未有的资金链断裂和融资难问题，行业内频繁曝出资

① 本文系2015年中国政法大学、中共晋江市委党校"晋江法治建设规划"联合课题的阶段性成果，登载于中共晋江市委党校2015年《晋江市情研究》第2期，于2015年12月8日获时任泉州市委常委、晋江市委书记作重要签批。徐夕湘参与执笔。课题负责：施鹏鹏、陈志雄；课题组成员：许明月、童彬、徐夕湘、姚诗斌。

金链断裂、老板"跑路"事件，给行业带来了巨大的恐慌。2015年上半年，陶瓷行业也异常低迷，大量的陶瓷企业倒闭、易主，有的是因为环保问题导致的关闭、停产，有的则是因为企业资金链断裂引发的欠薪、讨债。总之，中小企业普遍面临的破产危机形势异常严峻。

2. 企业资金链条的松动造成贸易诉讼频发

晋江中小企业多以技术密集型企业和资本密集型企业为主，企业的资金周转随时可能会出现困难，深陷严重的财务危机，大量的贸易债务会成为压制企业资金回流的巨大包袱。当企业间和企业与银行之间拆借贷款发生断裂之时，司法程序就成为解决债务纠纷的最终选择。如晋江市某金属贸易有限公司与被告晋江市某鞋服皮塑有限公司买卖合同纠纷，由于被告企业严重的经济困难导致其无法还款付息；又如招商银行股份有限公司泉州晋江支行诉某包装（中国）有限公司、某（福建）塑胶有限公司金融借款合同纠纷。两案均是源于企业资金财务状况恶化、资产损失、经营停顿、停业、重组、清算等影响履行还款能力，从而招致诉讼。对正在生死存亡线上挣扎的中小企业来说，这类诉讼犹如雪上加霜，甚至是灭顶之灾。

3. 个别行业腐败考验法治政府的公信力

与民营企业相关的行政部门往往容易成为出现腐败的重灾区。以医疗行业腐败为例：某医院副院长先后收受药品供应商、药品配送企业、医疗器械供应商等赠送购物卡，为他人在药品采购、配送以及医疗设备耗材采购等方面提供便利。面对严重损害政府合法性和公信力的不正当官商关系，一方面要通过严惩腐败等一系列将公共权力关进制度笼子的举措，铲除官商勾结的制度土壤；另一方面则要通过张扬官商两道的平等价值理念，重构官商二元价值观。但是，关系重构毕竟需要一个阵痛的过程，而这个过渡期必然会对晋江经济，特别是中小企业的发展环境带来较大的动荡和打击。

（二）法治政府建设面临的三大问题

1. "父爱式"执政思维的影响

在"父爱式"执政思维的影响下，政府积极介入经济管理和社会控制的各个方面。一方面，"父爱式政府"可大力发展公共事业，加强社会管理和建设，切实维护社会秩序和社会稳定。如晋江模式之成功，便得益于晋江市政府的恪职干预。另一方面，"父爱式政府"也存在一定的风险，尤其是可能破坏市场应有的秩序，以人治的思维代替法治的逻辑。市场经济改革的不断深入，传统的执政思维已凸显了较强的局限性，如重经济指标、强制手段维护社会秩序稳定，可能会牺牲法治生态环境、贬损司法权威。因此，"父爱式政府"可能导致人民群众不遵从法律法规而采取暴力对抗执法，从而影响当地经济社会平稳有序运行。

2. 权力监督的机制尚待完善

行政权的行使缺失相应的监督机制，行政权还存在着权限不明、重合交叉现象，政府职能"错位""越位""缺位"不同程度存在。特别是理应对行政行为进行合法性和合理性审查的法院，却在监督和制约中显得比较疲软无力，甚至对地方党委和政府存在一定的依附性。因此，政府权力的运行和监督机制等亟待明晰，尤其是政府与司法的关系。

3. 经济下行与维稳的强大压力

经济发展面临着复杂严峻的环境，经济下行压力持续加大，多重困难和挑战相互交织。增速的放缓必然会使得短期风险和长期累积的深层次问题相互叠加，带来经济回落、就业压力、民生事业、货币和投资等一系列社会和经济问题。由于这些问题不断发酵，使得中小企业长期存在的一些潜在风险逐渐凸显出来，主要就体现在财务和资金链条上。这些问题将给中小企的发展和生存带来前所未有的打击，这势必影响到维稳的大局。因此，政府必须直面经济下行的压力，通过宏观调控和政策引导帮助有潜力有希望的企业度过危机和困境，采取针对性的措施防止经济下行对就业和居民收入造成过大冲击，从而保障社会稳定和经济持续发展。

二、以法治思维打造"企业 + 政府"的新型政企互动关系

通过以上问题的梳理和分析，我们可知，新常态下民营经济出现一系列的困难和问题，面对此种情况，政府是沿用过去"父爱式"执政思维为企业万能式全包链，还是通过法治思维健全长效机制，构建为企业服务的法治型政府？为此，课题组提出要建立一套在法治框架下的"企业 + 政府"新型政企互动关系的六大思路：

（一）建议成立"资产审查委员会"评估企业状况

市内所有企业定期将债务信息报该资产审查委员会备案，由该委员会综合考查各公司负债情况和经营情况，帮助制定不同的重组方案，为其提供政策、资金上的便利和支持。如，对于需要合并的企业，应当建议其通过合并重组复活，并帮助该企业寻找对接企业，促使顺利合并；对于不得不破产的企业，委员会应当建议其走司法破产程序，选择适用重整程序、和解程序或者清算程序；对于经营良好只是缺少流动资金的企业，委员会应当为其提供必要的专项贷款，帮助其缓解资金链上的困难。但对于无正当理由未能备案的企业，政府无须也不得给予专项贷款；委员会还要制定备案保密制度，必须对备案严格保密，否则会严重影响企业的正常经营。

（二）建议设立专门的款项为企业提供应急贷款

资金是维系企业生命的血脉，充足稳定的现金流是保障企业活力和正常经营的关键，而且大多数企业现金流的维系保障依赖于短期借款、银行贷款和应收应付款项。一旦企业的资金运转出现问题，引发资金链的断裂，将可能直接导致企业财务危机和经营瘫痪。考虑到部分资金链断裂并且无质押物、抵押物及偿付能力证明的中小企业可能无法继续再向银行申请商业贷款，建议由政府与地方的各个商业银行协调，按一定比例拨出资金至某一指定商业银行，设立专门账户，专款专用，保证该账户专门用于该类中小企业的贷款，从而解决资金周转问题，保障中小企业平稳度过危险期。

（三）建议有限度地为企业提供担保

对于有对外债务的企业，政府应鼓励其对债权人提供担保，因为只有债权人获得了担保，债务企业才有可能免于被起诉。如果债务企业无法在短期内提供债权人认可的担保，也可以由政府下属国有资产管理公司提供担保，再由债务企业向国有资产公司提供反担保，从而可以于事前预防企业进入诉讼程序。值得注意的是，政府下属国有资产管理公司提供担保的，要严格审查该债务企业的信用度和资产情况，客观衡量该企业盘活的可能性大小。对于那些盘活无望的企业，政府必须坚决放弃资助，建议其直接进入司法破产程序。同时，有权力的地方就会有腐败，在授权国有资产公司提供担保审查权时，还要严防通过非法手段获得担保的贪腐渎职行为，确保国有资产不会流失。

（四）建议重视行政听审和听证程序

一方面，资产审查委员会在对问题企业区分具体经营情况时，不能只通过书面审查，还应当设立审查听审程序。通过该听审程序，听取企业对经营情况的介绍，接受质询，并由经济专家提供专门意见，确保各企业能够得到充分的调查，对于问题企业作出客观真实的审查报告，划分各企业的经营状况等级。另一方面，对于申请贷款企业的企业拟发放贷款的，应当通过听证程序，公开听取各企业的陈述意见，切实保障各企业获得平等贷款的机会。同时，听证程序应保证公开、公正、公平、透明地进行，避免审查决定中出现暗箱操作和贪腐行为。通过听审、听证程序，资产审查委员会对各问题企业的审查保证了对于企业经营状况调查和发放贷款公正、顺利地进行，也尽可能避免出现呆账、死账等不良情况。

（五）建议政府促成涉诉企业与原告（申请执行人）达成协议并提供诉讼担保

如果案件已进入诉讼阶段，政府应当促成被告企业与原告企业进行调解，并达成协议。如，由被告企业向原告企业提供抵押，或者由政府下属国有资产公司提供抵押，并由被执行企业提供反担保，或者由原告企业同意被告分期付款或提出其他条件实现延缓支付等等，最终实现原告撤诉或达成调解协议而结案。如果案件已进入执行阶段，可以根据《民事诉讼法》第二百三十八条规定"在执行中，被执行人向人民法院提供担保，并经申请执行人同意的"，人民法院可以决定暂缓执行及暂缓执行的期限，或第二百六十三条规定"申请人表示可以延期执行的"，人民法院应当裁定中止执行。为了寻求申请执行人的同意，政府可以鼓励被执行企业主动向申请执行人提供财产抵押，或者由政府下属国有资产公司提供抵押，由被执行企业提供反担保。在申请执行人同意的情况下，由法院作出暂缓执行或中止执行的决定。

（六）建议重新定位法治政府的职能

政府应当转变执政理念，抛弃"父爱式政府"和"万能政府"等传统思维，顺应行政服务的全球化趋势。同时，将有限政府和有效政府进行结合，促使政府从"无所不能"向"有所为"转变。如，通过税收减免等税收优惠政策，降低中小企业的现金流压力；提供融资渠道和平台，简化行政材料的审批程序，降低债权债务人信息不对称带来的风险；提供资源整合平台，促进加强企业间的合作交流、非核心技术的信息数据共享，优化竞争环境，强强联合，使企业通过优化资源组合，取得长久的竞争优势。其次，重新定位法治政府的职能。一个法治政府的所"为"必须要在法律规定的界限之内，政府不能利用行政决定和命令代替经济杠杆操纵经济和企业，更不能干预企业涉诉案件，以牺牲司法公信力换取经济的稳定发展。再次，政府应当鼓励新一代企业在逆境中崛起。如，只要政府能够创造一个良好的企业发展环境，制定适宜企业成长的政策，一批又一批爱拼敢赢的晋江人必将像雨后笋竹般为晋江经济高质量发展提供助力。

关于泉州创新驱动就地城镇化的三点建议

——以晋江大埔村为样本进行分析 [①]

一、城乡二元结构下泉州城镇化的现状和问题

根据联合国《城乡人口预测方法》，泉州正处在城镇化加速阶段的后期（60%—70%）。除鲤城区、开发区、丰泽区城镇化率100%之外，泉州城镇化率具体情况如表1所示：

表1 2014年泉州城镇化率情况 （单位：%）

市县区	石狮	德化	晋江	永春	惠安	洛江	南安	台投区	泉港	安溪
城镇化率	77	72.3	64	57.3	54	54	55.3	53.5	46.5	40.9

资料来源：福建论坛。

从表1可知，泉州各地的城镇化发展极不均衡并且处于不同的发展阶段，面临不同的问题和挑战。在经济集聚程度如此高的东南沿海城市泉州，城市（镇）集聚程度呈现出"大的不够大、小的不够多"，若延续过去分散的村镇模式，经济聚集的辐射带动作用会越来越低、公共基础设施投入成本越来越高，随之财政转移和金融趋向村镇数额越来越大，资金投向实体经济的数量

① 本文系福建省2015年社科规划基金项目"福建省财政金融政策支持新型城镇化VAR测度分析研究"（FJ2015B210）；福建省党校、行政学院系统中国特色社会主义理论体系"福建省人口空间产业城镇化协调性研究"闽委校科研〔2015〕16号；中共晋江市委党校与南昌大学合作课题"晋江市新型城镇化建设的财政金融政策研究"的阶段性成果。原文登载于中共泉州市委政研室主办的《泉州通讯》（2015年第10期）。课题负责人：徐夕湘；课题参加人：何宜庆、许明月、吴金程、吴锦云、吴扬、张明娟。

势必会越来越少，显然会减缓产业转型升级的速度而影响泉州现代化进程。2050年我国城镇化率或超80%（《中国经济周刊》2014年第3期），城镇化率接近天花板，意味着更多的农民流向城市，如果没有足够多的小城镇，这是否会让像泉州这样不够大的城市难堪重负？城市管理是否会因为难以承载而出现无序状态？公共产品供给会不会因短缺而出现人均占有不足？那么，农村问题的解决是否只有通过有序转移农业人口唯一出路？新常态下的路径在哪里？本文以泉州晋江大埔村就地城镇化的案例研究分析，提出打造一个城中村、城郊村具有中国特色的"本地农民"+的就地城镇化之路供决策参考。

二、泉州创新驱动就地城镇化的三点建议

泉州迫切需要在城中村、城郊村创新驱动一条产业、人口、空间相协调的"本地农民"+的就地城镇化之路。下面就这个问题提出以下三点建议：

（一）通过技术和业态创新驱动产业城镇化

产业城镇化是就地城镇化的动力，没有结构合理的产业支撑，城镇化就是无本之木，是不可持续的没有质量的城镇化。

表2　晋江大埔村产业城镇化分布情况

陶瓷业	石材业	包装印刷	物流电商	厂房出租	土地租赁	自营门面
占比83%	占比10%	占比6%	占比1%	10000平方米	20000平方米	200家

资料来源：大埔村村委会。

从表2可以看出，在产业结构分布上传统产业占比大，新兴业态物流电商占比小，服务业大多是自营门面。大埔村产业转型升级首先是"腾笼换凤"，淘汰弱小污染陶瓷企业；其次是"孔雀南北飞"，分解一部分陶瓷产能走出去，往漳州江西等地；另外是外出企业返程投资，承接镇、市区项目，从而形成了7大产业结构。显然这七大产业结构和目前泉州大多数城中村、城郊村一样呈现出产业结构单一、传统产业占比较重、新兴业态规模不大、服务业处于初期等特征。我们知道，就地城镇化的关键是打造产业支撑这架具有强大造血功能的机器，并且这架机器具有内生性造血功能，否则会因供

血不足而夭折、因资金链断裂而短命。为此，要通过技术和业态创新来驱动产业城镇化。

一要抓住"泉州制造 2025"机遇，通过设备更新技术升级产业转型来提升体育服装用品、纺织鞋服、陶瓷建材等传统产业，通过实施"数控一代"技术改造达到"机器换工"目标；二要培育农业种植业、海洋加工业、农村电商、智慧医疗、新兴文化产业，发展金融服务、文创研发、商贸物流、旅游等现代服务业，努力提升新兴产业占比；三要通过各县区市城中村、城郊村分散式、特色化、差异化发展，和中心城市泉州总部经济相呼应，构建一个"大中小"城镇多业态的产业集群。

（二）通过机制与政策创新来驱动人口城镇化

人的城镇化是新型城镇化的核心，就地城镇化要围绕农民这个核心进行。晋江大埔村人口结构分布如表 3 所示：

表 3　晋江大埔村人口分布　　　　　　（单位：个）

人口分布	青壮年	未成年人	老年人
分类	本地＋外来＋输出	小学＋幼儿＋中学	养老院
人数	1300+3500+1500	600+220+80	200

资料来源：大埔村村委会。

从表 3 可以看出，大埔村人口城镇化来源于三个层面：第一个层面是青壮年，他们是就地城镇化的创造者与推动者，第二个层面是留在当地读书的未成年人，第三个层面是自愿留守在本村养老的老年人。就地城镇化目标是通过人口城镇化拉动内需有效释放消费潜力并引致相关的投资需求。泉州地区的新型城镇化的特色是有序转移外来务工人员成为市民。事实上，外来人口（110 万）超过本地人口的晋江，早就放开人口落户限制，实行"无房也可落户""先落户后管理"政策，但是 2013 年以来，也只有 12563 名外来人员落户成为"新市民"，仅占外来人口（110 万）的 11.4%。也就是说，户口放开并没有给外来务工人员以很大吸引力，第一代农民工进城务工的目标不是成为市民，他们的预期最后还要回去。因此，泉州在借鉴大埔村做法的基础上作出创新：

一是在户籍放开的基础上，创造条件改善基础设施把农民和外来务工人员成功地留在土地上，避免一窝蜂涌向大城市，在公共政策上为大家提供公平、平等、和谐的发展机会；二是提高外来人口对本地信任度、提高这个群体的幸福指数，让这个群体和本地农民一样均等地享受优质教育资源、和本地农民一样享受公共医疗和养老；三是形成长期有效的养老政策和医保教育机制，尤其是学习晋江改革医保报销机制实行看病"就地报销"，外来人口纵使户籍暂时还在原籍"心"已经留下，当一个人不必为养老和医疗储蓄了，不必为学区房发愁了，逐渐地就会考虑买电视、买汽车（摩托车）甚至买房子等耐用消费品。

（三）通过规划和方法创新驱动空间城镇化

空间城镇化是城镇化最难解决的难题之一，而在土地集约规划时面临土地制度城乡二元结构，对城镇化推进阻碍非常大。我们先看看晋江大埔村的空间布局（表4）：

表4　大埔村总土地面积3平方公里空间城镇化布局　（单位：平方米）

住宅区	工业区	商贸区	服务区	养老区	办公区
1200000	400000	9000	7000	13300	800

资料来源：大埔村村委会。

从表4可见，晋江大埔村在3平方公里空间土地上布局了六大功能区。这个功能规划始于1997年，当初前瞻性地设计好了地下四管（输水、输电、煤气、供电）线路，1999年委托天津规划设计院厦门分院进行《整村建设规划》，18年来一直按照这个规划梯次推进建设。当初规划制定后，村委会开始严格控制村民自建房，村民申请旧房翻建要首先在村委会报备，由村委会核对，若在规划区域内，即向村民说明情况，由村委会统一改造，若区域外则可由村民自行翻建，但需按照统一格式进行。

在泉州大部分地区，就地城镇化的推进，通常方法是鼓励农民或居民自愿以土地和房屋选择换安置房、商务办公楼、店面、商场、SOHO、现金和股权等"七个换"来盘活资产。但在实际操作中一旦碰到征地强拆、补偿标准过低等问题，交易成本就变得非常大。而且，城中村和城郊村还面临土地存量有限、空间扩张受阻、城镇建设杂乱、空间占用无序等情况。为此，可以借鉴大埔村"土地整理和村庄更新"的经验做法：

一是要实行超前规划与梯次推进，避免重复建设与资源浪费。二是按照宅基地原地翻建或者区域外自行翻建进行村庄整理；让本地农民分享到就地城镇化中土地增值收益的好处（涨价），吸引本地农民自觉自愿参与到就地城镇化建设中来。三是尝试让本地农民和外来农民都通过承包地和宅基地流转，带着资本进城参与新型城镇化建设和分红。

总之，就地城镇化要改变过去空间→产业→人口脉络顺序构建，按照产业发展→人口集聚→空间拓展的脉络顺序构建；做到产业的发展集聚和人口的城镇化优先于空间城镇化。我们要打造一个产业—人口—空间相协调的宜居宜业大泉州，在城郊村、城中村创新驱动一批就地城镇化的典型，以点带面全面铺开，促进城乡融合互动，推动建立城乡一体化发展模式。

应对"恶意打假"的对策建议①

2017 年 2 月，一段"紫菜是塑料做的"视频在网络上疯传，引起了紫菜市场的恐慌，导致消费者不敢食用、超市滞销下架、经销商要求退货，进而对紫菜的种植、加工、销售等产业链各个环节产生巨大影响。事发后，阿一波等多家紫菜生产企业收到敲诈勒索电话，市场监管、公安等部门对此开展调查，并依法查处 18 名造谣者，一场职业投诉人参与并推动的"恶意打假"事件终于真相大白。无独有偶，从 2016 年 10 月起于微信平台喜多多集团的"椰果是塑胶做成的"谣言，再到 2017 年 5 月江西兴国"海绵肉松饼"事件等，经过市场监管、公安等部门查证均为谣言，相关涉事人员均被追究法律责任。但谣言所造成的影响并不是简单随谣言的终结而结束，"塑料紫菜"事件，国家食药监及公安等职能部门早已定论是"恶意打假"，也处理了造谣生事之人让事实得到澄清，可是直到 2017 年 6 月 28 日，在腾讯平台上还出现"塑料紫菜"视频，致使消费者纷纷采取避险行动，"用脚投票"，不再购买谣言涉及的品牌产品，甚至干脆用其他食品替代紫菜，这对紫菜行业的影响难以在短期内消除。

为更加有效地应对"恶意打假"事件，中共晋江市委党校、晋江市人民政府办公室、晋江市市场监督管理局组成联合课题组，就"恶意打假"开展专题调研，深入分析"恶意打假"的原因及其影响，提出消除"恶意打假"负面影响的对策建议。

---

① 本文系中共晋江市委党校、晋江市人民政府办公室、晋江市市场监督管理局联合课题组成果，登载于 2017 年 7 月 19 日中共泉州市委政策研究室《泉州调研》第 3 期。课题负责人：戴庆阳、蔡斯坤、洪德意；课题成员：徐夕湘、方鸿庆、兰鹏飞、吴碧云；执笔：徐夕湘、吴碧云。

一、食品业频发"恶意打假"的原因

食品行业"恶意打假"频发，绝非单纯消费维权，更多成分是为牟取高额赔偿回报，其根源在于利益驱动、法规制度不健全、管控不严格。

1.食品安全问题成为"恶意打假"重灾区。食品安全关系每个人的日常生活和健康。近年来，"瘦肉精猪肉""三聚氰胺奶粉""染色馒头"等食品安全事件屡屡发生，不仅给广大消费者健康带来严重威胁，还给广大民众造成心理上的恐慌，因而食品安全成为全社会关注的焦点问题，一旦食品安全问题有一点点风吹草动，人们就容易风声鹤唳、草木皆兵。因此，"恶意打假"者利用人们对食品安全的高度关注，制造食品安全谣言，利用网络快速传播，通过公众盲从产生轰动效应。可见，食品安全问题难免成为"恶意打假"的重灾区。

2.利益驱使是产生"恶意打假"主因。《中华人民共和国消费者权益保护法》的"三倍赔偿"条款、《中华人民共和国食品安全法》的"买一赔十"条款以及《食品药品违法行为举报奖励办法》等法律、规章，其初衷意在鼓励打假、加强对弱势消费者的保护，但这一制度也在一定程度上改变了打假纯公益性质，催生了打假职业化、公司化，出现"恶意打假"现象，如淘宝职业差评师、职业打假公司等。"恶意打假"者为了非法获利，知假买假、"打假养假"甚至敲诈勒索，更可怕的是形成"知假—制假—买假—打假"利益链条，对正常市场秩序产生恶劣影响。

3.制度"便利"导致"恶意打假"多发。一是"恶意打假"门槛低。为维护消费者权益，政府部门开通了诸多便捷快速的投诉举报渠道，维权的成本少、门槛低、手段多、见效快，投诉只需一封信或者一个电话就可以，多数情况只需要提供线索，不需要特别高的专业知识，不需要出庭应诉，甚至可以足不出户通过互联网平台投诉。投诉举报的便捷性既为消费维权提供了极大便利，也为"恶意打假"人提供了低门槛。二是对"恶意打假"管控难度大。"恶意打假"多数是集团化行动，他们组织严密、分工明确、造谣专业，而且重点针对目标管控不严、证据无法采集的经营主体。因此，多数"恶意打假"案件的辨别、侦查难度极大，进行有效管控的难度就更大。

4.少数企业失信直接诱发"恶意打假"。我国市场经济体制还有待完善，市场监管部门执法力度不够，对企业生产经营监管仍不够到位，加上企业法律意识、诚信意识不够高，导致制假售假时有发生，夸张、虚假宣传更为多见，为"恶意打假"提供可乘之机。如企业为了吸引消费者眼球，发布含有绝对化用语或其他涉嫌虚假宣传的内容。这一行为一旦被"恶意打假"者瞄上，多数企业宁可选择"恶意打假"者的索赔要求，以规避被举报受到监管部门高额罚款。特别规模较大的食品生产企业，他们为了维护企业市场形象和规避高额行政罚款、避免影响生产经营，在被"恶意打假"者发现产品存在问题或瑕疵时，时常选择支付赔偿金"息事宁人"。

二、"恶意打假"造成的危害

虽然晋江发生的"恶意打假"事件基本平息，但造成的影响远未消除，必须引起高度重视。

1.严重影响食品行业发展。"恶意打假"者为了自身利益，编造、散播各类食品安全谣言，抹黑相关行业的产品，误导消费者，引起市场恐慌、产品滞销，不只对涉及企业造成巨大影响，而是给整个产业链造成重大灾难。如晋江紫菜销售价格从原来每斤150元下降到30元，远低于紫菜原材料收购价格，而且销量也不及原来的1/4，这对晋江紫菜行业简直是灭顶之灾，晋江紫菜企业元气大伤。

2.干扰正常市场管理秩序。一是浪费行政资源。许多职业投诉人为了达到"恶意打假"目的，一个"打假"案件经常采取多形式、多渠道、多部门反复投诉，如果投诉举报未能达到预期目的，会通过申请信息公开、行政复议等途径对行政部门施压，有时还以行政部门的程序违法、事实不清等各种理由提出效能投诉或行政诉讼。对于职业投诉人简单的复议或信息公开要求，相关行政部门往往需要做大量工作进行核实、应对，耗费了大量公共行政资源，导致有限的行政力量无法更好地投入市场管理和消费维权。2017年1月至5月，晋江市市场监督管理局收到行政复议申请7件、信息公开申请32件，其中职业投诉人提起分别占100%、96.88%。二是损害法律权威。"恶意打假"者为了自己的私利，将违法线索作为其营利的工具。一旦达到目的，便帮助企业消除证据，且不配合行政部门的调查工作，使部分案件无法形成有效的证据链，行政部门对这类企业违法行为难以作出相应处罚。"恶意打假"者一般采取广种薄收的方法，一般涉及金额较小，尚未达到司法立案处罚数额，难以进行有效打击。

3. 败坏社会风气。"恶意打假"的出现，使得某些职业打假人借"打假"之名牟取私利，违背《中华人民共和国消费者权益保护法》宗旨，损害市场经济公平竞争原则，严重冲击相关行业和企业发展。特别要引起重视的是，由于"恶意打假"能够带来高额收益，有越来越多的人加入之势，如果放任这一见利忘义的现象蔓延，势必损坏我国公平公正的营商环境。

三、应对"恶意打假"的对策建议

面对频发的"恶意打假"事件，要疏堵结合，既要建立相应的协调机制，及时准确发声，疏导问题，也要堵住"恶意打假"的漏洞，从行业自律、建立长效机制、强化舆情应对等方面出发，努力把"恶意打假"的负面影响降到最低。

1. 督促引导企业练好"内功"。首先，督促引导企业把好质量关，加强事前管控，与专业机构建立有效合作，建立完备的生产经营溯源系统以及信息采集机制，广泛进行宣传，让产品的质量安全保证深入人心，给消费者吃"定心丸"；其次，搞好事中控制，企业要建立自己的法务部门，一旦被"恶意打假"侵权，以最快的速度调查取证，第一时间站出来辟谣；再次，事后经得起检验，企业产品随时接受市场监管部门的监督及抽查抽检，确保企业自身不出问题。

2. 成立行业自律性打假联盟。推动行业协会成立自律性打假联盟，根据行业特点，聘请专业顾问，分析提出行业可能被打假的问题警示，力促企业自查自改，以专业咨询应对已专业化、组织化的"恶意打假"，从源头上压缩"恶意打假"的空间。

3. 建立打击"恶意打假"长效机制。建议以晋江为试点，建立市场监督、卫计、公安、国地税、政务公开、效能投诉、行政复议办等部门为成员的联席会议制度，共享、收集、研判疑似"恶意打假"人相关信息，定期汇总上报上级监督管理部门。同时，建立健全整治"恶意打假"的长效机制，市场监管、公安等职能部门牵头开展打击"恶意打假"专项行动，发现一起查处一起，形成高压态势，有效保护企业合法权益。

4. 加强打假信息公开。要做好打假案件政务公开，掌握舆论主导权，防止打假谣言蔓延。要通过各种媒体和渠道，快速公布"恶意打假"事件的相关信息，提升"恶意打假"人曝光度，增加"恶意打假"舆论压力，提高"恶意打假"成本，尽可能减少"恶意打假"现象。相关职能部门、媒体要第一时间澄清事件进行，给企业正名，正确引导市场消费，最大限度消除"恶意打假"负面影响。

5. 强化网络舆情应对。针对因门槛低、违法成本低但社会影响大，而出现的越来越多借助网络平台进行"恶意打假"的现象，多措并举，不断提升网络舆情应对能力，有效打击此类"恶意打假"行为。一是强化舆情监测。网信、公安、行业主管部门及企业应进一步健全完善网络舆情监控机制，畅通信息互动共享渠道，制定舆情应对预案，及时开展舆情分析研判、处置，力求及早发现及早处置，抢占舆论先机。二是加大谣言打击力度。公安机关应牵头持续深入打击网上散布谣言违法犯罪活动，坚决依法严惩网上谣言散播者，打出声势，形成威慑力。三是开展正面宣传引导。宣传部门应在充分做好风险评估的前提下，及时组织媒体力量对打击造谣行为的成功案例（案件）策划开展针对性正面宣传，有效回击不实网络信息，震慑网络造谣违法犯罪。四是提请上级部门协助处置。逐级提请上级网信部门督促微信、微博、新闻客户端等网络平台运营商全面落实谣言信息清理和预防工作，完善谣言整治相关管控机制，从源头上有效遏制谣言蔓延。

晋江市全力发展高质量道口经济的调查

——专访：永和镇党委书记吴超鹏 [①]

【编者按】经济工作是党治国理政的中心工作，坚持加强党对经济工作的集中统一领导，是以习近平同志为核心的党中央立足新时代提出的新要求。面对区域产业转型阵痛、"双高"建设机遇，课题组对永和镇党委书记吴超鹏进行了专访，并对永和今后发展提出四条建议。

所谓道口经济，是依托高速公路道口、高铁站而兴起的，在一定区域范围内由物流、商贸、服务、加工制造等相关产业有机组合而成的一种新型的区域经济。

随着福厦高铁泉州南站落户永和镇坂头村，晋江市委、市政府提出：在泉厦漳城市联盟路永和段高速公路和福厦高铁泉州南站高铁建成后，利用"双高"的吸引和扩散功能，借人流、物流、资金流和信息流等因素集聚所产生的辐射效应，建设高端商贸、现代物流和人居休闲于一体的综合型城区。在其附近区域全力发展道口经济，并逐步带动厦门、泉州、石狮、南安地区经济的互通互联全面发展，最终聚合成以高速公路、高铁为轴线，向两侧延伸的新经济大动脉（即"双高"经济带）。这既是把永和镇地理优势转化为经济优势，更是新时代晋江高质量发展落实赶超的一个大手笔。

本课题以道口经济为例，由市委党校课题组对永和镇党委书记吴超鹏进行了专访，现将访问内容梳理如下：

[①] 本文系中共永和镇委员会、中共晋江市委党校联合课题组成果；原载于 2018 年《晋江市情研究》。课题负责：戴庆阳、徐夕湘、王振明；课题执笔：徐夕湘、蒲丹尼、吴扬。

课题组：永和镇发展道口经济的总体思路是什么？

吴超鹏：抢抓福厦高铁和高速"双高"建设机遇，发挥永和区位优势，打造"道口板块"，努力形成产业集聚、特色鲜明、后劲充足的产业新高地。

1. 坚持科学规划。注重整体谋划，在对全镇道口资源进行统一规划的基础上，适度调整区域总体规划或部分片区规划，确保道口经济规划与园区、城市建设相互衔接、相得益彰。注重错位发展，统筹考虑不同道口区域的区位特点、产业基础，因地制宜确定各道口的发展目标、重点和方向，避免产业同质竞争。注重有序推进，分别明确高速、高铁道口总体开发时序以及每个道口的核心区规划与长远规划，科学把握开发节奏，推动条件成熟的区域率先启动核心区建设，着力提高道口经济建设的集中度。

2. 突出精致建设。强化集约意识，借鉴先进地区实践经验，避免"摊大饼"式粗放开发。强化精品意识，一手抓优美景观形态塑造，建设一批与永和"人文、生态、精致、宜居"乡镇特色相契合的绿化长廊、活动广场和公共配套设施；一手抓优质产业业态集聚，以互联网产业、现代物流、现代商贸、休闲体育旅游等高端业态为引领，推动全区产业转型。强化生态意识，立足道口区域实际，积极推进环境整治和生态保护，既为未来发展营造良好环境，也对外展示永和亮丽形象，努力实现经济效益、社会效益和生态效益的"多赢"。

3. 强化项目支撑。坚持基础性项目"铺道"，在完善道口区域路网框架的同时，推动功能性、标识性项目先行；坚持载体性项目"建壳"，以互联网电商、商业综合体、旅游综合体等大型综合体项目为重点，积极稳妥地推进平台载体建设；坚持实体性项目"充实"，结合各道口的发展定位、产业基础，及时招引质态优、效益好、带动性强的项目落户发展，尽快形成集聚效应、释放土地效益，走高质量、高效益、可持续的精明增长之路。

4. 完善机制推进。建立协调管理机制，按照市委、市政府的决策部署，对接高铁新区的规划建设，镇级层面重点加强对事关道口经济发展的全局性重大问题的研究决策和组织协调，各道口以所在村或园区为主体，调整充实力量，聚焦聚力加以推进。强化效益保障机制，综合考虑道口开发强度和投入成本，对拟上项目坚持以规模体量和质态效益给政策，以市场化竞争方式供土地，既保证投入产出的"中期平衡"，又切实提高道口经济的"含金量"。优化建设开发机制，统筹全镇资源，构建合理利益分成机制，通过推进成熟地块上市为道口区域开发建设"输血"。

课题组：永和镇发展道口经济的关键环节有哪些？

吴超鹏：发展道口经济，必须立足实际、明确重点，创新实干、扎实推进，走出一条具有永和特色的道口经济发展之路。

1. 西坑村道口——循环、环保经济板块。该区域位于永和镇南片区西坑村，石材退转所在地。2018年以来，永和镇全力推动辖区43家石材企业退出，并全部拆除生产设备。巩固石材企业退出成果，加快推进石材转型升级，引导石材企业向电商、五金、装备制造等行业转型；鼓励发展循环经济和环保产业，推进绿环再生资源、永葆新型建材等一批资源综合利用项目建设。持续推进矿山生态恢复治理，引导石材片区利用现有厂房、石窟等资源，叠加"双高"发展优势，发展蹦极、攀岩等极限运动体育产业、现代物流业和石窟文化影视基地。在此基础上，发挥道口的引导宣传作用，在抓好道口环境整治与景观提升的同时，按照公路交通标志建设标准设置相应标识，努力把该道口建设成为"双高"沿线的"旅游地图"。同时，按照"做靓南部门户、打造产业新城"的思路，重点推动产城融合发展，着力打造辐射晋南片区的晋江中部高地。

2. 泉州高铁南站道口——城镇经济新高地。结合福厦高铁新区建设，充分利用该道口紧邻晋江市区、石狮市区的区位优势，适应交通枢纽商业、商务、商住需求旺盛的特点，满足大客流量、快流动性、高集中度的现实需要，在沿线布局生活超市、特色商场和快捷酒店等商业综合体，充分释放土地价值，不断集聚人气商机，打造集餐饮、购物、住宿、娱乐于一体的北部"经济走廊"，使市民和旅客既感受到便捷高效的现代交通，也享受到契合晋江城市特质的精致商业。依托泉州高铁南站，建设永和镇以电子商务、商贸物流、环保建材为主的晋江市云裳小镇互联网经济产业园；发挥高铁道口作用，构建运输公司、配送中心、货物中转站、仓库、批发中心及流通加工厂等物流企业集中布局的现代物流产业园，推进永和"淘宝镇"提升。

课题组：高铁具有快速、准确、安全、舒适、便利等特点，带来的是市区概念的延展、放大；高铁速度缩短了时间，城市的距离越来越近，城市的规模也因此可以发展得越来越大，从而带来生活半径的延长。本课题组通过调研访谈、交流研讨，综合各方，建议做好以下几项工作：

（一）出台一套优惠政策——打造现代物流集群

在"双高"道口发展现代物流业是晋江重点发展的产业导向，为此，要迅速出台相关奖励办法，鼓励物流业发展，只要落户"双高"道口就有优惠，"招大商大招商"，着力招引更多 AAAAA、AAAA 级知名物流企业入驻片区。

1.出台专项招商引资扶持政策，对设立区域性总部的国内外知名物流企业，按"一事一议"方式给予政策支持。

2.出台租赁经营的物流企业财政奖励。

3.建议延续原有促进物流业发展措施，保持对总部设在晋江、首次被中国物流采购联合会综合评估为 AAAAA、AAAA、AAA 级的物流企业（包括新引进的带级别物流企业）分别给予一次性奖励及对年纳税额达 50 万元、500 万元、1000 万元以上物流企业分别给予奖励等相关优惠政策。

（二）探索两个创新设计——"周末两日游"+"工业旅游"等带动文旅产业

发挥"火车一鸣、客户集群"效用，打造"一南一北、一动一静、动静相宜"文化产业布局，强化"双高"沿线文化旅游宣传，有效整合区域特色旅游资源，规划一至两条极限运动、民俗文化、闽台交流的特色短期旅游路线，打造"周末游"旅游名片。

1.设计"周末两日游"线路和项目，承接泉厦漳城市联盟周末休闲客户群体，地点放在永和南片区，打造体育产业和"石材遗产"、石窟文化影视基地，主要定位为体育锻炼、休闲娱乐、蹦极、攀岩等体育功能；结合玉溪村觉林禅寺，打造集禅文化、宗教观光、海丝文化、美丽乡村、古村落、古名居、古树、侨乡轶事等于一体的晋江千年传统优秀文化。启动环灵秀山景观步道和灵秀山运动型休闲公园建设，以立体慢行过街系统串起灵秀山生态景观区以及泉州南站步行系统，促使高铁片区慢行系统与晋江市城市绿道系统无缝衔接，形成晋江南部生态休闲公园闭环。

2.发展以集成电路为龙头，恒安集团、安踏体育、361 度等一批大的传统轻工企业，雅客、金冠、蜡笔小新等一批大的食品企业（包括食品园进驻投产的特色食品企业），以及信泰科技等一批特色中小企业与科创企业为主体的工业旅游线路，作为承接国内外企业家、党政干部和人才群体学习"晋江经验"的现场教学基地。

（三）落实三个配套服务——发展教育、医疗、康养为特征的民生产业

1.教育方面。深化辖区内中学与名校合作办学成果，持续推动英墩中学与季延中学集团化办学、永和中学与季延中学合作化办学，推动名校名师资源共享，建设辖区第一所市直实验小学——晋江市玉溪实验小学。

2.医疗方面。积极发展专业专科高端医疗，补齐短板。支持英墩华侨医院增容拓改，依托永和卫生院和英墩华侨医院，主动对接高端医疗机构、专科权威项目到高铁新区、镇区设点或合作。推行"一体化"建设，培育医养结合示范点，开展智能化健康社区试点。

3.康养方面。搭建养老服务网络，建成镇级敬老院，形成以居家养老服务站为中心，集医疗、卫生、家政、娱乐等于一体的居家养老服务网络体系。

（四）力推四个聚集引领——发展以高速公路、高铁为轴线，半径5—10公里范围的聚集区

随着高铁的到来，永和道口地区必将成为生活资料、生产资料的快速集聚地，通过客流带动商业，发展"总部经济"，吸引人流、物流、资金流、企业流，届时百家企业、千万人流、专业市场和物流企业将大量抢先入驻，从而引发人们的投资热情，这就是"物流＋道口"的"道口经济"。届时"双高"道口经济的形成将为区域经济发展带来新的扩张力，促使各项经济活动的集散力呈梯级增加。为此要紧抓这种扩张力做好"四个聚集"：

1.聚集方圆5—10公里高新产业和传统产业企业。

随着"双高"经济带经营规模扩大，规模经济驱动力增强，内部生产就可能变得更有经济能量。有资料说明，日本新建工厂中有40%建在高速公路出入口处10公里范围内，50%建在高速公路20公里范围内。

我们要把发展"总部经济"、吸引中小企业总部入驻作为前期重中之重任务，打造平台载体，以高新产业集成电路和相关产业链企业落地为契机，吸引大批高新企业入驻；加快建设云裳小镇互联网二期项目和现代快递产业园，

完善服务平台、营销中心、培训基地、孵化基地等配套建设，形成产业集聚效应。

2. 聚集国内外高端人才。

以泉州南站为中心推进TOD综合开发，吸引高铁沿线周边城市人才溢出，打造集高新技术、教育医疗、酒店、创新创业为一体的人才聚集的北片高铁高品质商住区，辐射带动区域经济发展。

3. 聚集资金和资本。

区位经济凝聚力和竞争力来自于在此获得的经济增长的支撑力，而这个支撑力就是金融的支持。我们要引入一批金融机构、产业基金，助推聚集区产业转型、创新创业、城镇化建设。同时通过"双高"经济带沿线土地征收开发的增值收入促进经济增长，将土地作为抵押获得银行贷款，比如世界银行贷款、中国四大国有银行、农商银行贷款，充分实现把资源变资产、资产变资本、资本变资金的投资理念。

4. 聚集休闲、购物、商务等功能于一体的商贸区。

"双高"道口能够把各类经济活动有效地配置在一起，从而使区位的总体规模（人口、工业产量、收入和财富）急速扩大而产生经济效能。我们要以物流大市场、商贸区（大型商业综合体、快捷酒店、星级酒店等功能）、电商工业园、食品产业园以及建成的高铁新区核心区等形式使晋江道口经济得以快速发展。

关于提升晋江产业链现代化水平的思考[①]

改革开放以来，晋江经济发展成就斐然，令人瞩目。特别是 2002 年习近平同志提出"晋江经验"以来的 20 年，在晋江经济发展进程中具有里程碑意义。从 GDP 实现翻番的时间看：第一次用了 7 年，即 2000 年到 2006 年翻了一番多；第二次用了 6 年，即 2007 年到 2012 年又翻了一番多；2013 年到 2019 年 7 年间，可比增长了 82.2%。面对经济由高速增长到高质量发展现实，按"十四五"规划翻番的目标，晋江未来如何打造新的经济增长点，再次创造晋江奇迹？本文立足现在、着眼未来，以支撑晋江经济发展的产业链为切入点，从三个阶段分析产业链发展壮大提升。

一、过去产业发展实现了"段段衔接"

纵观晋江改革开放 40 年多来产业发展历程，大体经历了形成期、成长期、成熟期、升级期等四个时期。

（一）形成期，"护苗"呵护产业生存

改革开放初期，家庭作坊式工厂在晋江遍地开花。此时的产业生产规模较小，技术还不成熟，没有形成完整的产、供、销体系，产业面临生存还是消亡两种状态。在全国很多县域对国家商品经济政策还处于模糊状态之际，晋江县委、县政府出台"五个允许"政策，使得原先处于体制外的小企业受到产业政策保护，有力促进了晋江产业从幼稚到成型的发展，为进一步扩张

① 本文系中共晋江市委党校课题组承接的由中共福建省委党校、福建行政学院科研处委托基金项目"晋江坚守实业之路研究"（闽委校科研〔2018〕46 号）课题成果之一，登载于《晋江经验研究》2021 年唯一一期。2022 年获泉州市党校系统"新阶段传承和发展'晋江经验'主题征文奖二等奖。课题负责：王景珊、徐夕湘（执笔）；课题组成员：陈燕华、张明娟、朱旭望。

打下了良好的基础。

（二）成长期，"产业生态"建设助力产业扩张

20世纪90年代初，晋江产业度过了幼年时的危险期，产品逐步从单一、低质、高价向多样、优质和低价方向发展，但生产方式低端落后、粗放发展现状严重制约着民营企业发展。1996年，晋江提出"四个集中"，在"满天星斗"般的仿效性竞争基础上，逐步形成上、中、下游产业链，形成专业生产区和专业市场，基本形成足不出户即可完成从生产到销售整个生产流程的良好产业生态环境，走上一条自发的产业集群路子，有效帮助中小企业降低生产成本、提高竞争力、创造效益。

（三）成熟期，"增长点"推动产业升级

进入21世纪，晋江制造业生产能力扩张到一定阶段，产业进入一个稳定发展的时期。但是亚洲金融危机的爆发，让晋江靠贴牌加工发展的实体经济遭遇"黑天鹅"。2001年，中国加入世贸组织，晋江抢抓发展机遇，坚持改革创新，推出了"品牌+资本"的双翼战略，引导企业从加工制造向自主品牌发展，使经济走上市场经济的高级形态，努力构建现代企业管理体制，引导企业从家族式企业管理向现代企业管理转变，此时品牌产业链条趋于成熟。

（四）升级期，"供给侧结构性改革"助推产业高端化

在经济新常态下，晋江与全国一样面临产能过剩、库存高企、企业杠杆率居高不下、产业结构失调。晋江认真贯彻"供给侧结构性改革"方针，积极落实"三去一降一补"，开创性实施技术创新、品牌创新、产品创新、管理创新、渠道创新等"五个创新"，不断优化资源配置，调整产业结构，提高供给质量，产业链链条迈入高端化。

二、当前产业发展面临"渐渐松弛"

当前，新一轮科技革命和产业变革正在加速，新冠疫情影响广泛而深远，经济全球化遭遇逆流，全球贸易保护主义兴起等。在这种大背景下，晋江经济规模虽然不断扩大，但与百强县前五的其他城市相比，在国民收入水平、消费结构、市场规模、创新条件方面都存在一定差距，经济发展面临诸多挑战。一是产业外移化趋势。随着劳动力成本的快速攀升，晋江传统劳动力密

集型制造业工厂往内地及东南亚国家迁移的趋势日益明显，晋江常住人口从2012年末的230万下降到2021年的206.9万，如何稳住产业，保持对人口吸引的竞争力，直接关系到晋江可持续发展的动力。二是产业链松散化趋势。政策是宏观的，一些中小企业因信息不对称，不知如何把那些不适合自己做的"解链"，更不知如何向高端链条"铸链"。以晋江鞋业为例，存在中高端领域"缺链"短板、跨境电商和外贸销售渠道相对单一等问题。三是三产增力不强趋势。从经济结构形势看，2021年晋江市地区生产总值2986.41亿元，比上年增长10.5%，其中，第一产业增加值20.78亿元，下降3.2%；第二产业增加值1825.27亿元，增长11.6%；第三产业增加值1140.36亿元，增长8.9%。三次产业结构比为0.7∶61.1∶38.2，属于"二三一"型，仍表现为第二产业支撑县域经济发展的状况，与"三二一"型产业结构存在差距。现代服务业成为短板，以现代服务业为主的新动能明显不足，有效反哺制造业的功能作用不太明显。四是资金吸附能力减弱趋势。比起周边县域，晋江的民间金融规模较大，但是，比起百强县前五仍然较弱。2021年金融机构本外币各项存款余额为，江阴市4685.92亿元，昆山市6473.74亿元，张家港4239.28亿元，常熟市4082.62亿元，晋江市2413.86亿元。晋江金融机构本外币各项存款余额比起前四位而言较弱，目前要从规范的渠道上获取民间资本的投资促进产业链升级还是相对困难。

三、提升现代化产业链水平要"环环相扣"

只有构建实体经济、科技创新、现代金融、人力资源协同发展的现代产业体系，才能推动产业迈向全球价值链中高端，为晋江经济高质量发展，为下一个五年经济增长提供强大支撑。晋江应从产业链接、科技创新、金融服务、营商环境和数智化转型等方面着手，打好"组合拳"，努力提升晋江产业链现代化水平。

（一）聚焦产业链接，统筹全市之力破解难题

晋江市十三次党代会第五次会议报告指出，要"加快产业全链条全流程升级。紧盯后疫情时代趋势，系统谋划'强链、补链、建链'，全力打造'4341'现代产业体系，建设一流的先进制造中心和'新制造'重要基地"。

具体而言，晋江应该聚焦产业链条，统筹全市之力破解难题。

一是把脉问诊深挖产业链问题。成立由市政府牵头，发改局、工信局、商务局、金融局、统计局等经济部门和党校、人才办（智库资源）为成员的"诊断委员会"和委托聘请专业机构相结合的方式，共同从价值链、企业链、供需链和空间链等4个维度，专门针对晋江企业产业链和供应链的脱链断链问题，针对不同产业对症下药，精准施策解决问题。

二是对症下药解决产业链接问题。首先，抓好"补链"，谋划产业布局与区域合作。瞄准国家"十四五"重大发展战略，特别是围绕"一带一路"建设，发挥好晋江自身优势，在深化晋江区域内城乡之间产业布局的基础上，积极探索建立晋江与其他地区之间产业的分工合作、互补互动、协调发展，针对新型材料、高端染整、智能制造等产业链薄弱环节，研究产业链补链问题，让优质产业链尽可能地向上下游拓展延伸，确保产业完整性和优质性。其次，抓好"稳链"，发挥好政府的引导支持作用，引导龙头企业扎根本土，推动晋江相关企业与周边地区企业合作，构建高质量发展稳定的产业链。再次，抓好"建链"，打造信息技术、先进装备制造业、医疗健康产业三大新兴产业集群链条。

三是以新技术引领新动能。通过新动能的增量来对冲传统动能的减弱，加快培育新技术、新产业、新的经济增长点；通过"大众创业、万众创新""互联网+"等创造出新业态、新模式来改造传统动能。加快人工智能、5G、区块链、物联网等技术在制造业、农业、教育、医疗、养老等领域应用融合，发展智慧城市、智慧民生产业。

（二）聚焦技术瓶颈，通过科技创新促产业发展

从世界上公认的创新型国家的共同特征看，一个创新型国家的标准，科技进步贡献率在70%以上，研发投入占GDP在2%以上，对外技术依存度30%以下。目前，晋江传统优势产业对外依存度较高，比如集成电路产业核心技术、关键部件主要从美国进口。下一步，晋江要坚持创新在经济高质量建设中的核心地位，提升产业链现代化水平。

一是理清责任，明确创新主体。首先，推进"企业+政府"创新格局，支持企业牵头组建创新联合体，形成企业为主、政府配套、社会参与的多渠

道研发投入新格局，对企业投入基础研究实行税收优惠，发挥龙头企业引领支撑作用，推动产业链上中下游、大中小企业融通创新。其次，整合全球科技型企业榜样带动本土企业，成立后疫情时代"情报队"，紧抓时机，在世界范围内搜罗有意向性高端产业和国内高新产业大项目迁移到晋江，通过前沿信息科技带动晋江企业。再次，引导中小微企业成长为创新型企业，加强共性技术平台建设，支持企业加强核心技术攻关，主动对接科研院所，坚持创新链与产业链双链融合，围绕创新链部署资金链，着力推进"双高"企业增量。

二是吸引人才，汇聚创新力量。首先要编制急需紧缺人才专业目录，从晋江七万多家民企需求出发，加强创新型、应用型、技能型人才培养，壮大高水平工程师和高技能人才队伍。其次要实行更加开放的人才政策，加大政府保障力度，吸引部分晋江籍留学生人才特别是集成电路产业核心技术、关键部件研究等"卡脖子"领域人才回归本土，给人才研究"春风化雨、润物无声"的政策条件。再次要健全以创新能力、质量、实效、贡献为导向的科技人才评价体系。健全创新激励和保障机制，构建充分体现知识、技术等创新要素价值的收益分配机制和发明成果权益分享机制。

三是创新举措，不断优化创新载体。首先是画好"一廊两区多平台"的科创版图：一廊即以世纪大道为主轴，串联金融广场、洪山文创园、三创园等载体的混合型创新创业活力走廊。两区即科创新区和金井产教融合区。科创新区以国科大、中科院为支点，聚焦各种高新要素领域，打造成为高端创新资源集聚区；金井产教融合区以福大科教园为龙头，布局一批应用型院校，做强学科优势，打造产学研用于一体的综合智力高地。多平台即晋江依托强大的产业基础，推动四大高校和九大平台实现优势互补、联动提升，构建"研发—孵化—加速—产业化"全链条培育体系，提高科创成果转化率。其次要聚焦新动能。通过"大众创业、万众创新""互联网＋"等创造出新业态、新模式来助推传统动能，形成新技术、新产业、新经济增长点。

（三）聚焦金融创新，为产业链发展增添活力

晋江市的经济结构以民营经济为主体。当前晋江有8.9万家企业，中小企业占大多数，中小企业融资难、融资贵、融资乱是当前最大的困境。所以，

政府要重视并集中精力专项解决这个问题，要发挥晋江金融机构本外币各项存款余额 2413.96 亿元的资金效用，规避热线走向房地产等行业的风险，盘活实体经济生产要素，用活用好这笔资金，为推动晋江实体经济高质量发展作保障。

首先，创新供应链金融服务模式。要以政府资金带动民间资本，创新无抵押且风险可控的供应链金融模式，更好引导社会资金进入实体经济，解决传统金融机构服务覆盖不足问题；推行金融企业混合所有制改革，撬动社会资金参股运营，按混合所有制模式组建金融供应链管理公司，国有企业和民营规模企业共同作为股东，委托社会资本投资人管理运作，通过国有企业相对控股，增加公司公信力，通过社会资本参股和委托专业运营，保障专业化运作，提高公司决策运行效率。

其次，构建更和谐的产业金融生态。如果说，供应链围绕的是一个核心企业及其众多供应商和经销商，那么，产业链金融更关注的是整个产业中资金的流动，面对整个产业中的参与者。所以，要通过金融打造产业供应链，拓展金融服务产业的空间和领域，同时通过产业供应链的发展，进一步带动金融资源的增值，实现产业与金融资源的高度融合，形成服务于产业集群的多层次金融体系，为产业链上的所有企业提供综合解决方案。

再次，加强监管确保运营模式风险可控。要建设健康和谐安全的供应链服务平台，"一链一策"定制风险预警机制，依托大数据、区块链等科技手段，实现对产业链经营信息、资金闭合运营的有效监管，促进金融资源与产业资源的高效融合。

（四）聚焦营商环境，优化产业发展生态

一个地方要发展，短期靠项目，中期靠政策，长期靠环境。晋江是一个非公经济高度发达的地区，正在打造"国际化创新型品质城市"，要坚持以国际化视野谋划发展、国际化标准完善城市配套、国际化思维汇聚全球资源，不断提升城市开放水平，提高国际影响力；对标世界银行测评标准，努力打造稳定公平透明、便捷高效、可预期的国际一流营商环境。

首先，建立"一套标准"，让国际化营商环境建设目标更加量化、细化、具体化。参照世界银行等国际机构的研究成果和先进经验，编制一套既立足实际又对标国际，具有可比性、可操作性、主观与客观相结合的营商环境评价指标体系，并将每年指标任务下达至各部门、镇（街道），强化督查，推动落实，持续改善营商环境。

其次，用好"一种资源"——"人"的资源。300万海外华人华侨就是我们的重要资源，我们要构建庞大的营商环境宣传体系。宣传、统战等部门要充分发挥海外联谊会、工商联（总商会）等团体纵横联络的优势，通过报纸杂志、网络、微信等各种媒体，提升城市宣传推介力度，全方位、多层次联系海外华侨华人，加强与"一带一路"沿线国家和地区海外社团的交流互动。按照"对标国际、加大投入、引进人才、争取政策、先行先试"的理念，以宣传发动与靠前服务两手抓，凝聚300万海外侨胞力量，让更多华人华侨参与中国特色社会主义现代化建设和晋江社会主义现代化建设。

再次，深化外资引进和营商服务。进一步解放思想，以更加开放的理念和态度，塑造更加优良的营商环境，吸引更多的"外资"（晋江以外的资金）进入晋江，进入产业链集群；进一步深化"放管服"改革，强化政府职能转变，为外来资金进入晋江和广大企业运行提供便捷高效专业化服务，切实降低运行成本。要加快梳理修订新一轮经济鼓励政策。落实减税降费、加大中小企业放贷力度，放水养鱼稳住大盘，持续有力防范化解金融风险，构建"审管执信"一体闭门平台，开展市场主体公共信用综合评价，让市场主体放心安心经营。

最后，努力扩大国际知名度。要聚焦商业活动、人力资本、信息交流、文化体验、政治参与等国际通行的城市评价指标，切实提升城市的国际知名度和影响力。

（五）聚焦科技革命，力推中小企业数智化转型

随着5G、人工智能、大数据等技术的不断完善，数字化转型成为一种趋势。晋江有很多生产型企业，其各自所处的阶段不一样，因此数字化需求也不一样。一般来说，数字化转型分为四个阶段：数据连接、信息可视、精益分析、全面转型。每个企业所处的阶段各不相同，应采取的策略也不一样。

首先，处于数据连接阶段的企业，其关键点在于设备的数据采集。首先应理清要采集哪些关键数据点，评估该数据对主营业务的影响度。之后考虑

设备自身的可改造性，是否存在通信接口，其关键数据是否可以通过通信接口接入网络。如果无法接入网络，则考虑外加传感器进行数据采集，校验数据的准确度和实时性。处于该阶段的企业大多数对数字化有初期的萌芽，意识到要对生产过程进行管理，从而实现量化和标准化，但对转型升级只有模糊的概念。现在晋江大多数小企业都处于该阶段，对这种类型的企业要大力推广数字化理念，为其数字化转型升级指出实现途径。可以让科技特派员进入企业开展培训、数字化服务，同时举办数字化沙龙、企业参观等活动，强化数字观念，培养数字意识。对某些企业因为技术限制而无法进行数据连接的情况，可引进外部力量开展联合诊断和攻关。

其次，处于信息可视阶段的企业，基本上已具有一定的数字化基础，他们的诉求是如何将已经连接好的设备与主营业务进行互动。此时关键点在于企业要培育自己的数字化人才队伍，实现设备层与业务层的贯通，最终实现信息可视化。对这种类型的企业要鼓励其自建队伍，设立数字化人才激励政策。鼓励企业上云，自行开发软件或应用第三方软件进行生产、业务数据可视化，对上云企业和软件开发应用的企业予以一定程度的政策支持。对已经实现数据可视化的企业对外开展经验推广和交流活动，促使其进一步成长。

再次，处于精益分析阶段的企业，已经拥有一支数字化经验丰富的IT团队，正处于数字化转型的最关键时期。处于该阶段的企业多为行业龙头企业。之前两步都是打基础，而这一步企业主要任务是通过数字化实现真正的盈利，需要挖掘数字化的价值，数字化战略的意义开始逐渐显现，并成为未来企业发展的指明灯。处于该阶段的企业最需要的是人工智能关键技术在具体场景中的应用，涉及两方面内容：一方面是人工智能技术，另一方面是对行业的理解。因此，建议引入外部高端技术对行业开展问诊活动，设立专项资金促进专家与企业一对一服务，大力引进院校人工智能高端人才落地企业，为其提供各项科研生活配套措施。同时，联合龙头企业，对企业内部的行业专家开展集中培训，提高行业专家的知识水平，赋予其数字化转型的关键任务。高端人才结合行业专家开展工作，对落地成果进行评定，根据评定结果予以政策激励。

最后，处于全面转型的企业，目前晋江并没有，但考虑到以后企业的发展和产业需求，也应未雨绸缪。可提前布局相关优势产业如纺织、鞋服、机械、食品等供应链的数字化协同战略，如统一协议、统一接口，开展产业上下游企业之间的深度互动，形成产业同盟，开展科技合作和数字化互助等活动。共同培育和打造全供应链产品，打造全过程的数字化、智能化以及相关服务，实现新型的商业模式、盈利模式和分配模式的结合。

资政文章《发动企业家助力乡村振兴的建议》刊载于国家发改委主管的《改革内参》

发动企业家助力乡村振兴的建议

——以晋江市为例 ①

中共晋江市委党校联合课题组以"企业家助力乡村振兴"为主题，深入晋江调查研究，提出思考建议。

一、企业家助力乡村振兴的晋江探索

近年来，晋江市坚持传承弘扬"晋江经验"，认真贯彻《中共中央、国务院关于实施乡村振兴战略的意见》和福建省《关于实施乡村振兴战略的实施意见》，紧紧围绕乡村振兴战略20字总方针总要求，特别是围绕"产业兴旺"，充分发挥晋江的产业优势，积极推动企业家助力乡村振兴，成效斐然。

课题组走访了全市部分村社区，同时发放396份调查问卷，收回有效问卷205份，根据数据和走访的调研情况，晋江市"企业家助力乡村振兴"呈现出以下特点。

（一）基础雄厚，参与愿望较为强烈

一是基础雄厚。截至2021年底，晋江拥有市场主体突破23万多户，民营企业达7万多家，对县域经济贡献率达90%。二是成绩斐然。2007年开展"百企联百村，共建新农村"活动，涌现出侨资带动型、企业带动型、市场带动型、商业运作型、集体推动型等新农村建设十大成功模式。2018年以来，晋江推进农村创业创新工作经验曾两度亮相全国，2018年被农业农村部

① 本文系中共晋江市委党校课题组成果，此文原载于国家发展和改革委员会2022年5月20日《改革内参》第19期，获时任泉州市委常委、晋江市委书记和市长作重要签批。课题负责：姚煜娟、徐夕湘（执笔）；课题组成员：王世涌、陈治局、庄俊明、姚诗斌、林毅、吴镇江。

评为全国农村双创典型示范县，2019 年 5 月全国推进农村创业创新现场交流会暨经验推介活动在晋江举行。三是接续推进。2022 年晋江市按照省文件精神，接续开展"百企兴百村，乡贤促振兴"行动，出台《晋江市"百企兴百村，乡贤促振兴"行动 (2022—2025 年) 实施方案》，提出"以乡村振兴总要求为指导，立足晋江本土的特色优势，组织广大民营企业、乡贤能人与高校智库各展所长、各尽其能，共同参与到乡村产业、人才、文化、生态与组织各领域的发展建设之中，形成晋江特色的乡村振兴之路"。四是参与愿望较为强烈。晋江市委、市政府不断提高企业家的政治站位，增强企业家的爱国情怀，引导他们积极投身家乡的乡村振兴建设。

（二）创新模式，融入方式灵活多样

一是双向融入式，主要是把企业家培养成长为村支部书记，或者把有潜力的村干部培养成长为企业家。目前，村支部书记是企业家的达 34.78%，村干部中有 30% 是企业家的村占全市总量的 20%。二是独立投资式，主要是企业家通过慈善捐款、教育基金捐款、养老院捐款等方式参与乡村振兴。目前有 74.88% 的村有企业家直接捐款，截至 2021 年，募集善款 42 亿元，超 18 万人受益。据初步估算，募集善款 70% 用于乡村振兴建设。三是合作共赢式，主要是企业家让自己的企业与村委合作，共同推动乡村振兴项目建设，从而实现企业发展盈利，村集体经济发展壮大，村民增收致富促进共同富裕。有 56.04% 的村实现村企合作共赢。截至 2021 年 12 月底，全市 383 个村（社区）集体经济收入 21152.87 万元，经营性收入达 14750.09 万元，投资收益 1367.39 万元，其中投资收益 50 万元以上的村（社区）数达 142 个。

（三）"农业 +"，参与领域多元化

一是通过参政议政参与乡村振兴。企业家组成乡贤智囊团、参与村庄规划设计、参与招商引资谋划的村分别为 52.17%、41.06%、24.15%。二是通过投资推动特色产业发展。企业家独立创办种植农场、养殖场的村分别为 12.56%、7.73%，村企合资办种植农场、养殖场的村分别为 11.59%、16.43%，企业家参与轻工制造的村占 34.78%。三是参与村庄改造、非遗文化遗产保护。企业家独立参与村庄改造的村为 11.59%，村企合作村庄改造的村为 28.02%；投资当地非遗保护的村占 9.18%，投资收藏非遗藏品的占 2.9%。四是推动乡村旅游发展。企业家参与乡村旅游开发的占 10.63%。

二、存在的困境

（一）企业家思想融入不够

问卷调查显示，在晋江企业家踊跃参与乡村振兴的同时，还有 38.16% 村社区的企业家参与乡村振兴愿望较弱。调查显示，参与程度不深，村支部书记不是企业家的占 65.22%，企业家占村干部总数 10% 以下的村竟有 49.76%；在村企合作推动村集体经济发展方面也存在不足，村企合作村庄改造、发展种养业的村占 56.04%，还有 43.96% 的空当。部分企业家参与乡村振兴建设积极性不高。企业家在乡村产业发展、村庄规划设计、招商引资等方面，都具有深厚的智慧，发挥他们的作用是重中之重。问卷调查显示，晋江有 14.01% 的村无企业家参与乡村振兴的建言献策。

（二）专业运营机构缺失

大多数村都是由村委会替代农村集体经济组织运行，导致经济组织虚设，大部分村集体没有设立或引进专业资产管理机构、资金运作机构、财务管理机构，以及专业的企业管理、财务管理人才，导致资金、资产不能进行市场化的有效对接。用活"捐资"思路不清晰，不利于村集体产业的振兴及捐赠资金的保值增值。在接到乡贤企业家捐资后，大部分村处于"盲目"状态，没有明确的资金利用规划或计划，不知道如何更充分地、更有效地、可持续地"用活"资金。风险防控机制缺失，村民的法治意识较淡薄，法律法规的政策知识贫乏，缺乏规范化运营的能力和水平，大部分村在如何规避风险上都没有设置预警机制，屡屡出现不符合本村实际的乡村振兴模式，如何规避管理、治理过程中的失误等风险的能力相对较弱，缺乏整体的防控体系。

（三）农业全产业链松散

调研发现，晋江农业全产业链松散，农产品生产加工各个环节、各个主体基本没有达到有效链接，很难实现第一、第二、第三产业高质量融合发展，第一、二、三产业发展不平衡。大部分村的经济发展，偏重第二产业工业制造；大部分村（社区）第三产业生产性服务业滞后，侧重于仓储租赁业、店铺租赁，而现代农业发展不足，农业全产业链"建链""补链"迫在眉睫。

三、企业家助力乡村振兴的对策建议

（一）共同富裕的双向认知培训

企业家要积极承担社会责任，到乡村去参与乡村振兴，到乡村去发展产业，帮助农民增收致富，实现"先富带后富"。

首先，通过举办相关专题培训班，向企业家宣传党的基本理论和战略方针以及省委省政府的决策部署，进一步激发广大企业家爱党、爱国、爱家乡的情怀，增强他们的时代责任感与使命感，提升他们参与、投入乡村振兴的积极性与主动性；通过乡村振兴、企业发展战略、现代企业管理、农村产业发展等专题培训，提升企业家推动产业发展的能力和市场竞争力，为企业参与实施乡村振兴奠定坚实的基础。其次，组织有潜力的村"两委"干部参加相关企业管理培训，以及开展村"两委"干部和成功企业家结对帮扶，把有潜力的村"两委"干部培养成企业家，为乡村振兴储备更多的优秀人才。再次，着眼群策群力，构建企业家与乡贤建言献策长效机制。把广大企业家组织起来，建立人才库，成立乡村振兴业余智囊团，让他们为村庄建设规划、招商引资决策、农业生产要素管理、种养殖产业发展、农业全产业链建设、农村非物质文化遗产保护等建言献策，为推动乡村振兴贡献智慧与力量；指导成立有偿服务的专业性决策咨询机构，为实施乡村振兴提供相关决策咨询服务，从而推动乡村振兴服务业高质量发展。

（二）依法依规做好标准化规范化建设

首先，乡村集体经济发展要按照企业管理标准来做，组织架构要完整，运营机制要规范，在乡村振兴中要避免"政经合一"治理模式，要解决集体经济的权利主体缺失问题，不能将党的基层组织和村委会以及农村集体经济组织画等号，弄清楚农村集体经济组织与中国共产党在农村的基层组织的关系，弄清楚农村集体经济组织与村民委员会的关系。其次，必须让"捐款"资产保值增值，在推进乡村振兴过程中，既要鼓励一大批先富裕起来的乡贤、企业家以"捐款"义举，展现爱国爱乡情怀，也要厚植民众的家国情怀和感恩之心，激发民众投入乡村振兴的主动性和热情，有效避免"等、靠、要"拿来主义和养"懒汉""白眼狼"的现象。再次，在乡村振兴中要注意规避几

大风险：第一，要规避照搬照抄城市发展模式的风险。如果引进不熟悉乡情的规划师、建筑师、设计师参与，会亵渎并毁掉乡村"原味""土味"。第二，要防范村集体经济组织的运营风险。要规避重大决策失误，防范治理风险；要依法依规办理公司登记手续、做好股权分配；要防范集体资产流失风险，妥善做好资产处置；要注重程序规范；要规避政策风险，及时关注自然资源、环保等政策变化；要防范侵占风险，培养集体经济从业者熟悉关于贪污、受贿、职务侵占的法律法规，做到未雨绸缪。

（三）振兴产业壮大村级集体经济

首先，成立村级集体经济组织、发展村级集体经济是乡村振兴的当务之急。一是集约农用地。二是盘活集体有形资产。要摸清家底，并采取市场化经营。抖一抖村集体经济组织的有形资产，核一核村集体非经营性资产。三是盘活集体无形资产。

其次，着眼产业效益，推动村企合作共赢建设农业全产业链，全省各地要深入研究本地乡村产业现状，因地制宜、精准施策，协同补齐产业链、建强创新链、提升价值链。

附录：报刊文章

>>>>>>>>>

政治敏锐性感言[①]

"政治敏锐性"即见微知著,"当风起于青蘋之末",即能洞察事物的本质,把握其发展趋势,并据此确定应该采取的态度和对策。

具有高度的"政治敏锐性",能正确地判断国际局势,使我们在国际竞争中立于不败之地。

当前,国际国内敌对势力与我们的较量时明时暗,西方敌对势力对我们从来没有放弃过"西化""分化"的图谋,我们又处在深化改革的关键时期,这就要求我们的党员干部必须具有高度的政治敏锐性和鉴别力,正确判断形势,驾驭工作全局。其实,讲政治和政治敏锐性,不仅是无产阶级革命家应具备的政治素质,就是资产阶级政客对此也极为重视。西方敌对势力对我国从未放弃过"西化""分化"的企图,就是从政治上看问题,怕中国强大了,社会主义成功了,引起连锁反应。因此,共产党人尤其是党员领导干部一定要讲政治,要有高度的政治敏锐性和政治鉴别能力。具有高度的政治敏锐性,能使我们在反腐败斗争中坚定立场,赢得人心。反腐败是一个根本的政治问题,关系到我们党的生死存亡。我们必须以高度的政治责任感,在市场经济大潮中,过好权力关、金钱关、色情关,维护自己的尊严,保持共产党人的浩然正气,在形形色色的诱惑和腐蚀面前,头脑清醒,一切以人民的利益为重,自觉维护党的形象,把自己的人生价值真正体现在全心全意为人民服务之中,真正做自己的主人,而不是被金钱和物质利益所左右。

具有高度的政治敏锐性,能准确、坚定地贯彻党的路线、方针、政策,同党中央保持高度一致。

高度的政治敏锐性来自对党的路线、方针、政策的全面、准确的理解和

[①] 本文原载中共江西省委党校主办《江西党校报》,1996 年 9 月 20 日(第 7 期),第 4 版。

坚定的信念。具有高度的政治敏锐性就能在大是大非面前不迷失方向，不陷入困境，在困难和挫折面前立场坚定，毫不气馁，把方向上的坚定性同方法上的灵活性统一起来，把政治上的远见卓识同工作中的脚踏实地统一起来，调整自己的心态和人生坐标，正确对待名利和地位，牢记自己的使命和责任，而不至随波逐流，怨天尤人。

注重思想道德建设[①]

在思想道德建设薄弱的地方，常常听到一种"没有事实根据的信息"即"谣言"也。

"谣言"是十分有害的。纵览古今，横观中外，其影响之坏、危害之深，真是一言难尽。究其根源，从客观上讲，法治不健全，道德建设滞后，社会整体文化水准参差不齐，经济发展地域不平衡，为谣言的孕育和传播提供了温床。从主观上讲，一些人全无原则，心理阴暗，妒贤嫉能，不负责任；或受西方资产阶级名利观的影响，缺乏自我约束能力。另一些人，在纷纭杂乱中迷失了方向，人云亦云。

思想道德建设，关系到民族的兴衰和人的精神风貌。思想道德建设和"谣言"同属于精神范畴，但二者对立，格格不入。思想道德建设搞好了，就没有谣言的立足之地，所谓"谣言止于智者"的道理就在于此。对个人而言，当受到谣言困扰时，个人的见识水平、品德水平、思想修养便在这种考验面前表现出来；反之，总是被谣言所左右的地方，这一定是文化落后、闭塞，道德素质低下，社会风气不良的地方。因为谣言通过"愚昧"这种导体，才得以传播。由此可见，提高整个民族的文化水平，搞好思想道德建设，用马克思主义的人生观、道德观提高人们的道德修养和自律能力是十分重要的。当教育、规劝不起作用时，把道德的要求上升为惩戒性的法律约束，以保护大多数社会成员免受不道德行为的侵害，即"以德辅法""以法章德"是转变社会风气、升华思想道德的必经之路，同时，也是摆在我们面前一项严峻而又重大的任务，愿社会各界有识之士致力于思想道德建设。

---

① 本文原载《宜春日报》，1997年1月18日，第3版。

警惕 "洋" 的诱惑^①

　　漫步街头，身旁时而走过一些涂脂抹粉、红发蓝眼、洋里洋气的女人，俨然一副洋人相。这些人，乃黄皮肤人也。当然，随着生活水平的提高，讲究一点装扮，本无可非议，然而其刻意西化自身之做派，那就使人不可思议了。如此想开去，现实生活中，迷恋国外，向往国外的现象愈加露骨，对舶来品似乎有着特殊感情的，大有人在。你瞧，不顾国情、民俗、社风，大兴洋味洋风的人何其多！有的人坐车坐洋车，购货购洋货，取名取洋名……什么都想一个 "洋" 字。笔者不由感慨万千，像这样就不正常了。

　　一味地洋货洋味，不外乎西方社会心理文化模式在主宰人们的意识。更为令人可怕的是，似乎这种心理文化模式逐渐地渗透到某些人的 "骨髓" 里去，他们总认为月亮是外国的圆，凡带洋味品位就高并引以为荣。再者，就是无视自身存在，否定自身价值。不顾民族文化传统的教育，丢掉本民族优秀之精华，盲目效仿他人，甚至被 "西化"。

　　古希腊哲人柏拉图说得好，要认识自我，不然将自我拉向深渊。一个人是这样，一个国家、一个民族也是这样。鉴于此，改革总设计师邓小平曾明确指出："属于文化领域的东西，一定要用马克思主义对它们的思想内容和表现方法进行分析、鉴别和批判，而不能一窝蜂地盲目崇外。"

　　诚然，他山之石，可以攻玉，但改革更应善于取舍，对先进的技术和管理方式、健康的文化模式应积极汲取，并在实践中不断完善，以推进社会主义新文化，促进我国科技进步和社会发展。反之，若听任洋风滥吹，那我们的民族就不成为中华民族了。

　　时下，社会主义精神文明建设之风吹遍祖国各地，我们要借此东风重新认识 "洋" 字。

　　国人，请警惕 "洋" 的诱惑。

———————————

① 本文原载《宜春日报》，1997 年 5 月 24 日，第 3 版。

谣言，止于智者[①]

"谣言"为何物？先哲云："放冷箭"或"暗中使绊子"；字典里释为"没有事实根据的信息"。其特征是支离破碎、漏洞百出，在时间上时断时续，在空间上时隐时现。

众所周知，"谣言"是十分有害的。谣言的危害，正如墨子所言："染之苍则苍，染于黄则黄，所入者变，其色也变。"在当今社会中，一些人置党纪国法于不顾，以谣言作为攻击对方的手段，泄私愤，图报复，甚至不惜人格诋毁和中伤，造成我们一些领导同志威望下降、同事间关系紧张，使这些同志无法集中精力工作，效率低下，影响党的路线、方针、政策的贯彻。

谣言之所以有一定的市场，究其根源，从客观上讲，法制不健全，道德建设滞后，社会整体文化水准参差不齐，为谣言的孕育和传播提供了温床。从主观上讲，一种人心理阴暗、妒贤嫉能、不负责任，过分看重名利，缺乏自我约束能力；另一种人不太讲政治，遇事不加思考，容易被别人所操纵。

人的思想道德文化素质，关系到一个单位的精神风貌，如果人们的思想道德文化素质普遍提高了，人人都能做到心理健全，作风纯正，头脑清醒，也就没有谣言的立足之地了。所谓谣言止于"智者"，道理就在于此。谣言只有通过"愚昧"这种"导体"才得以传播。由此可见，提高整个民族的思想道德文化水平，"以德辅法""以法彰德"是消除谣言、转变社会风气的必由之路。

---

① 本文原载《江西日报》，1997年2月18日，第7版。

适应市场经济，调整党校工作机制①

本报讯　奉新县委党校为适应社会主义市场经济要求，积极调整工作机制，努力提高工作水平。在工作中，党校注意将理论教育与市场经济的实践结合起来，做到"工作有目标，办学有宗旨，治学有条规，业绩有考核，考评有依据"，党校工作有了长足发展，连续三年获省、地年度先进奖，多次被县委、县政府授予金牌"文明单位"。党校的主要经验有：

一、集中培训制度化：在干部培训工作中，该校根据县委组织部的《干部培训管理规划》，对每个参训的干部建立个人学习培训档案，实行一人一卡，统一建档，强化管理。

二、教学管理科学化。该校在教学管理中引入竞争机制，对任课教员实行先试讲、后评课、再登台的教学管理方式，进行选聘教员。受聘上课的教师，既有理论教员，又有实际工作的部门领导，使课堂教学既有理论深度，又有实际内容。并采取考试、考核相结合的方式，检查学习效果。培训结束后每位学员须交论文一篇。同时党校派员不定期地对参加培训的学员进行跟踪考察，了解学员的工作和学习情况，并记入学员档案，供组织掌握、调阅参考。为防止知识结构老化，该校在强调教师坚持自学外，还组织中青年教师到北京、上海考察、学习，使教员素质不断适应市场经济新形势。

三、科研管理激励化。为使学校科研工作上水平、上档次，该校咬住科研不放松，每年与县委宣传部等三家单位联合举办一次研讨会，经过研讨选出精品，进行奖励，并推荐参加省、地级以上有关学术研讨活动。同时，他们常鼓励教员、学员们结合实际写学习体会和论文，为县委、县政府提供决

---

① 本文原载《江西党校工作通讯》（第 20 期，总第 75 期），1998 年 12 月 10 日，收入本书略有删改。其详细版《与市场经济相适应，及时调整党校工作机制》发表于《江西党校报》（1998 年 12 月 25 日，第 2 版）。

策参考。在学校的重视和鼓励下，教员、学员们的心得或论文，有的在报刊上发表了，有的被县委、县政府所采纳，较好地发挥了党校作为理论研究前沿，以及宣传、贯彻党的路线方针政策阵地的重要作用。

四、后勤管理市场化。一是充分利用现代化教学设备，开展对内对外经营；二是改制内部住宿部、小餐厅，进行创收；三是成立了第三产业办公室，与总务室一套人马两块牌子，管理和经营学校店面。并围绕县委中心工作，承包了十余亩猕猴桃果园的栽种经营，探索出了一条以商助校的党校后勤建设新路子。

浅议加强和改进学校思想政治工作①

党的思想政治工作是经济工作和其他一切工作的生命线，是团结全党和全国各族人民实现党和国家各项任务的中心环节，是我们党和社会主义国家的重要政治优势。抓好教育和青少年学生的思想工作，直接关系到我国社会主义现代化建设能否取得成功。

加强和改进学校思想政治工作，要从以下方面入手：

1. 提高教师素质，发挥示范作用。

教师要敬岗爱业，只有热爱教育事业的人，才会爱学校、爱学生，"身教重于言传"，教师要以自己对祖国的热爱，以自己对知识的追求来影响感染学生，教师的一言一行，学生看在眼里，记在心上，凡是要求学生做到的，老师应身先士卒，带头做好，做到以高尚的情操感化人，渊博的知识教育人，积极向上的精神激励人。

要增强思想政治工作的感召力、渗透力。教师对学生关心是打开学生心灵的"万能钥匙"，学生从教师那里得到关心和尊重，便会得到情感的满足，产生积极向上的积极思想。所谓：春风化雨般沁人肺腑，润物无声般潜移默化。只有暖人心，才能稳人心，得人心，没有爱就没有教育，"亲其师则信其道"。师生之间由尊重而架起一座信任的桥梁，促使学生主动向老师敞开自己的心扉，只有达到这种境地，老师们所灌输的思想才能被学生自觉、自愿地接受，并转化为他们自身的信念，教师对学生的要求和意见，甚至是批评，也会被学生乐于接受，并把它变成前进的动力。对一时犯错误或落后的学生，教师的关心和尊重是他们改正错误、重新振作的动力。反之则会使学生产生

---

① 本文原载中共江西省委讲师团《理论导报》（第 1—2 期，总第 161 期），2001 年 2 月 20 日。载入本书略有删改。

误解和抵触情绪，而达不到教育的目的。一个学生如果经常受到冷遇，他会感到别人对自己的嫌弃而变得孤僻、冷漠，甚至会发展到歧视集体和社会。因此，教师的示范作用，教师对学生的关心、尊重，是学生形成崇高品质的重要因素。

2.改进工作方法，提高实效功能。

教学形式的多样化。除了要求学生上图书馆、阅览室、运动场、体操房、美术书法创作室、音乐室、琴房和各种棋类活动室，还要组织学生到工厂去，请学生家长对学生讲改革开放给企业带来的变化；到科研院所去，请科学工作者讲"科学技术是第一生产力"和"科教兴国"的道理，请老一辈讲革命传统；到部队去，请新一代军人讲"人生观、价值观"，讲奉献精神；到艰苦的地方去，与那里的同龄人开展互帮互助活动，让学生自己明白将来要肩负的责任，激发学生努力学习的积极性。双休日、节假日鼓励学生参加家务劳动。

教学内容现实化、多样化。国家培养青少年的方针、目标是宏观的，是对普遍情况而言的，我们在制定具体操作方法、措施时，坚持弘扬爱国主义、集体主义、社会主义这一主旋律，要根据不同经历、不同的心理特点、不同的心境，倡导教育方式、手段多样化。一切有利于激励学生积极向上奋发进取的优秀文化遗产，都值得在学生中弘扬。学校应将思想教育作为一个综合性的系统教育，形成一个有机的、立体的、网络式的理想道德教育体系，将思想道德教育贯穿于学校各项工作的全过程，始终渗透于德、智、体、美、劳各科教学之中，并以此加强各学科教学之间的横向联系。摒弃现行思想教育中重形式、轻内容，重娱乐、轻政治，重趣味、轻品位的现象。

3.改革评估体系，提高工作地位。

过去那种"升学率"一元化评估法，不利于思想政治工作的开展，不利于学生理想、信念、世界观的形成，不利于学生整体素质提高。对于教学评估应该采取多元化评估方法。学校的校风、师德、师风、学风，也是评价学校思想政治工作一个重要的方面。

4.优化育人环境，形成共管局面。

青少年属于全民族、全社会，是国家的未来，要培养他们成为有理想、有道德、有文化、有纪律的一代新人，要在各级党委的统一领导下，宣传思想工作部门、政法部门、教育部门、文化部门、工青妇群团、学校、社区和家庭齐参与，始终把学校思想政治工作和德育工作摆在学校工作的首位。只有将个体与整个社会结合起来，才能发挥其整体功能，"百年大计"的育人系统工程才能逐步完善、发展。

五同日记[①]

编者按：广大基层干部进村入户，与群众同吃、同住、同劳动，广泛听取群众意见，深入了解群众疾苦，积极帮助群众排忧解难，在让群众得到实惠的同时，也使自己受到了深刻的教育。奉新县委党校徐夕湘同志的日记反映了当前农村的一些实际情况，也道出了自己的真情实感。现将其部分日记摘编转发，供各地和广大学习教育对象参阅。

共产党员要为人民群众谋利益（3月7日　星期三）

我们党校教师一行 6 人赶到宋埠镇沿溪村新村组召开群众座谈会。新村组是 1958 年移民过来的，共 13 户人家，人均耕地面积少，青壮年大多外出打工，给乡、村工作带来很大困难。熊典林同志今年 62 岁，曾任团支书、生产队长，党龄 30 多年，还有两个儿子未成家，生活境况比较窘迫。村支书帅起高说，这个村小组生活最苦，但工作最好做，熊大爷不仅自己带头上缴提留、统筹，而且逐户帮我们收，外出人员每年也会早早将钱汇给他。座谈会后，村民们带我们去看老队长几年前在荒山上栽下的 5 亩竹林。熊大爷说，这些竹子成材后，如果群众需要，可以随时砍伐。随后又察看镇里投资数万元为村里修建的水坝，水坝上的一座木桥是纯女户刘荣权架起的。他说，我要多向熊老哥学习，多做对村民有益的事。这座桥只有三根木头，非常危险，却连接着 1000 多亩耕地，给群众生产生活带来很大不便，亟须修好。当晚，我翻来覆去睡不着觉，老党员的高尚品德、纯女户主的淳朴厚道，给我一个

---

① 本文原载江西省农村"三个代表"重要思想学习教育活动领导小组办公室《江西农村"三个代表"重要思想学习教育活动简报》（第 58 期，总第 65 期），2001 年 4 月 10 日。

深刻的启示：只要我们一心一意为群众服务、想着群众，就能够得到群众的拥护和支持，共产党人的一生就应该是代表最广大人民利益的一生。

"连心桥"在这里架起（3月10日 星期六）

我们赶到村部，参加修建厕所的义务劳动。中午，党校5位同志带着一车水泥预制板来到村里，我们赶紧一同往架桥地点去，村民们手拿工具，全都来了，经过四个多小时的奋战，终于架起了一座3.5米长、3米宽的简易预制板水泥桥。随着一阵"噼里啪啦"的鞭炮声，村民们围住工作组，连连说着感激的话："感谢党、感谢政府，这真是座干部和群众的'连心桥'啊！"我们只是为群众做了一件很普通的事情，群众却用如此的热情回报我们。我想，只要我们心里装着群众的冷暖，为他们做一些力所能及的事情，带着真挚的感情贴近他们，去关心、理解他们，多交流、多沟通，干部和群众的心是很容易贴到一块去的。

群众最渴求的是什么？（3月11日 星期日）

上午我们在沿溪村举办培训班，组织群众学习党在农村的方针政策、农业科技知识、科学种田技能等，讨论如何适应市场发展农村经济，并了解当前农村存在的突出问题。宋埠镇农技站长为村民们讲授怎样选种，怎样施肥，怎样防治病虫害。群众参加学习的热情很高，在与群众交流中我们了解到改革开放给农村带来了巨大的变化，农村经济有了很大发展，但在新的形势下也面临着许多问题，如群众经常受到假种子、假农药、假化肥的危害，他们希望工商部门打假，帮助教会辨别方法；沿溪村万亩茶树年仅产茶油1万余斤，且销售不畅等等。群众渴望了解党在农村的各项方针政策，了解市场信息，渴望致富，但缺"路子"、缺"点子"、缺"方法"。如何引导群众致富，是一个值得深思的课题，也是值得我们党校教员认真研究的一门重要课程。

要重点帮扶农村特困户（3月12日 星期一）

我们走访了特困户陈冬秀，她今年64岁，家里只有三方墙，有一方露天，床上、地上到处是捡来的破烂，全家耕种1.8亩地，提留、统筹从不上缴，我们给她送去了钱、物（过了两天她又跑来村部要）。接下来又走访了另一户特困户熊训念，夫妻均患有重病，厨房三面无墙，家里没有一件像样的家具，床上没有一床好的棉被，但他从没向政府诉过苦，也没有拖欠过统筹、提留，当我们将钱物送到他手上时，他一再推辞不肯要，哽咽着说："感谢党，感谢政府，不是生了病，哪会拖累政府。"听后，我心中有一种说不出的酸楚。改革开放这么多年，农村经济迅速发展，人民生活水平也有了较大的提高，但为什么还有如此贫困的群众？分析起来，农村特困户主要是一些有疾病缺劳力、年老体弱的农户，当然还有好吃懒做的。看来国家在救济特困户时，要区别对待，对确有困难的要搞好帮扶；对好吃懒做的特困户要有一定的制约机制，主要是帮助他们增强勤奋精神。

群众深厚淳朴的感情令我终生难忘（3月13日　星期二）

我因受风寒咳嗽不止，房东熊大姐为我端来煨好的四个土鸡蛋，由此我记起小时候爷爷、奶奶煨鸡蛋给我吃的情景。我心里想，多好的群众啊！他们将家里最好的东西煮给我们吃，将最好的地方让给我们住，他们的感情是那样的淳朴。看到群众的困难，我内心有一种被鞭挞的感觉，为自己没有去尽一份力量而羞愧难当。我们参加了村里的民主生活会，6名党员认真剖析自我，反省不足。9天的进村入户生活，使我真正经受了一次马克思主义思想和群众观念再教育，世界观得到改造，心灵受到洗礼，思想境界得到升华。

中国网络期待激情①

随着世界范围信息流、物流、资金流的蓬勃发展，中国网络经济正在加速崛起。加入 WTO 后，中国网络经济更是面临着新一轮发展机遇：

ISP 商机增加　首先，外资的注入将打破目前国内各家 ISP 形成的均势，最突出的表现将会是接入费用大幅度降低，从而降低了用户和主机接入的门槛。入世后所有产业都将面对国际市场，传统产业的电子商务进程会大大加快，中小企业的上网工程进度提前，使得单位互联网接入服务产生强大需求。其次，许多外国公司也将竞相到国内建立自己的宣传窗口，在中国实施主机托管和租用主机的需求也将扩大，为国内的 ISP 提供大量商业机会。

国人的主观需求旺盛　中国经济正处于高速发展阶段，入世后，百姓的消费能力和教育水平都在不断增长。吸收国外风险投资，为我国网民做特色网站是一个良好的机会。此外中国有五千余年的文明史，有自己独特的经济环境和经济文化，以互联网为工具，开发中国的经济和文化资源也是一大商机。中国地域广阔，教育资源分布极不平衡，而百姓的子女教育投入常常是最重要的投资之一，远程教育、电子商务、远程医疗将受到百姓的热烈欢迎。

入世给中国 ISP 带来前所未有转机，为中国网络公司带来大量的投资基金和先进经营理念，中国的网络经济有了参与享用更大"蛋糕"的机遇，网络企业应该牢牢抓住这一机遇，在互联网服务内容的开发和经营上，大做文章，做足文章。

首先要在内容上创新　注意信息技术与本土文化相结合来培育消费市场，在网上找到增长点。如"网易"创办中国网络文学奖，"易趣"开辟了网上网

---

① 此文原载于《经济晚报》2001 年 12 月 19 日第 2 版，并有一个副标题"论入世后中国网络的发展态势"，收入本书有微改。作者：徐夕湘、方荣。

下结合的个人竞买。"实华开"开设 EC123 网上折扣店等。

其次在体制创新　网络经济的一个主要特点是它的高度开放性，这种开放性也可以理解为一定程度上的自由，这就使个人能够在互联网上为全球市场提供知识产品和服务。入世后这种开放性必将带来更激烈的竞争。面对巨大压力，网络企业要逐步调整自己的经营方向，拓展新的经营渠道，在整个互联网价值链上向更高端的服务延伸，这是价值链的成长。网络企业要通过合作、并购、投资等进入新的领域。

再次要创新观念　过去人们认为互联网只是一种学术的应用，一种简单的电子邮件，只是少数几家公司的事，认为电子商务是一种虚无缥缈的事情。在大家的观念中，只有书籍、音频、视频等特殊商品才可以在网上销售。事实上互联网是一门严肃的商业。网络经济是一种新经济，已成为一种主导性的经济现象。互联网可以影响每一个产业，包括农业这样的行业。因此，观念创新非常重要，应该进行网络普及教育，改变过去对纸笔的信任和依赖，改变对键盘和鼠标因陌生而产生的莫名恐惧。

网络经济在入世的强大动力推动下，一定会有美好的前景。

终身读书应成为一种生活习惯[①]

据 2005 年"全国国民阅读调查"：已经有超过半数的国人一年也读不了一本书了；我国国民图书阅读率连续 6 年持续走低，2005 年国民阅读率首次低于 50%。最近由《中国图书商报》和《瞭望东方周刊》共同组织的"百名党政干部阅读习惯"调查显示，40% 左右的干部每年购买 4 — 6 本书；少数官员每年只购买 1 — 3 本书；极个别干部一年一本书都不买。另据人民网的一项调查，在接受调查的领导干部中，过半以上每周阅读时间不到 10 小时。

晋江市直工委、市文联、晋江新华书店、晋江经济报社在 2007 年 10 月中旬，启动"好读书、知廉耻"主题征文比赛活动，旨在倡导机关干部职工多读书、读好书，推动读书文化建设，促进构建学习型社会的步伐。笔者认为开展这种活动非常好，终身读书在今天的社会中是极其重要的。终身读书应成为一种习惯。

从刚刚踏入校门的那一刻起，我们就进入了为人生储备阶段。作为一种投资式、积累式、储蓄式的读书，好比每天将一枚硬币投入储蓄罐，一天天、一年年，度过读书生涯，"欲或十年磨成一剑"。在父母的期望中，"梅花香自苦寒来，宝剑锋从磨砺出"，"养个儿子不读书，犹如养了一头猪"，"书中自有黄金屋，书中自有颜如玉"，"棍棒之下出人才"，都是用来鼓励读书的。读书的过程是艰辛的，但艰辛置换来的是幸运。储蓄罐满了，结束了一个储蓄阶段，抑或中专毕业，抑或大专毕业，抑或本科毕业，抑或研究生毕业……有了创造未来之积蓄，我们将是社会的栋梁，将成为现代化社会发展的重要力量。读书为我们的人生带来了美好的未来。

[①] 本文原载晋江市直工委主办、晋江市直机关读书人协会《晋江读书人》头版头条，并同时登载《泉州晚报》，2007 年 11 月。收入本书略有删改。

　　我们走上工作岗位，拿出我们的积蓄，原来远远不够消费，这时方感我们的才疏学浅，学犹未竟，又开始了第二轮的实用型读书阶段。中专生读大专，大专生读本科，本科生读研究生，研究生知识还不够的话接着读博士，博士还不够在职进修。工作家务、老人孩子、社会交往，时间像零星的碎片只有一点一点串起来，这时的读书读得功利，读得沉重，读得辛酸，因为读出来以后可以涨工资，可以晋升职称，幸运的话还可以得到重用提拔，辛酸中带着幸福感，带着成就感。实用型读书又一次为我们带来了美好的未来。

　　社会在前进，时代在变迁，我们的知识在日新月异的变化中慢慢地折旧了。如果你已经在领导岗位上，那你肩上的担子更重了。记得有一位领导同志在晋江第四期新提拔副科级干部培训班上曾经说道：要提高理论素质，就要靠长期不断地学习。在谈到怎样读书时，他说：直接研读马列主义原著已不太可能，但一些重要的理论文章和一些与时代结合得比较紧密的文章，我们都应当看一看，比如《求是》杂志，中央的一些重要理论和政策里面都有所解读。还有，要多看一些杂志、报纸，无论是人民日报，还是泉州晚报、晋江经济报，只要天天看，对我们国家的大政方针基本能了解。其意思很明显，领导除了权力之外，总要有令人服气的地方，或品德，或才干，或业绩等。要通过实用型读书加上实际工作锤炼，具备几招上下称道的真功夫硬功夫。有了"来之能战，战之能胜"的真功夫硬功夫，"官威"才能树起来，这"官"才会当得有底气、有品位。领导能力展现的过程，实质就是读书学习能力的检测和知识积累的释放过程。毛泽东同志早在 1939 年就说过这样一句话："我们的队伍里有一种恐慌，不是经济恐慌，也不是政治恐慌，而是本领恐慌。"作为领导，要保证自己不出现"本领恐慌"，唯一的法宝就是要学会实用型读书。

　　当然实用型读书还有很多形式，比如你要到哪里去旅游，你马上要了解当地的地理位置、风土人情、天气情况就得去看书，你生病了不想看医生从医学书本上得来知识研究病情对症买药，你要打官司学习研究法律知识等等。

　　总之人是不能不读书的，读书之于生命犹如空气、犹如吃饭、犹如穿衣、犹如睡觉，将伴随着人的一生。汉朝的刘向说："书犹药也，善读可以医愚。"活到老，学到老。无论一个人对未来社会需要预期的准确度有多高，你读的书再多、你拥有的知识面再广，你的知识积蓄总有不够的时候，总有用完的一天，因此要耐得住寂寞，抗得住干扰，顶得住诱惑，坐得住冷板凳，让读书成为一种生活方式和习惯。

晋江市委党校强化教研创特色[①]

曾几何时，县级党校的去留成为大众的热点话题。面对挑战，晋江市委党校在市委、市政府支持下，走上了一条探索"多元化、多功能"培训机制的新路子。如今该校多种教学培训模式和多项研究课题独具特色，形成县级党校办学的"晋江经验"，为福建乃至全国树立了标杆。2012年该校以96.9分的高分被评为泉州市"一类"县级党校。2013年晋江市委党校参加华东六省一市党校工作会议并在大会发言。

教学：开拓领域全方位培训

在晋江市委党校培训工作中，创新开拓的精神力量无处不在。特别是近年来党校改变了传统的"填鸭式""满堂灌"教学形式，采取互动式教学、案例教学、现场教学等多种新型培训模式，提高学员培训热情与实效。如设立"菜单式"培训课程，结合晋江市党委每年中心工作，对市直机关、镇（街道）、村（居）基层、事业单位干部，企业管理人员和外来学习人员等六种不同类型的培训对象，设计了政策解读、城市建设、时事政治、经济形势、党的建设、农村工作、队伍建设等七大课程模块40多个专题；以"晋江干部学堂"实行组织调训和干部自主选学相结合方式，每季度设置专题讲座3—4期，要求干部从中选择2期参加；推行"现场教学"培训方式，设立20多个不同类型的干部教育培训"现场教学"基地，每2年更新一次。

尤其值得一提的是，近年来晋江市委党校实施"请进来、走出去"策略，致力于打造"晋江大讲堂""晋江干部学堂"两大高端学习品牌，即创设与市

[①] 本文原载《福建日报》，2013年5月6日，第6版，收入本书略有个别字修改。作者：陈志雄、许明月、徐夕湘（执笔）。

委学习中心组成员和市直正科级单位领导为固定对象，将主题延伸到企业等各界市民的"晋江大讲堂"，创设以中层股级干部为主要培训对象的"晋江干部学堂"。"两堂"先后邀请了郎咸平、巴曙松、龙永图、傅佩荣、张世强、曾仕强、钱文忠、王德平、熊卫平等多位《百家讲坛》主讲嘉宾和国内一线专家学者讲学。2009年以来，共举办15期"晋江大讲堂"和22期"晋江干部学堂"，两大学习品牌展现巨大的社会影响力，多次出现"一票难求"的局面，参训近2万人次。2009年以来还先后组织12个班次委托香港大学、北京大学和深圳市委党校、苏州市委党校等名校进行培训，开阔了学员视野。

研究：聚焦本土助力发展

为打造海西县域研究基地，晋江市委党校还挂牌成立"中共中央党校经济学部调研基地""中共福建省委党校教学科研基地"等12家培训科研机构，参与举办"北大总裁晋江班"，成立"晋江市民营经济研究院"，助力政府破解发展难题，为处于发展困境的企业指点迷津。

围绕县域发展大局，晋江市委党校学科带头人研究"资本市场晋江板块"的两个课题被列入福建省社科规划基金项目，这是全省县级党校首例，有7个项目被列为福建省委党校课题，6个被列为泉州社科研究项目。积极与上级党校高等院校联合攻关重点课题。比如与中央党校联合开展《晋江民营企业的发展与传承》研究。2012年，与省委党校合作的"晋江市第三产业发展的调查与思考"和"晋江市加强社会管理创新的实践与思考"两项课题均被列为省重点课题。2013年，学校又与南昌大学证券研究所签署联合课题协议，围绕"晋江金改"加强课题研究。此外，晋江党校教师连续两年参与市委重点课题"晋江县域发展战略研究"和"党建工作服务晋江县域发展的实践与思考"的调研与撰写，并积极参与"晋江市发展战略研究院"创建工作。

晋江市委党校还深入开展"晋江经验"理论研究和宣传。早在2002年，时任福建省省长习近平就总结提出"晋江经验"。近年来，晋江市委党校联合市委宣传部等单位开展"新时期'晋江经验'理论研讨"活动，组织全体教师参与《中国县域发展：晋江经验》一书主报告和12项子课题的调研；在传承和弘扬"晋江经验"的同时，积极推动科研成果进决策进课堂，推进科研教学一体化。2011 年"晋江经验"写入省党代会工作报告，晋江市委党校以全省学习"晋江经验"为契机，主动与省委党校合作办班，还面向全国承接外来委托培训，教师们宣讲的内容涉及"晋江经验"特色课题 16 个，目前已有数十个市县的一批批党政干部、企业家，通过这个窗口学习"晋江经验"，形成教学科研"互动互补互促进"的良性循环。

弘扬传承"晋江经验"①
推进晋江实体经济高质量发展

2002 年，习近平同志在福建工作时总结提出了"晋江经验"，在"晋江经验"的指引下，晋江实体经济形成了以产业集群、品牌运营、资本运作、创新驱动、数字赋能、现代金融为标志的高质量发展模式，成为我国县域坚守实业发展实体经济的标杆。

晋江实体经济发展成就

紧紧咬住实体经济不放松是"晋江经验"最鲜明的特色。晋江围绕实体经济高质量发展主要表现在几大方面：

经济总量保持高速增长。2021 年，晋江地区生产总值突破 2900 亿元，达到 2986.41 亿元，一般公共预算总收入达 256.93 亿元，城乡居民人均可支配收入达 4.89 万元，县域经济基本竞争力跃居全国第四，城市投资潜力、营商环境位列全国县域第二，获评全国文明城市，为奋进现代化建设新征程提供了"晋江经验"新实践。

传统支柱产业＋高新产业双轮驱动。实体经济蓬勃发展。晋江现有产值超亿元企业 1165 家，上市企业 50 家，2 家企业入列全国民企 500 强，规上工业产值超 6900 亿元，形成 1 个超 2000 亿元、1 个超 1000 亿元、2 个超 500 亿元、2 个超 300 亿元的产业集群。

创新能力逐步增强。晋江获批国家创新型县（市）、国家"双创"示范基地。国科大、福大科教园等大院大所纷纷落地，泉州职业技术大学升格本科，三大本硕高校、九大科研平台形成多核驱动。高新企业保有量突破 400 家，

---

① 本文原载《学习强国》福建学习平台，2022 年 5 月 17 日。

新增省级以上"专精特新"企业 41 家，全社会研发投入年均增长 16%。集聚院士工作站 19 个，高层次创业团队 106 个，高层次人才超 5000 人。9 支创投基金进驻运作，撬动 80 亿元社会资本。

经济效率显著提升。"地均 GDP"是指每平方公里土地创造的 GDP，反映土地的使用效率（也叫经济密度）。它是一个反映产值密度及经济发达水平的极好指标，比人均 GDP 更能反映一个区域的发展程度和经济集中程度，同时反映一个城市的富裕程度。从经济密度来看，晋江在福建省 1/200 的土地上创造了 1/16 的 GDP。究其原因，与政府"重塑产业空间"，坚持"亩产论英雄"政策运行有关。比如，2020 年盘活批而未供和闲置土地 2500 亩以上，连片推进老旧工业园区改造 2000 亩以上，盘活存量用地 1000 亩以上，是党委政府以问题为导向，及时出台打造统筹集约、运营高效的产城空间的结果。

晋江强产业兴实体的实践经验

产业是发展实业的基础，晋江紧抓实体经济发展不放松，发力供给侧改革和需求侧管理，大力优化产业结构，初步实现高质量实体经济。为什么晋江能强产业兴实体？一直以来，研究晋江经济的学者没有给出一个合理的解释，下面借鉴产业发展学理论，结合晋江的实际，从晋江产业发展所经历的四个时期，对晋江成为中国做强产业坚守实业的样板给出一个可能的梳理和解释。

形成期，"护苗"呵护产业生存。改革开放初期，产品的短缺成为市场的主要特征，大量制鞋企业开始在晋江集聚。为什么晋江能够成为中国"鞋都"？为什么在具有同等政策优势的中国县域，单个产业进化为区域产业集群情况不同？产业幼稚期一般生产规模较小，技术还不成熟，没有形成完整的产、供、销体系，产业面临生存还是消亡两种状态，在全国很多县域对国家商品经济政策还处于模糊状态之际，晋江县委、县政府却出台"五个允许"，即允许群众集资办企业，允许雇工，允许股金分红，允许价格随行，允许供销人员按供销额提取业务费。"五个允许"政策使得原先处于体制外的小企业受到产业政策保护，有力促进了晋江产业从幼稚到成型的发展，为进一步扩张打下了良好的基础。

成长期，"产业生态"建设助力产业扩张。20 世纪 90 年代初，晋江产业度过了幼年时的危险期，产品逐步从单一、低质、高价向多样、优质和低价方向发展，但生产方式低端落后、粗放发展现状严重制约着民营企业发展。1996年，晋江提出"四个集中"，即耕地向规模经营集中、企业向工业园区集中、民宅向居住新区集中、人口向城镇和市区集中，大力拓展产业集群发展空间，加大产业生态建设。在"满天星斗"般的仿效性竞争基础上，逐步形成上、中、下游产业链，在一个较为集中的区域形成专业生产区和专业市场，基本形成足不出户即可完成从生产到销售整个生产流程的良好产业生态环境。显而易见，晋江制造业一开始走的就是一条自发的产业集群路子。"四个集中"极大地推动中小企业产业聚集，实现降低生产成本、提高竞争力、创造效益的目标。

成熟期，"增长点"推动产业升级。进入 21 世纪，晋江制造业生产能力扩张到一定阶段，产业进入一个稳定发展的时期，六大传统产业的部分企业生产规模扩大，生产制造设备和技术水平达到国际前沿，市场供求趋于稳定，通过贴牌让晋江的产业由成长期迈入了成熟期。1997 年亚洲金融危机爆发，晋江靠贴牌加工发展实体经济遭遇"黑天鹅"。2001 年，中国加入世贸组织，晋江抢抓发展机遇，坚持改革创新，推出了"品牌＋资本""双翼计划"。一是打造"品牌之都"。引导企业从加工制造向自主品牌发展，推出系列"造牌"政策，最终把晋江打造成全国重要的制造业品牌基地之一，使晋江品牌经济走上了市场经济的高级形态。二是努力构建现代企业管理体制。晋江把引导企业上市作为实体经济工作重点，引导企业从家族式企业管理向现代企业管理转变。至 2021 年共有上市公司 50 家，形成了资本市场的"晋江板块"，大批企业在资本的海洋里募集到大量的基金，进行了设备换代产业转型升级，标志着晋江进入了社会主义市场经济高水平阶段。

升级期，数字赋能助推产业智能化。在经济新常态下，晋江和全国一样面临产能过剩、库存高企、企业杠杆率居高不下，产业结构失调。晋江认真贯彻"供给侧结构性改革"方针，积极落实"三去一降一补"，优化资源配置，调整产业结构，提高供给质量，推动经济高质量发展。

目前，晋江实体经济全线进入产业数字化。截至目前，晋江全市 90% 以上企业实现"触网"，有 101 家企业通过两化融合管理体系贯标、超过 1000 家企业上云上平台。

"晋江经验""六个始终坚持"的内涵解读①

　　2022 年是习近平同志总结提出"晋江经验"20 周年。在"晋江经验"指引下，晋江市成为中国改革开放 40 周年四个典型范例中唯一一个县级市。2019 年 3 月 10 日下午，中共中央总书记、国家主席、中央军委主席习近平参加十三届全国人大二次会议福建代表团的审议，并发表重要讲话，肯定了福建的工作，并再次提到了"晋江经验"。

　　晋江人民牢记习近平总书记"'晋江经验'现在仍然有指导意义"的殷切嘱托，始终把"晋江经验"作为制胜法宝，坚定沿着习近平总书记指引的方向砥砺前行，经历了一系列大事要事难事，取得了一系列重要成绩。经受住疫情的大战大考，高质量打赢脱贫攻坚战。实体经济迈向高质量发展，2021 年地区生产总值达到 2986.41 亿元，一般公共预算总收入达 256.93 亿元，城乡居民人均可支配收入 4.88 万元，县域经济基本竞争力跃居全国第四，城市投资潜力、营商环境位列全国县域第二，获评全国文明城市，为奋进现代化建设新征程提供了"晋江经验"新实践。

　　习近平同志在福建工作期间，始终高度关注晋江发展，六年七次深入晋江，下基层、进企业、访农村，深刻总结提出了"晋江经验"——"六个始终坚持"和"处理好五大关系"，为晋江的发展把脉和谋篇布局，为全省发展导航定向。

　　"六个始终坚持"和"处理好五大关系"是对全面深化改革的洞察与前瞻，其内涵与习近平新时代中国特色社会主义思想一脉相承、高度契合。

---

① 本文原载《学习强国》福建学习平台，2022 年 5 月 17 日。

始终坚持以发展社会生产力为改革和发展的根本方向

这是习近平同志将马克思主义和晋江具体实际相结合的产物。马克思主义哲学认为，生产力的发展是人类社会发展的最终决定力量。社会存在的基础，是直接生活的生产和再生产。没有直接生活的生产和再生产，社会将不复存在。人类社会发展无一不是体现在生产力发展的智慧上。

改革开放以来，晋江的广大干部群众坚持只要是有利于解放和发展社会生产力的，就在实践中大胆去闯、去试。晋江以股份合作制的形式联户集资，引进外资改造提高乡镇企业，从家族企业转向现代企业制度，企业上规模、上档次、上水平，社会生产力发展也经历了一个从手工作坊到半机械化到如今的智能化的发展过程。这与习近平总书记反复强调的"发展是解决我国一切问题的基础和关键""坚决清除妨碍社会生产力发展的体制机制障碍"等重要论述是高度契合的。

学习借鉴"晋江经验"，最根本是要始终坚持以发展社会生产力为改革和发展的根本方向，要不断提高生产力要素水平和质量，促进社会生产力的全面发展。

始终坚持以市场为导向发展经济

市场经济是生产社会化与现代化不可逾越的阶段。县域经济发展必须遵循市场经济规律，必须体现社会主义市场经济的性质，必须同社会主义基本经济制度结合在一起。习近平同志充分肯定晋江经济发展方向是与社会主义市场经济保持高度一致。一直以来，晋江既以市场为导向发展经济，又重视加强政府对市场经济发展的引导和服务。

晋江始终坚持以市场导向发展经济，改革开放初期，突破"三就地"限制抢先开辟了国内市场；上个世纪 90 年代初，发展外向型经济，拓展晋江产品的国际市场；"九五"期间，相继培育了六大专业市场以及 SM 广场等一批综合市场，持续强化对外贸易交流力度，晋江产品遍布世界五大洲四大洋。也就是说，市场导向是晋江经济的源头活水，无论是工业化初期的数量型发展，还是工业化后期高质量高效益发展，都必须依靠市场的力量。

所以学习"晋江经验"，就要学习以市场导向发展经济，推动经济社会高质量发展。

始终坚持在顽强拼搏中取胜

"晋江经验"所体现的这种敢拼敢赢精神，是习近平总书记强调的中华民族伟大创造精神、伟大奋斗精神、伟大团结精神、伟大梦想精神的生动体现，是应对风险挑战、实现民族复兴的内在动力。在中国，"爱拼敢赢"的闽南人文特质非常出名，《爱拼才会赢》是闽南人共同的歌，而晋江人在这一点上更加典型。晋江企业家和广大干部群众敢拼爱拼善拼，是一种永不止步的激情和追求，敢闯敢试，勇于创新，要做就要做到最好，就要做到极致，不轻言放弃；是一种坚持，对实业、本业、主业的坚守；更是一种以诚信为基的善拼。

当今，西方发达国家已普遍完成工业化，进入"后工业化时代"，高福利的社会制度，在一定程度上正损毁财富根基，也锈蚀了勤奋创业的精神传统，可持续发展受到挑战。因此，我们要不忘初心，时刻警惕，继续保持艰苦奋斗精神。

所以学习"晋江经验"，就是要学习和弘扬顽强拼搏的精神和斗志，保护和激发企业家精神，激发市场和社会蕴藏的活力。

始终坚持以诚信促进市场经济的健康发展

市场经济本质是信用经济，"始终坚持以诚信促进市场经济的健康发展"是市场经济生存之本。当前，在市场经济的大潮中，仍存在见利忘义、无义逐利，搞一锤子买卖，生产销售假冒伪劣商品，企业不守合同、恶意赖账等信用问题。中美贸易摩擦说到底还是知识产权之争、诚信之争。检验市场主体在市场竞争中能否生存的基本标准是诚信，对于企业来说，诚信的背后是产品的质量、企业的品牌内涵和优质的服务。晋江也经历过诚信事件，从改革之初到本世纪之初，晋江在发展的过程中吃过无诚信的亏，痛定思痛，下大力气抓质量，下狠功夫抓标准，晋江人找到了市场发展真正的"聚宝盆"。

学习"晋江经验"就是要学习晋江以诚信促进市场经济发展，把诚信当座右铭，敬畏规则、遵守规则。

始终坚持立足本地优势和选择符合自身条件的最佳方式加快经济发展

马克思主义的一条普遍原则就是具体问题具体分析，中国特色社会主义道路取得成功的一条重要经验就是立足国情搞发展，走自己的路。从自身实际出发，从自身要素禀赋出发，谋发展搞改革，不邯郸学步、不东施效颦。晋江在长期的发展历程中，始终坚持立足县域实情，充分发挥本地特色和比较优势，选择符合自身条件的发展模式。晋江在每一个时期每一个阶段，都提出了适应自己发展的不同战略，包括从改革开放初期提出的"五个允许"（允许群众集资办企业、允许雇工、允许股金分红、允许随行就市、允许供销人员按供销额提取业务费），"戴红帽""戴洋帽"，质量立市、品牌战略、资本运作、新型城镇化、"创新驱动"、"人才强市"、"国际化"、"共同富裕县域范例"等发展方向。晋江坚定不移把发展实体经济作为"看家宝"：一是以民营经济为主导放活社会生产力；二是以市场为导向提升供给质量；三是以转型升级为主线推动结构调整；四是以创新为动力加快动能转换；五是以数字经济和现代金融为新引擎。

学习"晋江经验"，就是要学习具体问题具体分析，走符合本地区实际的高质量发展道路。

始终坚持加强政府对市场经济的引导和服务

世界经济发展实践证明，经济健康发展一方面要充分发挥市场这只"看不见的手"在促进经济发展中的重要作用，另一方面政府这只"看得见的手"在宏观调控方面的作用也必不可少，两只手之间必须适当保持力量平衡，把握好"度"。晋江党委政府与企业良性互动，在发展历程中，努力做到了服务到位而不越位、不缺位，造就了一方"民办特区"的沃土。在这里，"力扶、力挺、力推"地持续发力，有效地服务和引导企业，成为"晋江经验"的一大要义。如果说过去党委政府更多扮演的是信息提供者和服务者，那么新时代党委政府应着力构建"亲清"新型政商关系，建设良好营商环境，重点做好四个方面：一是"亲"字当头助推企业发展，做足平台；二是制定和推广惠企政策，引导产业发展；三是不断提升金融服务，解决企业融资问题；四是主动助推人才提质，解决谁来创新创造的问题。一直以来，晋江党委政府做好经济发展"引路人""推车手"和"服务员"的角色，走出一条独具特色的县域发展之路。

学习"晋江经验"，就是要学习党委政府做对、做好引导和服务的角色，与企业良性互动，构建亲清政商关系，对标国际打造良好的营商环境。

后 记

改革开放四十余年来，特别是在习近平同志总结提出"晋江经验"的指引下，晋江走出了一条独具晋江特色的以高质量发展推进县域现代化的发展之路，成为中国改革开放四十余年四大典型中唯一一个县级市，追随她研究她是我的夙愿。

岁月匆匆，时光荏苒。我 2006 年来到晋江，已度过十七个春秋。奋斗是艰辛的，也是美丽的。《经济学视角看晋江》这本书终于面世了！它凝聚了我十七年来在晋江这片热土上六千多个日日夜夜的心血和汗水，记录了我在教学、科研工作中不懈奋斗的点滴，让我感慨不已！在此：

我要深深感谢中共晋江市委党校历届领导的大力支持和同事们的深情厚谊！

感谢省级社科联和省委党校领导及专家的关怀与指导，感谢晋江市直各相关部门及镇（街道）、村（社区）的领导干部和党员群众的大力支持和帮助！

感谢我的导师何宜庆教授，是他教会了我作定量分析，从专业的角度作课题研究！

感谢中共福建省委党校的陈新教授，他是我研究福建经济的"引路人"！

感谢高伟生硕士，感谢我的师弟陈林心博士、师妹车婷硕士，感谢我的同事吴扬、张明娟，是他们协助我完成了部分课题研究！

感谢我的同事陈燕华、王海静、石作洲、张志金、姚诗斌、朱旭望参与我的课题研究！

最后我还要感谢家人的大力支持，让我一心一意做学问、心无旁骛搞研究！

但愿这本书能够给我的同行们带来些许的借鉴和启发，如有不当之处请批评指正！